Dorn / Eckart / Thieme · Lernmethodik in der Grundschule

Matthias Dorn / Mirjam Eckart / Alfred Thieme

Lernmethodik in der Grundschule

Beltz Verlag · Weinheim und Basel

Matthias Dorn, Jg. 1967, Dr. phil., derzeit Lehrer für einen internationalen Konzern in Südafrika.

Mirjam Eckart, Jg. 1973, Studienreferendarin.

Alfred Thieme, Jg. 1951, Rektor der Grundschule in Lupburg (Opf.), Referent in der Lehrerbildung.

Die Autorin/die Autoren gehören zum Methodik-Team des Studienhauses St. Blasien.

Lektorat: Peter E. Kalb

www.beltz.de
Herstellung: Klaus Kaltenberg
Satz: Mediapartner Satz und Repro GmbH, 69502 Hemsbach
Druck: Druckhaus Beltz, Hemsbach
Umschlaggestaltung: Federico Luci, Köln
Printed in Germany

ISBN 3-407-62406-9

Inhaltsverzeichnis

Anhang

Vorwort

Liebe Leserin, lieber Leser,

- »Schon wieder so ein Wälzer von einem, der glaubt, alles besser zu wissen.«
- »Lernmethodik in der Grundschule ist doch selbstverständlich, da brauche ich wirklich kein neues Buch dazu.«
- »Wofür brauchen die Kinder eine Lernmethodik? Sie lernen doch sowieso ganz leicht! Ich wollt', ich könnte es auch noch so!«

Solche oder ähnliche Gedanken sind Ihnen vielleicht durch den Kopf gegangen, als Sie den Titel des vorliegenden Buches gesehen haben. Sie haben trotzdem danach gegriffen – anscheinend interessiert Sie das Thema ja doch! Oder gehören Sie eher zur folgenden anderen Kategorie von Kolleginnen und Kollegen?

- »Na endlich gibt es auch mal eine Lernmethodik für die Grundschule!«
- »Meine Schüler/innen haben oft Schwierigkeiten, etwas zu lernen und ich weiß nicht so recht, was ich ihnen dann raten soll.«
- »Die Kinder konzentrieren sich heutzutage überhaupt nicht mehr richtig, da suche ich nach Hinweisen, die ich den Kindern oder den Eltern geben kann.«

Klasse! Sie haben, wie die erstgenannte Gruppe, genau zum richtigen Buch gegriffen!

Wir haben unsere eigenen Erfahrungen und Ideen aus der Schulpraxis, der Arbeit in Ferienkursen und Wochenendseminaren sowie Lehrerfortbildungen zusammengetragen und daraus für Sie dieses Buch geschrieben. Es kann Ihnen helfen, im nächsten Schuljahr eine AG »Lernen lernen« anzubieten und durchzuführen. Darüber hinaus finden Sie im vorliegenden Buch eine große Anzahl von Tipps und und Hinweisen, die Sie Ihren Schülerinnen und Schülern zum Thema Methodik des Lernens im Verlauf des Unterrichtsalltags geben können.

Wir haben uns bemüht, ein Buch zu schaffen, das Ihnen viele Anregungen geben kann, das aber auch jede Menge Spaß schon beim Lesen und natürlich dann als Hilfe bei der Durchführung machen kann. Dass dies durchaus möglich ist, konnten wir in mehreren AGs zusammen mit den Kindern erfahren, und es ist deshalb angebracht, uns an dieser Stelle bei den Kindern zu bedanken, die uns mit vielen hilfreichen Anregungen (manchmal aber auch mit Engelsgeduld) immer wieder weitergeholfen und uns nicht selten auch auf den Boden der Tatsachen zurückgebracht haben.

In diesem Sinne viel Vergnügen beim Lesen und …
bei der Arbeit!!

Einleitung

Schulprobleme – Problem Schule?

»Non scholae sed vitae discimus« – wer kennt ihn nicht, diesen Spruch, den findige oder verzweifelte (?) Pädagogen schon vor vielen Jahren umgestellt und so für ihre eigenen Zwecke kurzerhand falsch wiedergegeben und über eine Vielzahl von Schultoren gehängt haben. Beschwerte sich doch Seneca in seinem 106. Brief gar nicht darüber, dass die zu Erziehenden zu wenig lernen würden, sondern dass ihm die in den Schulen zu vermittelnden Inhalte nicht angemessen genug erschienen, um Kinder richtig auf das Leben vorzubereiten. Er sagte deshalb ganz ausdrücklich: »Non vitae sed scholae discimus!« (Entschuldigung, aber es gibt ja auch viele Leserinnen und Leser, die sich während ihrer Schulzeit nicht mit Latein herumgeschlagen haben: »Wir lernen nicht für das Leben, sondern für die Schule!«) So lautete also die Aussage eines Mannes vor fast 2000 Jahren und es klingt so, als wäre dieser Satz die Schlagzeile einer Tageszeitung. Wie aktuell die Klage Senecas geblieben ist, wie sehr sie jetzt wieder an Bedeutung gewonnen hat, das zeigen die vielen Diskussionen, Befragungen, Untersuchungen und Statistiken, die fast einhellig zu einem einzigen Ergebnis kommen: »Unsere Kinder werden immer dümmer!« Es liegt nicht im Bestreben der Autoren, über die vielfältigen Faktoren, die eventuell zu einem solch niederschmetternden Ergebnis führen, zu klagen, und auch nicht, Schuldige zu suchen oder zu finden, die für den konstatierten Abwärtstrend in unserer Bildung verantwortlich zu machen sind. Dazu gibt es eine Vielzahl von Ausführungen (z.B. Fölling-Albers ^{2}1995).

Ganz im Gegensatz dazu behaupten wir, dass auch die Kinder unserer Zeit schlau und leistungsfähig sind. Bedenken wir nur die Schnelligkeit, mit der sich Kinder auf Veränderungen einstellen, mit der sie die rasante Entwicklung der Technik mittragen und mit der sie mit den ständig auf sie einwirkenden Medien umgehen.

Während sich Senecas Klage lediglich auf Lerninhalte bezog, lamentieren die Erwachsenen heute zusätzlich über äußere Erscheinungen im Verhalten der Kinder. Sie stellen fest, dass sich die Kinder nicht mehr konzentrieren können, nicht mehr über die erforderlichen Rechtschreibkenntnisse verfügen, einfachste Rechenaufgaben nicht mehr lösen können und Wertvorstellungen entwickeln, die denen der Erwachsenen nicht mehr entsprechen.

Daher brauchen die Kinder Angebote, die ihnen dabei helfen, das Repertoire ihrer Fähigkeiten und Fertigkeiten um solche zu erweitern, die ihnen bei der Bewältigung der schulischen Anforderungen helfen. Konzentrationsfähigkeit und Merktechniken gehören zu diesen lernbaren Inhalten.

Lösungsweg Methodenkompetenz

Auf dem Weg zu selbstständigem und erfolgreichem Umgang mit Problemstellungen stellt das Erlernen von Strategien und Arbeitstechniken einen ersten Schritt dar. Gerade an Strategien mangelt es vielen Kindern, und nach anfänglicher Schulbegeisterung geraten sie immer schneller in Situationen, die sie die Schule als unangenehm und die damit verbundenen Arbeiten als lästig empfinden lassen.

Wirft man einen Blick in die amtlichen Lehrpläne und deren Vorbemerkungen, so ist leicht zu erkennen, dass diese Problematik bereits vor vielen Jahren erkannt worden ist:

> *»Der Unterricht führt in sachgemäße Lern- und Arbeitsweisen ein und macht sie durch Übung und Anwendung sicher verfügbar.«*

> *»Der Anfangsunterricht führt die Kinder in das schulische Lernen ein. Er nimmt die bisherigen Formen des Lernens im Kindergarten und in der Familie auf und erprobt mit den Kindern, wie sie diese fruchtbar zur Bewältigung neuer Gegenstände, Methoden und Erfahrungen einsetzen können. Dabei werden die Kinder allmählich auch an systematisierte Lernformen herangeführt.«*

Durch ständiges Zuladen von neuen Lerninhalten wurden diese wichtigen Lernziele immer mehr in den Hintergrund gedrängt. Allerdings werden Lernstrategien zu selten in den Mittelpunkt des Unterrichts gestellt. Vielleicht geschieht das aus Zeitgründen – die Begründung ist in sich jedoch paradox. (In einigen Bundesländern, z.B. in Bayern sind derzeit neue Lehrpläne für die GS in Arbeit; nach bisherigen Informationen wurde die angesprochene Problematik erkannt und die Lernmethodik erhält eine höhere Gewichtung.)

Inhalt und Zielsetzung des Buches

Eine Möglichkeit, Schüler mit Lernmethoden vertraut zu machen, ist die AG »Lernen lernen«, welche seit einiger Zeit (leider noch vereinzelt) an Schulen angeboten wird. Dabei steigt die Nachfrage nach derartigen Kursen an Grundschulen sowohl bei Eltern als auch bei Schülern.

Die meisten Lehrkräfte verfügen vielleicht sogar über einen Fundus, der ausreichen würde, das Thema Lernmethodik abzudecken. Allerdings trauen es sich viele nicht zu, weil sie Bedenken haben, den Ansprüchen der Eltern oder des Schulamtes nicht gerecht zu werden. Mit Hilfe des vorliegenden Buches sollte es nun gelingen, eine gut durchstrukturierte und mit ausreichend Material bestückte AG durchzuführen.

Da sich die Lernmethodik nicht auf einen Lehrgang beschränken darf, sondern erst dann wirklich Auswirkungen zeigt, wenn die Anwendung im Schulalltag nicht zu kurz kommt, erhielt das Buch noch einen zweiten Teil, der sich mit dem Umsetzen der gelernten Strategien im laufenden Unterricht befasst. Dieser zweite Teil ist aber auch dann einsetzbar, wenn aus organisatorischen Gründen die Durchführung einer AG nicht möglich sein sollte.

Der Aufbau des Buches

Nach einer theoretischen Abhandlung finden Sie im ersten Teil die AG »Lernen lernen«, die als komplette Unterrichtsvorbereitung mit allen benötigten Materialien (Kopiervorlagen) ausgearbeitet ist. Der zweite Teil beinhaltet fachorientierte Beispiele und Hinweise zur Integration methodischer Arbeitsweisen in den laufenden Unterricht. Querverweise dienen dazu, die Verbindungen zwischen der AG und dem Unterrichtsalltag herzustellen und einzelne Methoden schnell und sicher herauszusuchen. Zwischen den beiden Hauptteilen (S. 183) befindet sich ein Lehrplan für die AG.

Dieses Buch will weder besserwisserisch Informationen weitergeben, noch Sie in Ihrer Arbeit als Lehrkraft gängeln. Es soll auch keine Unterrichtsvorbereitung in Form von vorbereiteten, festen und teils abgegrenzten Stundenbildern sein.

Wir wissen, dass von Ihnen in unseren Schulen eine Menge sehr guter Arbeit geleistet wird und wir hoffen, dass die von uns gegebenen Hinweise als Hilfestellung gesehen werden. Sowohl als Nachschlagewerk für erfahrene Lehrkräfte als auch als Leitfaden für jene, die noch nicht auf ein eigenes »Füllhorn« zurückgreifen können, ist das Buch konzipiert. Gerne nehmen wir alle konstruktiven Äußerungen von Ihnen äußerst dankbar an, denn wir wollen das entstandene Werk gerne weiter verbessern.

Wir wissen, dass es nicht möglich ist, es allen recht zu machen, und hatten uns das auch nicht vorgenommen. Wenn es uns aber gelingt, Sie als Leser zum Nachdenken anzuregen, Ihnen einige neue Informationen zu geben, Sie zur Durchführung einer AG »Lernen lernen« zu motivieren oder Sie ganz einfach nur in Ihrer Arbeit zu bestätigen, ist nicht nur ein wichtiges Ziel dieses Buches erreicht!

Anmerkung: Es ist uns ein Anliegen, die Gleichberechtigung der Geschlechter sowohl bei den Kindern als auch bei den Lehrkräften durch korrekte Bezeichnungen zu gewährleisten. Da es den Lesefluss stark beeinträchtigt, wenn bei jeder Personenbezeichnung sowohl die maskuline als auch die feminine Form ausgeschrieben wird, und uns das Einfügen eines Großbuchstabens im Wort nicht gefällt, werden im Folgenden die Lehrkräfte als Lehrerinnen und die Kinder als Schüler bezeichnet.

Theorie

Was verstehen wir unter Lernmethodik?

Lernen ist ein Begriff, der so selbstverständlich zur Schule gehört wie der Treibstoff zu einem Motor. Eine Erklärung aus dem »Grundwortschatz Erziehungswissenschaft« (Schröder 1985) lautet: »*Lernen ist eine relativ dauerhafte Verhaltensänderung auf Grund von Erfahrung.*« Für uns umfasst der Begriff des Lernens dagegen sowohl das Einprägen von Informationen als auch den Erwerb von Fähigkeiten und Fertigkeiten.

Der zweite Bestandteil des Buchtitels (**Methodik**) ist ein Wort, von dem jeder zu wissen glaubt, was es bedeutet. Blättert man im Duden, findet man folgende Erklärung: »*griech. methodiké (téchne) Kunst des planmäßigen Vorgehens, einmal als Wissenschaft des Vorgehens, aber auch als Wissenschaft von Lehr- und Unterrichtsmethoden begriffen.*« Für den Schulalltag ist die erstgenannte Bedeutung des Begriffs relevant.

Das vorliegende Buch befasst sich mit einer Verbindung beider in »Lernmethodik« vorkommenden Begriffe: dem planmäßigen Vorgehen beim Einprägen von Informationen und beim Erwerb von Fähigkeiten und Fertigkeiten.

Lernmethodik in der Grundschule

Kinder sollten bereits in der Grundschule Techniken erlernen, mit deren Hilfe es ihnen leichter gelingt, neue Probleme zu lösen und Routinearbeiten erfolgreich zu erledigen. Hierzu müssen sie Informationen über ihr eigenes Arbeits- und Lernverhalten erhalten und erfahren, wie sich dieses auf die Ergebnisse auswirken kann.

Aus den bekannten Bereichen der Methodik (siehe z.B. die Literaturauswahl S. 222) haben wir für die Grundschule die uns geeignet erscheinenden ausgesucht. Dabei standen folgende Fragen im Vordergrund: Welche Methoden brauchen Grundschüler in ihrem Lernalltag, welche können sie umsetzen und welche Bereiche lassen sich dieser Altersstufe vermitteln?

Als wichtigster Faktor für die Bereitschaft zum Lernen ist die **Motivation** zu sehen, da nur sie effektives Arbeiten überhaupt ermöglicht (siehe z.B. Heckhausen 1989). Der banal klingende Spruch »Es gibt nichts Erfolgreicheres als den Erfolg« zeigt deutlich, auf welcher Ebene die Motivation gerade bei Kindern diesen Alters angesprochen werden sollte.

Eng verbunden mit der Motivation ist die von vielen Eltern und Lehrerinnen bescheinigte Schwierigkeit der Schüler, sich zu **konzentrieren**. Gerade mit diesem Thema ist eine intensive Auseinandersetzung notwendig, doch erscheint es uns angebracht, den Kindern praktische Beispiele aufzuzeigen und sie nur in geringem Maße mit theoretischen Ausführungen zur Begriffsklärung zu konfrontieren. Aus diesem Grund sind in den Unterrichtseinheiten immer wieder Konzentrationsübungen eingestreut, auch ohne dass sie explizit als solche bezeichnet werden.

Bereits im Grundschulalter sind die Nachmittage vieler Schüler durch Termine oft überfüllt. Die Organisation ihrer Aktivitäten wird häufig von den Eltern übernommen, sodass es zusätzlich notwendig erscheint, den Kindern Möglichkeiten einer geschickten **Zeitplanung** aufzuzeigen. Das wird bei der Behandlung des Themas **Hausaufgaben** oder Probearbeiten eine wichtige Rolle spielen.

Als weitere Themenschwerpunkte haben wir die Behandlung von **Lesetechniken** und **Merktechniken** gewählt. Die Fertigkeiten, Informationen auf unterschiedliche Art erfassen und abspeichern zu können, sollten neben dem Lesen und Schreiben zu den Basisqualifikationen eines jeden Schülers zählen. Hierunter fallen unter anderem Arbeiten wie das Auswendiglernen eines Gedichts oder die Entnahme wichtiger Informationen aus einem Text.

Eingesetzte Methoden

Bei der Umsetzung der angesprochenen Inhalte werden Ihnen die verschiedensten Methoden begegnen. Die wichtigsten seien hier kurz erläutert:

Analogien

Abstrakte Sachverhalte wie z.B. der Hausaufgabeneinstieg werden mittels (bildlicher) Analogien aus dem Alltag der Kinder verdeutlicht und besprochen. Wenig sinnvoll scheint es, wenn die Schüler direkt befragt werden, wie sie den Einstieg in die Hausaufgaben schaffen. Dagegen kann jeder Schüler etwas zum Startvorgang eines Flugzeugs erzählen. Erst jetzt wird der Bezug zum Hausaufgabeneinstieg erfragt und hergestellt. Dieses

Heranziehen und Verknüpfen mit anderen Bereichen macht den Schülern sehr viel Spaß, Gespräche über Lernsituationen sind in dieser Weise auch mit Grundschülern möglich.

Bildliche Vorstellung

Das Gedächtnis wird erheblich durch die Verwendung visualisierter Informationen unterstützt. Das »Sich-ein-Bild-von-etwas-machen« schafft nicht nur Klarheit über den Inhalt, sondern macht diesen für das Gedächtnis auch leichter speicherbar. Daher sollen die Schüler lernen, reale Bilder als Hilfestellung beim Lernen zu verwenden, Informationen im Gedächtnis mit Bildern zu verknüpfen und sich durch diese Assoziation verschiedener Wissensbereiche Lerninhalte besser zu merken. Das bildliche Vorstellungsvermögen ist auch für das räumliche Vorstellungsvermögen (etwa in der Mathematik) wichtig.

Konzentrationsübungen

Konzentration ist eine Fähigkeit, die trainiert werden kann. Dazu werden zeitlich begrenzte Übungen durchgeführt, die die visuelle oder auditive Aufmerksamkeit schulen. Die Schüler betrachten zum Beispiel Gegenstände, die nur kurz auf dem Tageslichtprojektor gezeigt werden und zeichnen diese dann nach oder benennen sie.

Fantasiereisen

Sie dienen der Entspannung vor oder nach einer anstrengenden Phase der Arbeit. Den Schülern wird eine kurze Geschichte langsam erzählt oder vorgelesen. Die Kinder schließen während dieser Zeit die Augen und stellen sich die Inhalte der Geschichte bildlich vor. Je nach Bedarf läuft dazu Instrumentalmusik. Den Anschluss bildet eine kurze Ruhephase, in der sich die Kinder z.B. in kurzen Gesprächen mit dem Banknachbarn zum Erlebten äußern.

Lernspiele

Lernspiele steigern die Freude am Umgang mit Lerninhalten, da für die Kinder die Spielidee in den Vordergrund tritt. Der enthaltene Lernstoff wird auf spielerische Art wiederholt und eingeübt. Als typisches Beispiel lässt sich hier das Puzzle nennen.

Loci-Technik

Lerninhalte werden mit bestimmten Orten in Verbindung gebracht. Da sich Kinder Positionen besonders leicht merken können, wird durch die Erinnerung an den Ort der Lerninhalt leichter abrufbar. Zum Beispiel könnte ein häufig falsch geschriebenes Lernwort für einige Zeit an den Badezimmerspiegel gesteckt werden. Diese Technik lässt sich zum Lernspaziergang erweitern.

Marktplatz

Der Marktplatz ist ein öffentlicher Platz des Warenaustauschs. Genau dies geschieht auch im Klassenzimmer – die Waren, die ausgetauscht werden sind Wissensfragmente (etwa Fremdwörter und ihre Bedeutung). Zu Beginn besitzt jeder Schüler z.B. eine Karte mit Informationen. Mit dieser betritt er den Marktplatz, um andere Informationen zu erhalten und seine eigene weiterzugeben. Die Schüler bewegen sich frei im Klassenzimmer, treffen sich in Paaren, tauschen ihr Wissen aus und trennen sich dann wieder, um neuerlich ein Tauschgespräch einzugehen. Dabei ist jeder Schüler zugleich Gebender und Nehmender. Während der Marktzeit sammelt jeder Schüler Informationen, wird also spielerisch vom Laien zum Fachmann. Genau in diesem Effekt liegen der Reiz und die Effizienz dieser Methode.

Gespräche

Der Erfahrungsaustausch in Gesprächen dient der Sensibilisierung für Lernprobleme und der Reflexion eigenen Verhaltens. Verschiedene Methoden wie das Brainstorming oder Lehrerfragen führen zu einem Gedankenaustausch, der von Paaren oder Gruppen in die Gesamtgruppe getragen wird. Jeder Schüler sollte unbedingt die Möglichkeit erhalten, seine eigene Sicht der Dinge einzubringen. Die Schüler lernen somit, dass sie mit ihren Problemen nicht allein sind, sondern Mitschüler ähnliche Probleme kennen und äußern.

Insbesondere nach Phasen der praktischen Erprobung müssen die Schüler die Möglichkeit haben, die neuen Erfahrungen zu kommentieren und nochmals verbal zu fassen.

Rollenspiele

Es gibt kaum Grundschüler, die keinen Spaß an der Übernahme verschiedener Rollen haben. Durch die Vorgabe einer Rolle wird die Verantwortung für die

Handlung dieser Figur abgegeben, ein freies Agieren ist nun leichter möglich. Ein Beispiel ist das Spielen eines sehr unordentlichen Schülers, der seinen Schreibtisch aufzuräumen versucht. So können konkrete Alltagssituationen nachgespielt werden, die eine Spiegelfunktion für die Schüler übernehmen. Das Problem wird plastisch dargestellt und die Spielszene bietet für die weitere Behandlung den »realen« Diskussionshintergrund.

Karteikarten

Jeder kennt die Karteikarten als Mittel, Wissen in Portionen zu speichern und dem Lernenden zur Verfügung zu stellen. In unseren Augen haben Karteikarten gegenüber moderneren Mitteln wie dem Computer erhebliche Vorteile, da sie weitaus flexibler einsetzbar und individuell zu gestalten sind. Schon das Schreiben oder Malen einer Karteikarte stellt einen Lernschritt dar, der dem Schüler durch den Computer (leider!) abgenommen wird.

Lernposter

Große Zettel oder Poster, auf die Lernstoff geschrieben wird und die an einer auffälligen Stelle »ausgestellt« werden, nennen wir Lernposter. In Verbindung mit dem Poster einer Lieblingsband oder anderen optischen Reizen, wird ein wiederholtes Hinschauen, d.h. ein Lernen durch Wiederholung erreicht.

Pinnwand

Variabler als das Lernposter ist die Pinnwand, hier können mehrere Lernzettel angeheftet, sortiert und zu Lernbildern angeordnet werden. Dagegen verliert der Ort als Betrachtungsreiz an Bedeutung, da die Pinnwand meist fest installiert ist. Aus welchem Material die Pinnwand besteht (Kork, Plastik, Magnettafel ...) ist hierbei egal, auch eine Schrankwand, die mit Post-it-Zetteln versehen ist, kann als Pinnwand dienen.

Ritualisierung

Unter der Ritualisierung eigenen Lernverhaltens verstehen wir den Aufbau von positiven Gewohnheiten, die das Lernen entscheidend erleichtern können (etwa beim Lerneinstieg).

So können es sich Schüler angewöhnen, sich zurückzulehnen, die Augen zu schließen und zwei Mal langsam durchzuatmen, bevor sie zum Füller greifen, um mit der Bearbeitung einer Probe zu beginnen.

Lese-3-Sprung

Diese Lesetechnik stellt eine Vorstufe zur bekannten 5-Gang-Lesetechnik dar, die für die Grundschule zu komplex ist. Mit der vorgestellten Verfahrensweise (lesen – unterstreichen – überfliegen) soll den Schülern die Entnahme von Informationen aus einem Text erleichtert werden.

Die Lernmethodik-AG

Hinweise zur Durchführung der AG

Ziele und Inhalte der AG

Im Rahmen unserer AG »Lernen lernen« werden mit den Schülern häufig auftretende Lernprobleme thematisiert, grundlegende Lerntechniken und Arbeitsmethoden erarbeitet und ausprobiert.

Dabei stehen der praktische Aspekt und das beispielhafte Lernen stets im Vordergrund, denn Ziel ist es, dass die Schüler einige der vorgestellten Methoden in ihren Lernalltag integrieren.

Aufbau der AG

Eine interessante AG zu planen und zu gestalten, ist vergleichbar mit der Planung und Durchführung eines Klassenausflugs. Dies ist nicht immer leicht: Man möchte keine Sehenswürdigkeit verpassen, für jeden Schüler soll etwas dabei sein, die Wanderung muss Spaß machen und man möchte natürlich trockenen Fußes ans Ziel kommen.

Mit unserer AG wollen wir Ihnen und Ihren Schülern *einen* Weg durch die Landschaft der Grundschulmethodik zeigen: Dazu haben wir mit den einzelnen Einheiten der AG, unseren »Gehwegplatten«, für Sie und Ihre Schüler einen Weg ausgelegt. Er wird sie Schritt für Schritt, »Platte für Platte«, zu den wichtigsten Punkten der Lernmethodik führen.

Langeweile wird nicht aufkommen, denn wir werden verschiedene »Schritte« machen und auch die »Platten« sind nicht formgleich.

Für Spaß und gute Laune sorgen kleine Spiele und spielerische Unterrichtsformen. Damit kein Schüler aus der Puste kommt, haben wir ab und zu eine Verschnaufpause eingeplant. Im Überblick sieht unser Lernmethodikweg wie in der Abbildung unten aus.

Einige »Platten« werden Ihnen dem Namen nach bekannt vorkommen, andere werden für Sie vielleicht »böhmische Dörfer« sein. Aber wer unternimmt einen Ausflug, um nur Dinge zu sehen, über die er schon alles weiß? Die Verbindungen zwischen den einzelnen Einheiten werden durch Hausaufgaben, die von den Schülern zu erledigen sind, hergestellt. Diese beinhalten beispielsweise den Auftrag, eine Lerntechnik in der nächsten Woche anhand der normalen Hausaufgaben auszuprobieren.

Natürlich ließen sich diese »Platten« auch in einer anderen Reihenfolge verlegen, vielleicht würden Sie eine »Platte« gar nicht betreten, auf einer zweiten länger verweilen. Diese Variation ist möglich. Wir empfehlen Ihnen allerdings, beim ersten Mal unsere Reihenfolge auszuprobieren. Das hat z.B. den Vorteil, dass die Hausaufgaben zwischen den einzelnen Einheiten bereits abgestimmt sind. Wenn Sie Ihren ganz persönliche Methodikweg gehen wollen, müssen Sie also unbedingt daran denken, die Hausaufgaben abzugleichen.

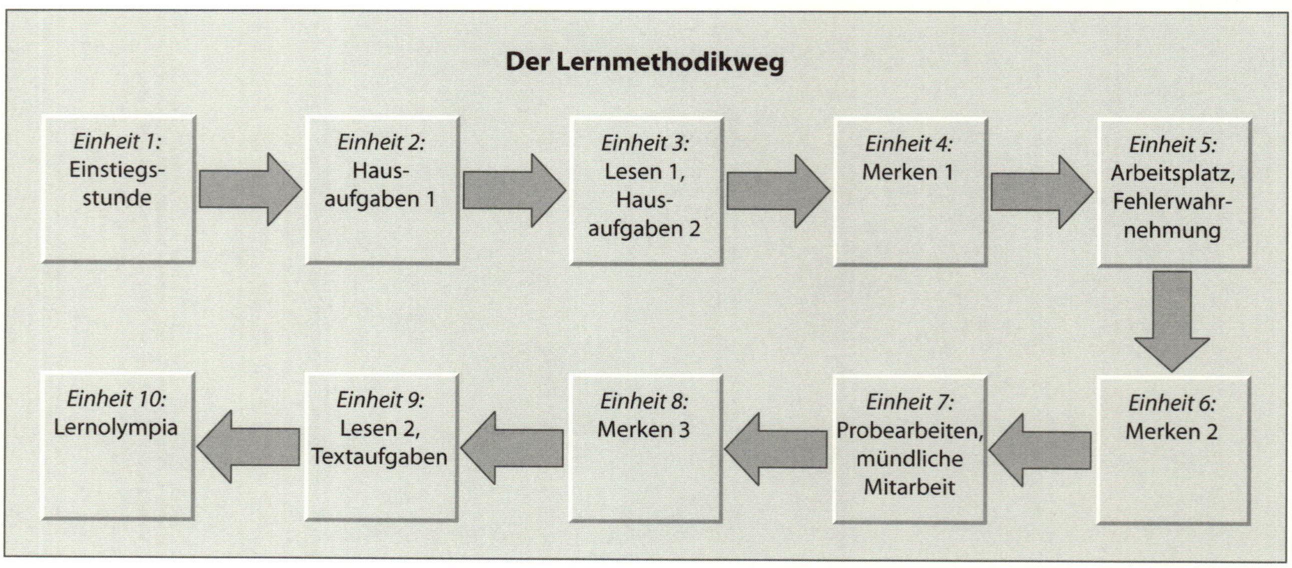

Unsere Methodik-AG ist zwar wie ein Weg gekennzeichnet, gehen müssen Sie ihn aber immer noch selbst. Deshalb ein paar Dinge vorweg, die Sie wissen sollten, bevor es los geht:

Zwei grundlegende Prinzipien

Zwei Prinzipien liegen der Kommunikation und Interaktion mit den Kindern in der AG zu Grunde. Trotz der Selbstverständlichkeit, die diese für die meisten Kolleginnen darstellen, führen wir sie hier kurz aus.

- Neben der *Vermittlung methodischer Strategien und Techniken* steht das *Gespräch mit den Schülern über ihre Erfahrungen und ihr Erleben von Schule* im Mittelpunkt. Auf Fragen, Ideen, Wünsche und Probleme der Kinder, die in derartigen Gesprächen aufgeworfen werden, sollte ernsthaft eingegangen werden; dafür sollte immer Zeit und Raum sein.
- Die von uns für die Grundschüler ausgewählten *Methoden und Techniken werden stets mit Beispielen eingeführt und ausprobiert.* Dieser praktische Zugang zur Lernmethodik erscheint uns dem Alter und der AG angemessen.

Aufbau der Einheiten

Hier stellen wir die Grundstruktur, die allen Einheiten zugrunde gelegt wurde, kurz vor:

Idee und Inhalt

Unter dieser Überschrift finden Sie Thema und Ziel der Einheit, die Umsetzungsidee ist erläutert, auf Besonderheiten wird hingewiesen.

Ablauf in Kurzform

In Stichpunkten sind die einzelnen Teile bzw. Phasen der Einheit aufgelistet.

Ablauf der Einheit

In chronologischer Folge ist die gesamte Einheit detailliert dargestellt. Einzelne Phasen sind abgeteilt, kurze Erläuterungen zu Materialien/Inhalten gegeben.

Material und Vorbereitung

Um die Vorbereitung zu erleichtern, wird an dieser Stelle jeweils eine Liste aller verwendeten Materialien angegeben. Dabei wird zwischen Grundmaterial (verbleibt beim Lehrer und kann wieder verwendet werden) und Schülermaterial (Kopien u.ä., die an Schüler ausgegeben werden) unterschieden.

Varianten

Dieser Abschnitt enthält zum einen Varianten der vorgestellten Methoden, Übungen oder Spiele. Zum anderen sind Möglichkeiten angegeben, das Thema anders anzugehen oder zu vertiefen. Dies soll Ihnen das Setzen eigener Schwerpunkte erleichtern.

Kopiervorlagen

sind gesammelt am Ende der Einheit. Sie sind fortlaufend nummeriert, z.B. mit »M17«. Für alle zu kopierenden Folien steht dahinter ein »(F)«.

Organisatorisches

Materialien

Die Schüler benötigen für die AG eine Basis-Ausrüstung. Das sind pro Schüler:

- Ein *Hefter* (Format A4), um die Arbeitsblätter, Spielvorlagen usw. vor dem Untergang im Zettelwust zu bewahren.
- Das »*Bonbonposter*« (S. 22/23), welches jeder individuell mit Farben gestalten kann. Dieses Poster sollte der Schüler zu Hause in der Nähe seines Arbeitsplatzes aufhängen. In den Einheiten 2–9 erhält das Kind ein Bonbon (= Lernzettel), welches kurz und prägnant formuliert einen Methodik-Tipp enthält. Diese Bonbons werden auf das eigene Lernposter geklebt. Auf diese Weise werden den Schülern die schon behandelten Tipps immer wieder vor Augen geführt und wiederholt.
- Eine *Klarsichthülle* (Format A4), sie dient dann als »Schnipselschrank« zur Aufbewahrung von kleinen Zetteln etc.

Der Raum

Nach Möglichkeit sollten Sie die AG immer im selben Raum durchführen. So kann durch Bilder und Plakate, die im Rahmen der AG erstellt und aufgehängt werden, auch äußerlich ein Methodik-Raum entstehen.

Die Gruppe

Wir empfehlen eine *Gruppengröße von höchstens 20 Kindern.* Eine kleinere Gruppe ist natürlich von Vorteil, da die Möglichkeiten für Sitzordnungen oder Gruppenspiele breiter gefächert sind. Aus eigenen Erfahrungen wissen wir, dass bei größeren Gruppen der Lernerfolg und die persönliche Involviertheit der Kinder in das gemeinsame Erfahren und Handeln nicht mehr so stark gegeben sind und die notwendige eigene Artikulation zu oft unterbleibt.

Ein ähnliches Problem sehen wir im gemeinsamen Unterricht für Schüler der 3. und 4. Klasse. Die Unterschiede in der persönlichen Lernentwicklung können so groß sein, dass sich einzelne Schüler oft über- bzw. unterfordert fühlen. In einem solchen, angespannten Lernklima sind offene Gespräche über Lernprobleme kaum möglich. Die Schüler, die an der AG teilnehmen, sollten also alle die gleiche Klassenstufe besuchen. Das Niveau der meisten Aufgaben und Beispiele sollte für alle Schüler ab dem zweiten Halbjahr der dritten Jahrgangsstufe geeignet sein.

Wir sind davon ausgegangen, dass sich die Teilnehmer der AG kennen. Wenn dies bei Ihrer Gruppe nicht gegeben ist (z.B. aufgrund der Größe Ihrer Schule), sollte in der ersten Einheit unbedingt eine Kennenlernphase eingebaut werden. Spiele und Sozialformen für derartige Situationen finden sich in großer Anzahl in der Literatur.

Zeitplanung

Die *10 Einheiten* sind so angelegt, dass *jeweils zwei Schulstunden* für die Durchführung ausreichen sollten. Dem Austausch von Erfahrungen und dem Ausprobieren neuer Ideen sollte ausreichend Zeit eingeräumt werden. Mit dem Einplanen von ein oder zwei Puffereinheiten ist jedoch gewährleistet, dass entbrannte Diskussionen oder intensive Arbeitsphasen nicht aufgrund eines unnötigen Zeitdrucks abgebrochen oder zur Seite geschoben werden.

Sie sollten maximal *eine Einheit pro Woche* durchführen. So hat einerseits der neu gelernte Stoff Zeit, »sich zu setzen«, und die Schüler werden nicht pausenlos mit Neuigkeiten überhäuft. Andererseits sollte der zeitliche Abstand nicht wesentlich größer sein, da sonst die von uns beabsichtigte Kontinuität nicht gegeben ist. Sie sollten also bis zu *12 Wochen* für die Durchführung Ihrer AG einplanen.

Damit die Lernmethodik nach bzw. außerhalb der AG nicht in Vergessenheit gerät und so zum Extrafach wird, können Sie (sofern möglich) auch im Fachunterricht Ideen aus der Methodik explizit ansprechen, wiederholen und benutzen. Anregungen und Übungen hierzu finden Sie im zweiten Teil (»Lernmethodik: Elemente für den Unterricht«, S. 187ff.) dieses Buches, in dem Sie Anleitungen zu den Themenbereichen »Zeitmanagement«, »Hausaufgaben« … finden.

Nun bleibt uns nur noch, Ihnen viel Spaß und gutes Gelingen mit der AG »Lernen lernen« zu wünschen.

Einheit 1: Einstiegsstunde

Idee und Inhalt

Diese erste Einheit soll der Einstimmung der Schüler auf das Thema, organisatorischen Dingen und dem gemeinsamen Wählen von Schwerpunkten innerhalb der Arbeitsgemeinschaft dienen.

Im Mittelpunkt steht die Frage nach den Vorlieben und Abneigungen der Schüler gegenüber dem eigenen Lernen. »Was mache ich gerne?« »Was mag ich nicht?« u.a. sind Fragen, die ins Thema einführen. Im zweiten Teil der Stunde lernen Sie mit den Kindern ein Gedicht, ohne dass die Schüler das unmittelbar bemerken. Mit dem »theoretischen« Einstieg wird eine erste praktische Erfahrung verbunden und das erste kleine Lernexperiment endet mit einem motivierenden Aha-Erlebnis.

Ablauf in Kurzform

- Brainstorming:
  - Lernaussagen-Blätter und Vorlagen verteilen
  - Smilie-Kärtchen verteilen / erklären
  - »Abstimmung« durch die Schüler
  - Auswertung in Paaren
- Daumendrücken (Spiel)
- Organisatorisches
- Hausaufgabe erteilen
- 6 Übungen und ein Gedicht:
  - Übung 1: »Die Geheimschrift« (Halbtext lesen)
  - Übung 2: »Luftmalerei« (Bildbetrachtung und gestisches Spiel)
  - Übung 3: »Bildbeschreibung« (Lückentext bearbeiten)
  - Übung 4: »Lückenfüller« (Text ohne Vokale lesen)
  - Übung 5: »Lückenlesen« (Verschlüsselung knacken)
  - Übung 6: »Anfang und Ende« (Lesen mit Zeilenrandbuchstaben)
- Abschluss und Verabschiedung

Ablauf der Einheit

Brainstorming

Um die Schüler auf das Thema »Lernen lernen« einzustimmen und gleichzeitig die speziellen Bedürfnisse der Gruppe kennenzulernen, führen Sie ein Brainstorming durch. Da wir es mit Grundschülern zu tun haben und die Schüler meist keine Vorerfahrungen zum Inhalt dieser AG mitbringen, können wir nicht von ihnen verlangen, ihre Wünsche, Ideen und Vorstellungen frei zu artikulieren, d.h. diese auf Zettel oder an die Tafel zu schreiben. Statt dessen benutzen Sie *Lernaussagen-Blätter* (Format A3) mit kurzen Aussagesätzen rund ums Lernen. Auf einem solchen Blatt steht beispielsweise »Die Hausaufgaben schaffe ich leicht.« (Weitere Vorschläge finden Sie bei der Materialbeschreibung.)

Jeder Schüler erhält 15 *Smilie-Kärtchen* (5 grüne ☺, 5 gelbe 😐 und 5 rote ☹). Zunächst werden die *Lernaussagenblätter* einzeln vorgelesen und im Raum platziert, eine Aufgabe welche die Schüler übernehmen können. Fragen Sie Ihre Schüler, ob ihnen eine Aussage zum Thema Lernen fehlt und ergänzen Sie für jeden Schülervorschlag ein entsprechendes *Lernaussagen-Blatt*. Dann erklären Sie den Schülern die Funktionsweise der *Smilie-Kärtchen* (Ampel-Prinzip):

Bedeutung:

grün	☺:	Find ich gut, mach ich gern, kann ich.
gelb	😐:	Weiß ich nicht, mal so mal so, egal.
rot	☹:	Find ich doof, mach ich ungern, kann ich nicht.

Nun geben die Schüler ihre Meinung zu den einzelnen Lernaussagen ab, indem sie durch den Raum gehen und ihre *Smilie-Kärtchen* auf die Blätter legen. Dabei ist zu beachten, dass nicht jeder Schüler ein Kärtchen auf jedes Blatt legen muss und kann. Das Umlegen von Kärtchen sollte unterbleiben, da niemand sein Kärtchen wiedererkennen kann und so Smilies anderer Schüler verlegt werden könnten. Bieten Sie den Schülern an, bei Bedarf ein oder zwei *Smilie-Kärtchen* nachzunehmen. Die Schüler sollten für diese Abstimmung ausreichend Zeit erhalten; nicht Schnelligkeit ist gefragt, sondern die eigene Meinung.

Durch dieses Brainstorming entsteht eine erste »Lernbewegung«, die auch in den folgenden Einheiten eine Rolle spielen wird. Sie werden die Kinder immer wieder auffordern, ihren Arbeitsplatz zu verlassen, sich beispielsweise im Raum mit anderen Kindern zu treffen, sich auszutauschen oder gemeinsam Problemstellungen zu bearbeiten.

Jetzt gilt es, die Abstimmung auszuwerten. Hierzu finden sich die Schüler zu Paaren zusammen. Jedes Paar benötigt einen grünen, einen gelben und einen roten Stift. Die einzelnen Paare wählen ein *Lernaussagen-Blatt* aus, zählen die verschiedenfarbigen *Smilie-Kärtchen* ab und malen das Ergebnis in Form von unterschiedlich großen, den Farben der Kärtchen entsprechenden Kreisen auf das Blatt (siehe Abbildung). Sind alle Lernaussagen-Blätter ausgezählt, werden sie an einer freien Wand des Raumes aufgehängt. Auf diese Weise bleibt die Abstimmung auch die nächsten Stunden noch erhalten, denn sie soll Grundlage und roter Faden der Arbeitsgemeinschaft sein. Nun können Sie den Kindern einen kurzen Ausblick auf die Inhalte und Ziele der AG geben, die einzelnen Themen kurz vorstellen (als Grundlage hierfür eignet sich der Unterrichtsplan der AG, siehe S. 183). Während dieser Vorstellung sollten Sie auf das Abstimmungsergebnis der Kinder eingehen, d.h. erklären, wann die Aussagen mit den meisten Punkten in der AG behandelt werden.

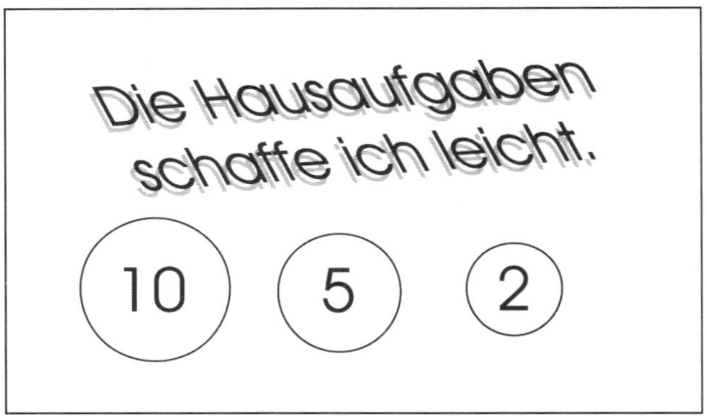

An dieser Stelle ist eine methodische Pause zu empfehlen, um die Kinder etwas zu beruhigen, denn anschließend sollen die organisatorischen Einzelheiten geklärt werden. Für diese Pause bietet sich ein Spiel wie das »Daumendrücken« an:

Daumendrücken (Spiel)

Aus der Gruppe werden vier oder fünf Schüler ausgewählt. Das sind die »Drücker«. Alle anderen Schüler bleiben an ihren Plätzen, setzen sich bequem hin und strecken einen Daumen vor. Sie erzählen nun, dass es Nacht wird. Alle, bis auf die »Drücker« schließen die Augen. Nun gehen die »Drücker« durch den Raum und jeder von ihnen drückt den Daumen eines Mitschülers. Sind alle vier oder fünf fertig, stellen sie sich vor die Gruppe und wecken ihre Mitschüler mit einem freundlichen »Guten Morgen!«. Jetzt öffnen alle ihre Augen und diejenigen, bei denen gedrückt wurde, stehen auf. Nacheinander nennen sie nun den Namen desjenigen, der vermeintlich ihr »Drücker« war. Erst wenn dies alle gesagt haben, kommt die Auflösung, denn sonst hätte der Letzte ein zu leichtes Spiel. Wer richtig geraten hat, tauscht mit seinem »Drücker« den Platz und die nächste Runde kann beginnen.

Tipp: Vereinbaren Sie mit den Kindern vorher die Anzahl der Spielrunden, um die Zeit dieses Spiels in Grenzen zu halten.

Organisatorisches

Bevor die AG startet, müssen die Rahmenbedingungen geklärt werden. Sie besprechen mit den Kindern die benötigten Basis-Materialien (wie z.B. den Hefter und die Klarsichthülle), klären Termine ab, stellen das »Bonbonposter« (S. 22/23) vor und teilen dieses aus.

Das Poster sollten Sie für jedes Kind auf A3-Papier kopieren. Zu Hause dürfen die Kinder das Poster nach eigenem Geschmack ausmalen oder gestalten und dann an ihrem Arbeitsplatz oder in ihrem Zimmer gut sichtbar aufhängen. Sie sehen die Tipps somit regelmäßig und werden angeregt, diese umzusetzen.

Im Klassenzimmer wird ein Bonbonposter aufgehängt, das Sie auf A2 hochkopiert haben (beide Vorlagenseiten auf A3 vergrößern). Beachten Sie, dass die 10 Kreise die Platzhalter für die Bonbons darstellen. Dort werden die Lerntipps der Einheiten 2–9 während der AG aufgeklebt. Das Poster wird somit während der AG komplettiert und stellt damit eine Momentaufnahme des AG-Verlaufs dar, welche im Klassenzimmer und zu Hause präsent ist. Die verbleibenden zwei Kreise können mit eigenen Lernbonbons belegt werden, d.h. hier haben Sie und die Kinder noch die Möglichkeit, eigene Ideen in das Poster einzubringen.

Auch die ausgeteilten Lernbonbons dürfen die Kinder ausmalen. Dies sollte jedoch nur mit Holzfarbstiften geschehen, damit die Schrift noch gut lesbar bleibt. An welche Stelle die Kinder den Tipp jeweils kleben, können Sie ihnen selbst überlassen. Die Bonbonvorlagen sind so gestaltet, dass sie an jede der vorgesehenen Stellen passen.

Wie in den meisten folgenden Einheiten auch, erhalten die Schüler eine kleine Hausaufgabe. Dieses Mal besteht sie darin, sich einen passenden Hefter und eine Klarsichthülle zu besorgen, das Bonbonposter anzumalen und in der Nähe des eigenen Arbeitsplatzes zu Hause aufzuhängen. Die Hausaufgabe sollten Sie jetzt schon vergeben, damit diese den Stundenabschluss nicht stört.

6 Übungen und ein Gedicht

Jetzt lernen Sie mit den Kindern, ohne dass die Schüler dies bemerken, ein Gedicht. Mit dem abschließenden Aha-Effekt: »Durch ein anderes Umgehen mit dem Lernstoff und mit viel Spass wurde ein Gedicht gelernt«, sollen die Kinder aus der ersten Einheit entlassen werden.
Wir haben den Anfang des Gedichts »Der Sternanzünder« von Mascha Kaleko ausgewählt, andere kurze Kindergedichte können Sie natürlich auch einsetzen. In mehreren kleinen Übungen arbeiten die Schüler mit dem Text, ohne dass zu irgendeinem Zeitpunkt von ihnen verlangt wird, das Gedicht auswendig zu lernen.

Übung 1: »Die Geheimschrift«
Mit der Klasse wird das Gedicht als Halbtext (M1), nur die obere Hälfte der Buchstaben ist zu lesen, entziffert. Die Aufgabe ist es, diese »Geheimschrift« zu knacken und den Text vorzulesen (Wörter wie »Samt« und »flammen« werden angesprochen und erklärt).

Übung 2: »Luftmalerei«
Bei dieser Übung werden mit den Kindern einige Bewegungen während des Ablesens des Texts eingeübt. Dazu wird das Gedicht über den TLP gezeigt (M1). Für jeden Abschnitt werden Handbewegungen oder Gesten gemeinsam festgelegt und eingeübt:

Zeile 1:	zusammengelegte Hände an den Kopf = *schlafen*
Zeile 2:	das Gehen mit Zeige- und Mittelfinger darstellen = *kommt*
Zeile 3:	Faust aus der der Daumen herausspringt wie bei einem Feuerzeug = *steckt an*
Zeile 4:	weit ausholende Handbewegung im Halbkreis über den Kopf hinweg = *hoch am dunklen Himmel*
Zeile 5 + 6:	mit dem Zeigefinger und dem Arm mehrfach schräg nach oben zeigen = *einer nach dem andern*
Zeile 7:	mit den Händen eine Kugel andeuten = *inmitten*
Zeile 8:	das Drücken eines Lichtschalters imitieren = *anknipsen*

Vorschläge der Kinder sollten Sie unbedingt aufnehmen, wenn die Kinder der Auffassung sind, dass ihr Vorschlag besser ist als der oben genannte.

Übung 3: »Bildbeschreibung«
Sie legen die Folie (M2) mit dem Bild zum Gedicht auf und lassen die Kinder beschreiben, was sie erkennen können. Die Kinder betrachten das Bild meist sehr genau und finden schnell die gesuchten Inhalte heraus. Um das Zeigen dessen, was sie gerade ansprechen zu erleichtern, sollten Sie die Kinder auffordern, nach vorne zu kommen und auf den Gegenstand zu deuten, den sie gerade beschreiben bzw. interpretieren.

Übung 4: »Lückenfüller«
Dieses Mal erhalten die Kinder das Blatt mit dem Bild und dem Lückentext (M2), in dem alle Vokale durch Punkte ersetzt worden sind. Die Kinder sollen die Vokale richtig einsetzen. Um Missverständnisse zu vermeiden, müssen Sie die Kinder auf die vier Satzzeichen-Punkte aufmerksam machen. Es bleibt der Lehrerin überlassen, ob während dieser Bearbeitungszeit der Gedichttext an der Tafel zu sehen ist oder nicht. Anschließend tauschen die Nachbarn ihre Blätter aus und anhand der TLP-Folie korrigieren die Kinder ihre Zettel.

Übung 5: »Lückenlesen«
Über den Overhead-Projektor wird die Rest-Gedicht-version ohne Vokale gezeigt, wobei in dieser Version keine Kennzeichnung der Vokalauslassung existiert (M1). Auch hier besteht die Aufgabe darin, den Text zu rekonstruieren und möglichst flüssig vorzulesen. Es ist wichtig, dass Sie nicht fragen, ob ein Schüler das Gedicht auswendig wüsste, sondern ob jemand die Verschlüsselung knacken und den Text lesen kann.

Übung 6: »Anfang und Ende«
Ist diese Verkürzung von den Schülern verstanden und gelöst worden, schreiben Sie nur die Anfangs- und Endbuchstaben jeder Zeile an die Tafel (siehe Abbildung) und fragen die Kinder, wer den Text jetzt noch »lesen« könne.

D	**r**
G	n
K	n
U	e
H	n
E	t
S	t
U	e
K	e

Abschluss und Verabschiedung

Zum Abschluss erkundigen Sie sich, wie viele der Kinder das Gedicht ohne Hilfestellung aufsagen können, ein Großteil wird dies bejahen. Zu diesem Ergebnis gratulieren Sie den Schülern, da sie ein Gedicht gelernt hätten, obwohl es an keiner Stelle von ihnen verlangt worden sei. Mit dem Hinweis, dass es hilfreich ist, auf verschiedene Arten mit dem Lernstoff umzugehen und das nur durch Ausprobieren neuer Ideen eigene Erfahrungen gesammelt werden können, werden die Schüler entlassen.

Benötigte Materialien und Vorbereitung

Grundmaterial

- Pro Schüler 15–18 Smilie-Kärtchen:
  Kopieren Sie die Kopiervorlagen M3 (☺) auf grünen, M4 (😐) auf gelben, M5 (☹) auf roten Karton und schneiden Sie die einzelnen Kärtchen aus (benötigte Anzahl für 20 Schüler: jede Kopiervorlage 5 mal).
- Overhead-Folienvorlagen (M1, M2)
- Lückentextvorlage (M2)
- Tesa / Magnete / Nadeln / Klebeband zum Aufhängen der Auswertung
- grüne, gelbe und rote Stifte
- pro Schüler ein »Bonbonposter«
- 20 *Lernaussagen-Blätter*, leere Blätter und Stifte. Wählen Sie möglichst helle Farben (kein grün, gelb und rot!). Format A3. Sie können die einzelnen Aussagen per Hand schreiben oder mittels Computer drucken und dann vergrößern.

Der von Ihnen benutzte Grundstock der Lernaussagen sollte die folgenden enthalten, da diese einen Bezug zu den weiteren AG-Inhalten herstellen:

1. Ich mag Pausen.
2. Ich lese gern.
3. Gedichte finde ich toll.
4. Ich male gern.
5. Rechnen macht mir Spaß.
6. Die Hausaufgaben schaffe ich leicht.
7. Oft fehlt mir die Zeit für Hausaufgaben.
8. Mir gefällt mein Arbeitsplatz zu Hause.
9. Schreiben finde ich toll.
10. Diktate schreibe ich gerne mit.
11. Ich spiele gern mit anderen.
12. Unser Klassenzimmer ist schön.
13. Ich knobel gern.
14. Wenn ich Hausaufgaben mache, werde ich müde.
15. Ich lerne gerne Gedichte auswendig.
16. Wenn ich etwas nicht verstehe, frage ich nach.
17. Textaufgaben finde ich schwierig.
18. Ich vergesse manchmal Dinge, die ich gelernt habe.
19. Zusammen arbeiten macht mir Spaß.
20. Ich lese gerne laut vor.

Varianten

Aufhängen der Lernaussagen-Blätter

Die Schülerpaare nehmen ihre Aussage auf und erhalten nun die Aufgabe, die Blätter in eine ihnen sinnvoll erscheinende Reihenfolge zu bringen. Die Zettel werden mit Wäscheklammern an eine Wäscheleine gehängt, die quer im Raum gespannt wurde. Anhand der »Wäsche« wird nun gefragt, welche davon besonders sorgfältig zu bearbeiten sei und welche wenig Probleme mache. Damit dieses Ergebnis auch in späteren Einheiten zur Verfügung steht, wird die Wäscheleine an eine Zimmerwand gehängt, um die Lernaussagen in den weiteren Stunden im Blick zu haben.

Pausenspiel

Als Pausenspiel ist auch ein gemeinsames Durchlaufen des Raumes geeignet, bei dem die Hände jeweils verschiedene Körperteile berühren müssen. Dies führt im Laufe des Spiels zu sehr lustigen Fortbewegungsweisen der Kinder. Man startet mit der Anweisung »die Hände an die Hüfte legen« und steigert dies nun fortlaufend »die rechte Hand nun an die Nase«, »die linke Hand an das linke (rechte) Knie«, »mit beiden Händen die Fußspitzen berühren«, »von hinten durch die Beine den Fußspann umfassen«, »mit der linken Hand die rechte Kniekehle von hinten anfassen« … Der Fantasie sind hier keine Grenzen gesetzt, die aufkommenden Ideen der Kinder können Sie jederzeit einbauen.

Varianten für die Gedichtbehandlung

Gedicht-Puzzle
Arbeitsgruppen erhalten ein Puzzle, bestehend aus den Wörtern des Gedichts, und müssen dieses zusammensetzen. Die Lehrerin gibt für jede Zeile eine Lösungszahl an, die aus Ziffern auf den Wort-Schnipseln gebildet wird. Zum Beispiel kann die Lösungszahl für die zweite Zeile 351 sein, wenn auf den Wortschnipseln die entsprechenden Zahlen vermerkt wurden (siehe Abbildung). Ein geschickter Einsatz dieser Lösungszahlen für die Bearbeitung seitens der Schüler ist hierbei erwünscht. Da sich die Ziffern wiederholen, erhalten die Schüler nur einen indirekten Hinweis beim Zusammensetzen, die Lösungszahl dient hauptsächlich der Überprüfung und nicht dem Finden des Ergebnisses.

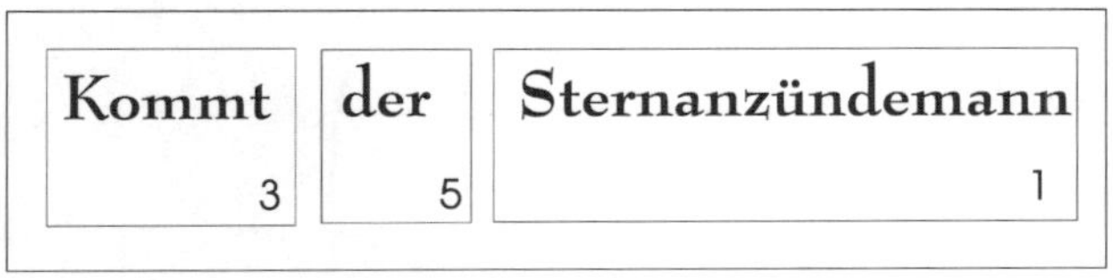

Ein *Tipp* zur Vorbereitung: Versehen Sie die einzelnen Wörter vor dem Zerschneiden mit einer Zahl und notieren Sie sich die Ergebnisse!

Zeilenwettstreit
Mit einem in senkrechte Streifen geschnittenen Blatt Papier wird die Gedichtfolie abgedeckt (siehe Abbildung). In der durch die Ziffern dargestellten Reihenfolge werden die Streifen abgenommen, so dass die darunter liegenden Textpassagen zu lesen sind. Die Kinder erhalten für jede mit dieser Hilfe richtig geratene Zeile einen Punkt, jedes Kind darf pro Durchgang nur eine Zeile nennen. In weiteren Durchgängen sollten sie die Reihenfolge, in der die Streifen aufgedeckt werden, verändern.

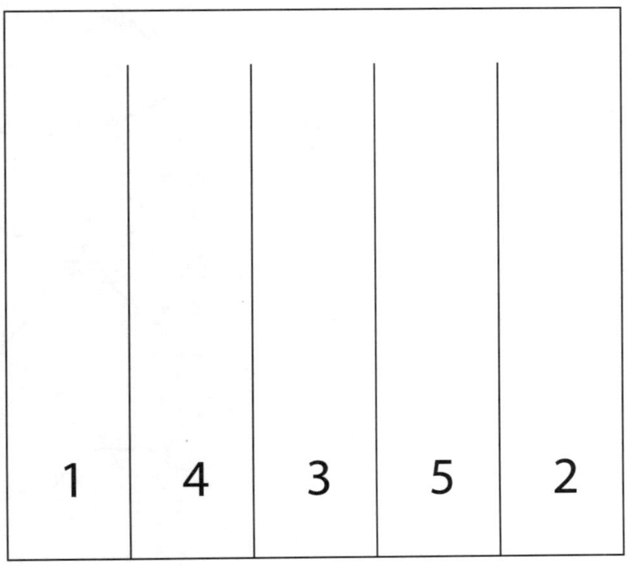

Rückenschrift
Je zwei Schüler schreiben sich gegenseitig eine beliebige Zeile des Gedichts auf den Rücken und der »Beschriebene« muss herausfinden, um welche Zeile es sich handelt. Der Schreiber verwendet Druckbuchstaben und klopft mit der flachen Hand kurz auf den Rücken, wenn ein Wort zu Ende ist. Während dieses Spiels ist für beide das Gedicht zu sehen (Plakat, Folie)!

Bild malen
Die Schüler malen ein Bild zu dem Gedicht oder einer Zeile des Gedichts.

Kopiervorlagen

- »Bonbonposter«
- Der Sternanzünder (M1)
- Der Sternanzünder (M2)
- Smilie grün (M3)
- Smilie gelb (M4)
- Smilie rot (M5)

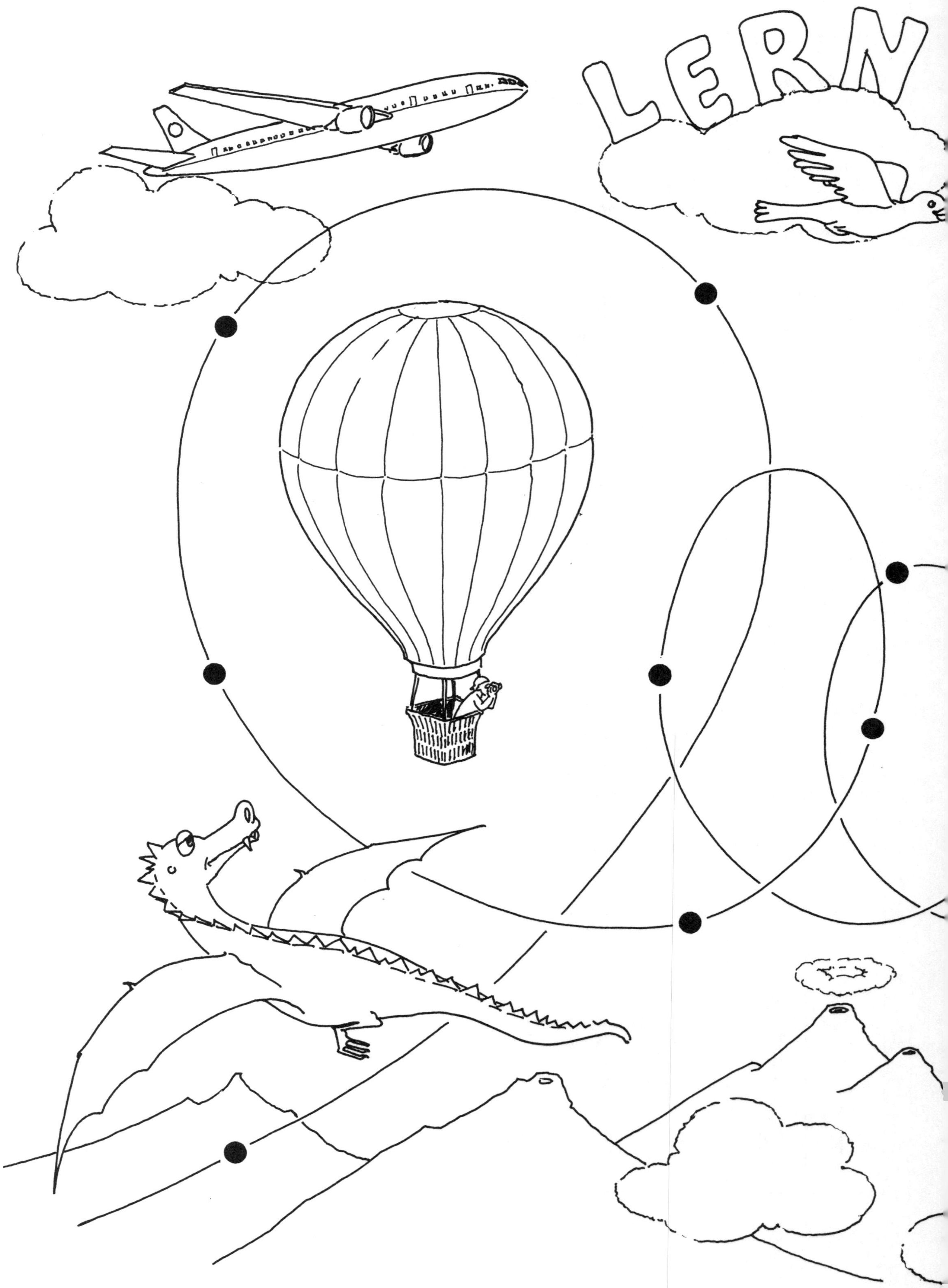
LERN

TIPPS
AG
LERNEN LERNEN
LERNEN

M 1 (F)

Der Sternanzünder

Geht die Abendsonne schlafen,
Kommt der Sternanzündemann.
Und der steckt die vielen Sterne
Hoch am dunklen Himmel an.
Einer nach dem andern flammt
Silberhell auf blauem Samt.
Und inmitten all der Sterne
Knipst er an die Mondlaterne.
...

(Mascha Kaleko)

Der Sternanzünder

Geht die Abendsonne schlafen
Kommt der Sternanzündemann
Und der steckt die vielen Sterne
Hoch am dunklen Himmel an
Einer nach dem andern flammt
Silberhell auf blauem Samt
Und inmitten all der Sterne
Knipst er an die Mondlaterne

Dr Strnnznder

Ght d bndsnn schlfn,
Kmmt dr Strnnzndmnn.
nd dr stckt d vln Strn
Hch m dnkln Hmml n.
nr nch dm ndrn flmmt
Slbrhll uf blm Smt.
nd nmttn ll dr Strn
Knpst r n d Mndltrn.

Aus diesem Text sind alle Selbstlaute herausgefallen.
Versuche sie wieder einzusetzen.

D _ r St _ rn _ nz _ nd _ r

G _ ht d _ _ _ b _ nds _ nn _ schl _ f _ n,
K _ mmt d _ r St _ rn _ nz _ nd _ m _ nn.
_ nd d _ r st _ ckt d _ _ v _ _ l _ n St _ rn _
H _ ch _ m d _ nkl _ n H _ mm _ l _ n.
_ _ n _ r n _ ch d _ m _ nd _ rn fl _ mmt
S _ lb _ rh _ ll _ _ f bl _ _ _ m S _ mt.
_ nd _ nm _ tt _ n _ ll d _ r St _ rn _
Kn _ pst _ r _ n d _ _ M _ ndl _ t _ rn _ .
...

(Mascha Kaleko)

M 3

Auf grünen Karton kopieren

Auf gelben Karton kopieren

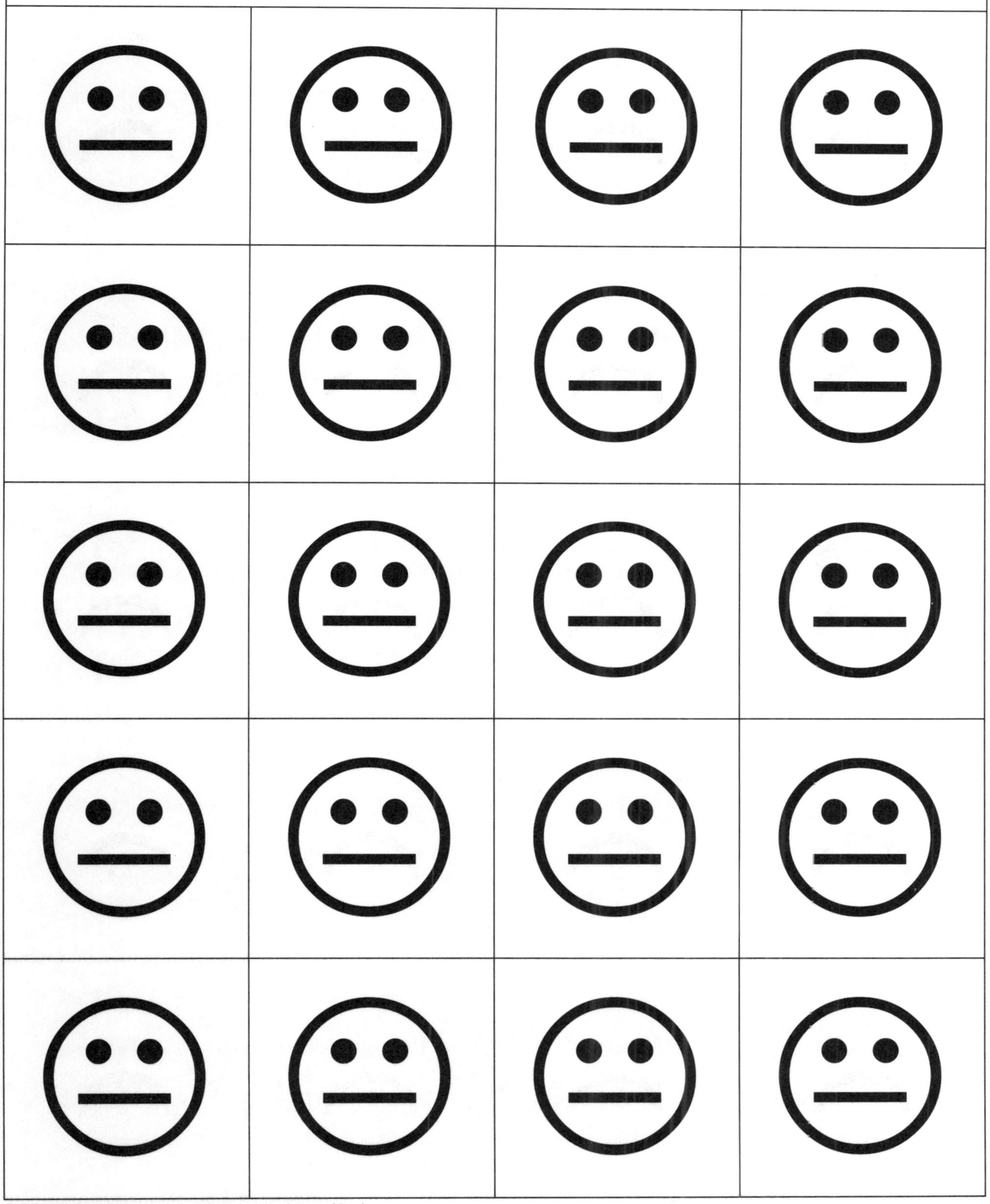

M 5

Auf roten Karton kopieren

Einheit 2: Hausaufgaben 1

Idee und Inhalt

Für viele Schüler sind die Hausaufgaben nicht die einzigen Verpflichtungen, die sie in ihrer Freizeit erledigen müssen. Die meisten Kinder sind zusätzlich durch etliche Termine, wie Musikunterricht oder Sporttraining zeitlich gebunden. Das alles »auf die Reihe zu kriegen« und die Hausaufgaben nicht nur als »zusätzlichen« Stressfaktor zu sehen, ist nicht immer ganz einfach (für Schüler und Eltern). In dieser und einem Teil der folgenden Einheit soll es deshalb um das »A bis Z« der Hausaufgaben gehen: vom **A**nfangen mit Hilfe kleiner Motivationstricks bis hin zur **Z**eiteinteilung.

Ablauf in Kurzform

- Einstieg: Hausaufgabenkontrolle
- Hausaufgabenbewertung
- Vorstellung des Wochenplans
- »Spiegeln«, ein kurzes Bewegungsspiel
- Motivation und Konzentration, der Einstieg in die Arbeit
- Pausenspiel: Pferderennen
- Marktplatz der Tipps
- Die Galerie

Ablauf der Stunde

Einstieg: Hausaufgabenkontrolle

Alle Kinder zeigen die mitgebrachten AG-Hefter und Klarsichthüllen. Erklären Sie ihnen, dass diese beiden Utensilien nun jedesmal mitzubringen sind und wofür sie verwendet werden (vgl. S. 15).

Hausaufgabenbewertung

Um die Schüler zu einem Gespräch über den Unterschied anzuregen, der sich möglicherweise im Vergleich zu den gewohnten Hausaufgaben ergeben hat, bietet sich der Einstieg mit einer Provokation über den »hohen Schwierigkeitsgrad« dieser Hausaufgaben an.

Die Aussagen der Schüler, wie z.B. »Spaß an der Aufgabe« oder »Lust auf die AG«, werden stichpunktartig auf Zettel geschrieben und an die Tafel geheftet. Jetzt gehen Sie zu der allgmeinen Fragestellung über, welche angenehmen und unangenehmen Seiten die üblichen Hausaufgaben für die Schüler haben. Auch hier werden die Antworten auf Zetteln gesammelt und zu den anderen an die Tafel gehängt. Um zwei Blätter »macht viel Spaß« und »macht weniger Spaß« werden die Zettel blütenartig angeordnet. Sollten die Schüler anfänglich nur wenige Beiträge liefern, können Sie weitere Stichpunkte vorgeben. Die Aufgabe für die Schüler besteht dann darin, die Vorgaben einem der beiden Bewertungspole zuzuordnen.

Ausgehend von dieser Zusammenstellung wechseln Sie nun zur Betrachtung des Zeitaspekts der Hausaufgaben. Das Hauptaugenmerk liegt hierbei auf den Fragen nach dem *Wann*, *Wie lange* und *Was zuerst*. Die Kinder erzählen und bemerken die Vielfalt der gegebenen Antworten, ohne dass Sie kommentierend in das Gespräch eingreifen. Den Arbeitsplatz sollten Sie als Themenbereich ausklammern, da dieser in einer eigenen Einheit behandelt wird.

Um das individuelle Verhalten für alle Schüler festzuhalten und vergleichbar zu machen, werden die Kinder einen Wochenplan ausfüllen.

Vorstellung des Wochenplans

Die Idee für das Folgende ist einfach: die Kinder erhalten einen Wochenplan und Ausschneidefiguren, die dazu dienen, die Hausaufgabenzeiten einer Woche zu notieren und anhand dieses Überblicks das Thema der Arbeitszeiten in der nächsten Einheit eingehend zu besprechen.

Die Schüler erhalten eine Kopie des Wochenplans (M6). Zuerst wird dieser Grundplan besprochen. Erläutern Sie dann die Tageseinteilung, Bedeutung der Uhren und horizontalen Linien. (Der Plan fängt erst mit 12.00 Uhr an, da dieser Plan dazu dienen soll, die Hausaufgabenzeiten zu betrachten, die Unterrichtszeit ist daher nicht relevant.)

Anschließend erhalten die Kinder das Figurenblatt (M7). Neben einem Zeppelin für jeden Tag, der jeweils die Hausaufgabenzeit symbolisiert, erhalten sie auf dem Figurenblatt auch Luftballons, in die sie wichtige andere Termine eintragen sollen (etwa Musikunterricht, Sport etc.). Um einen Überblick über die Arbeitsdauer der Kinder zu bekommen, wird diese in die Zeppeline eingetragen. Mit den horizontalen Linien ist die zeitlich richtige Einordnung der Figuren leicht möglich.

Der AG-Flieger wird zum Testobjekt: nachdem Sie den Plan und die Figuren erklärt haben, schneiden die Schüler den Flieger aus und legen ihn dann an die ihnen richtig erscheinende Stelle des Wochenplans. Gemeinsam kontrollieren Sie, ob der Flieger richtig positioniert wurde. Dann wird er auf den Plan geklebt und von den Kindern ausgemalt.

Die Hausaufgabe für die folgende Woche lautet, sich selbst bei den Hausaufgaben zu beobachten und den Wochenplan zu vervollständigen: die Kinder kleben jeweils einen der Hausaufgaben-Zeppeline passend zur Uhrzeit, zu der sie die Hausaufgaben an einem Wochentag erledigt haben, auf den Wochenplan und tragen ein, wie lange sie für die Hausaufgaben gebraucht haben. Aber bitte vor lauter Hausaufgaben die Ballons nicht vergessen.

Nach dieser Arbeit im Sitzen ist eine aktive Pause zur Auflockerung angebracht.

»Spiegeln« – ein kurzes Bewegungsspiel

Die Kinder stehen von ihren Plätzen auf und stellen sich in Paaren zueinander gewendet mit etwas Abstand auf. Sie erklären, dass sich nun zwischen ihnen ein großer Spiegel befindet. Eines der Kinder ist nun das Original und das andere das Spiegelbild, d.h. das Original bewegt sich (Arm ausstrecken, Bein heben, hopsen, verbeugen, Grimassen schneiden ...) und sein Partner versucht, diese Bewegungen spiegelbildlich nachzuahmen. Vom Ausgangsplatz sollten sich die Kinder nie weiter als einen Schritt entfernen, um eine wildes »Herumspringen« der Paare im Klassenzimmer zu verhindern.

Ziel des Spieles ist es nicht, schneller zu sein als der Partner, es soll vielmehr versucht werden, zusammen möglichst viele und neu ausgedachte Bewegungen auszuführen. Nachdem Sie ein Signal gegeben haben, wechseln die Kinder ihre Rollen. Beide sollten jede Rolle zweimal innehaben, da sich während des Nachspielens oftmals weitere eigene Ideen ergeben, die dann erprobt werden können.

Damit die Kinder etwas ruhiger in die Arbeit einsteigen können, geben sich die Paare nun zum Abschied »durch den Spiegel« die Hände.

Im nächsten Abschnitt wird der Einstieg in die Hausaufgaben behandelt. Viele Kinder haben bei diesem ersten Schritt Probleme. Damit wird dieser zu einem exemplarischen Beispiel für das Problem des Anfangens mit einer Arbeit.

Motivation und Konzentration, der Einstieg in die Arbeit

In diesem Abschnitt sollen die Kinder eine Folge von Gedanken und Bewegungen lernen, mit der sie sich den Einstieg in die Hausaufgaben erleichtern können. Motivation und Konzentration werden durch ein solches Vorgehen gefördert und die Kinder lernen, sich die nötige Arbeitsatmosphäre und -haltung selbst zu schaffen.

Bleiben Sie dazu beim Bild des Zeppelins und vergleichen dessen Startvorbereitungen mit dem Start in die Hausaufgaben. Fragen Sie die Kinder zuerst nur nach einigen Flugvorbereitungen, die sie treffen müssten, wenn sie Flugkapitän des Zeppelins wären. Die Antworten sammeln sie an der Tafel, bis ein Bild entstanden ist, welches der Abfolge der Checkliste entspricht (siehe M8).

Mit der Frage »Wie fangt ihr denn mit den Hausaufgaben an?«, führen Sie die Kinder an das Thema heran. Der Arbeitseinstieg, das Anfangen der Hausaufgaben, ist damit thematisiert und die Kinder werden die sich bietende Analogien zum gerade besprochenen Start eines Zeppelins selbst finden. »Der Hausaufgabenzeppelin soll gestartet werden. Was muss vor einem solchen Flug alles geregelt und überprüft werden?«

Um die weitere Arbeit zu kanalisieren legen Sie die Folie mit den Analogien auf (M8), decken jedoch die Entsprechungen unter der Rubrik »Am Schreibtisch« ab. Sie können für den ersten Punkt die Analogien für den Einstieg in die Hausaufgaben erklären, dann werdens die Kinder für die weiteren Startprozeduren geeignete Analogien finden.

Nach der Erläuterung der Liste fordern Sie die Kinder auf, passende Gesten zu den Schritten der Startvorbereitung zu finden und festzulegen. Gemeinsam werden dann der Startcheck und Start geübt: alle Punkte werden mit passenden Gesten begleitet, die knapp und konzentriert ausfallen sollen. Auf die anschließende Landung folgt die kurze Feststellung, wie schnell der Flug abgelaufen ist und dass alle Ziele angeflogen worden sind. Die Kinder sollen sich nun zur Belohnung für den Flug und die gute Orientierung auf die Schultern klopfen: der Flugkapitän hat Feierabend.

Machen Sie den Schülern den Vorschlag, diese Sequenz an den Anfang der Hausaufgaben zu stellen, da die Kinder dann gut vorbereitet »abheben« können. Für die Arbeit zu Hause erhalten die Kinder eine Kopie der Checkliste (M9), die sie sich über ihren Arbeitsplatz hängen sollen.

Durch diese Übung und die ritualisierte Anwendung zu Hause wird es den Kindern immer leichter gelingen, den Weg in ein konzentriertes Arbeiten zu finden.

Es ist Zeit für eine Pause:

Pausenspiel: Pferderennen

Die Kinder knien sich im Kreis auf den Boden (auch sitzend im Stuhlkreis möglich). Dabei sitzen sie so auf den Fersen, dass diese die Oberschenkel berühren. Das Pferdegetrappel wird durch ein Schlagen der Hände auf die Oberschenkel nachgeahmt. In leichtem Schritt geht es so in die Startboxen, nun pausieren die Hände, bis Sie das Startsignal geben: das Rennen hat begonnen. Der Clou an diesem Spiel sind die unterschiedlichen Phasen des Rennens, die durch die Lehrerin angesagt werden. Wenn diese beispielsweise sagt »Es geht nun in eine Rechtskurve«, lehnen sich alle weiter auf die Schenkel klopfenden Kinder nach rechts, wird über eine Holzbrücke geritten, trommeln die Kinder auf die Brust und wenn ein Hindernis überquert wird, erheben sich alle kurz von den Fersen. Weitere Phasen können sein: Fernsehkameras rechts (alle lächeln), die Eltern und die Omi auf der Haupttribüne (alle winken mal rüber), niedrig hängende Äste über der Rennbahn (die Kinder müssen sich ducken) usw. Kurz vor dem Zieleinlauf noch ein Endspurt, jubelnd werden die Arme hochgenommen und dann verschnaufen alle und lassen erst einmal die müden Arme ausbaumeln.

Es beginnt der letzte Teil der Stunde, jetzt erhalten die Kinder Lerntipps zum Thema Hausaufgaben, die sie lernen und dann bewerten sollen.

Marktplatz der Tipps

Jedes Kind zieht ein Marktplatzkärtchen (siehe M10). Auf diesen sind einige grundlegende Ratschläge für das Arbeiten an den Hausaufgaben notiert. Zuerst liest jeder Schüler seine Karte und überlegt sich, was der Tipp bedeutet. Die Schüler begeben sich dann auf den »Marktplatz«, um ihre Informationen auszutauschen. Dies bedeutet, dass die Kinder sich an einer beliebigen Stelle des Klassenzimmers treffen, um ihre Tipps auszutauschen, d.h. die beiden Schüler erklären sich jeweils den Tipp, den sie besitzen. Dabei muss der gerade erklärende Schüler darauf achten, dass der Partner den vorgestellten Tipp tatsächlich versteht. Ist dies der Fall, werden die Rollen getauscht, d.h. der Erklärende wird zum Zuhörer und umgekehrt. Durch diesen Austausch wird erreicht, dass der neue Tipp nicht nur auditiv und visuell aufgenommen wird, sondern auch eine Umsetzung und Weitergabe in eigenen Worten erfolgt. Bevor sich die beiden trennen, werden die Kärtchen mit einer kleinen höflichen Verbeugung überreicht. Nach dem zweiten Austausch setzen sich die Kinder wieder an ihre Plätze.

Die Galerie

Während die Kinder sich hinsetzen, hängen Sie die sechs Bilder (M11) aus der Materialsammlung an die Tafel. Die Schüler sollen herausfinden, zu welchem Bild ihr Tippzettel am besten passt und hängen diesen mit einem Streifen Kreppband oder einem Magnet unter das Bild.

Nach dieser Tafelarbeit sind alle Schüler eingeladen, sich die entstandene Bildergalerie samt Untertiteln anzuschauen. Um die Verwirrung bezüglich der verschiedenen Untertitel aufzulösen fungieren Sie als Museumsführerin und geben zu jedem Bild samt Tipp eine Erklärung ab (Übertreibungen, Schauspielerei u.ä. sind hierbei erwünscht). Die nicht korrekten Untertitel werden an die richtige Stelle gehängt.

Anhand der Abbildungen werden jedem Kind auf diese Weise auch die drei noch nicht bekannten Tipps vorgestellt. Am Ende der Führung angekommen, stellen Sie die Frage, welches dieser wertvollen Gemälde den Besuchern jeweils am besten gefallen hat und sammeln Anmerkungen der Kinder. Als Erinnerung an den Museumsbesuch erhält jeder Besucher eine Zusammenstellung aller Bilder-Tipps (M12), in der er seinen gewählten Favoriten ausmalen darf.

Sobald dies geschehen ist, schließt das sehr persönliche Museum für die Besucher, d.h. die Öffnungszeit richtet sich nach der Malzeit der letzten Besucher.

Bevor die Kinder nach Hause gehen, werden sie nochmals an die Hausaufgabe erinnert.

Benötigte Materialien und Vorbereitung

Grundmaterial

- 2 farbige Blätter: macht viel Spaß (grün) / macht weniger Spaß (rot)
- Tippzettel für den Marktplatz (M10)
- Tippbilder groß kopiert (M11)
- Folienvorlage Checkliste: Flugvorbereitungen (M8)
- Folienvorlage Start: Checkliste (M9)

Schülermaterial

- Karten, Stifte
- Wochenplan (M6)
- Figurenblatt (M7)
- Checkliste: Flugvorbereitungen (M8)
- Start: Checkliste (M9)
- Merkblatt zum Thema Hausaufgaben (M12)
- Bonbon: »Hausaufgabenstart: Checkliste« (M14)

Ideen und Varianten

Einstieg

Schreiben Sie »Hausaufgaben« an und fragen Sie die Kinder, welche Wörter in diesem enthalten sind. Beispiele: »Haus, auf, Gabe, Sau, sauf, aus«; wenn eine Auflösung der vorgegebenen Buchstabenreihenfolge erlaubt ist noch: »Sage, haben, Aas, Auge, saugen, …« Von dieser Eingangsbeschäftigung können Sie nun zum Thema überleiten, etwa durch die Frage »Welche Hausaufgaben macht ihr denn gerne, welche eher ungern?« oder einen entsprechenden Impuls.

Galerie

Museumsführung mit Eintrittskarten. Am Anfang erhalten die Kinder jeweils einen grünen Smilie. Dabei werden sie im Unklaren gelassen, was die Smilies dieses Mal sollen bzw. zu was sie gebraucht werden. Bei der Eröffnung der Galerie, d.h. wenn die Kinder von ihren Plätzen aufstehen und nach vorne an die Tafel kommen, fragen Sie die Schüler, ob sie denn keine Eintrittskarte haben, da sie ohne eine solche nicht ins Museum dürfen. Die Kinder werden recht schnell auf die Idee kommen, die Smilies als Eintrittskarte einzusetzen und damit ist ein lustiger Übergang zur gemeinsamen Tafelarbeit geschaffen.

Einführung des Wochenplans

Um den Umgang mit dem Wochenplan (M6) zu üben, können Sie diesen und einige Zeppeline auf Folie kopieren (M7). Die Zeppeline werden ausgeschnitten, damit sie auf den Wochenplan gelegt werden können. Sie schreiben den Schülern einen Wochentag, eine Anfangszeit und eine Schlusszeit auf. Ein Schüler muss nun die korrekte Dauer auf den Zeppelin schreiben und diesen an die passende Stelle des Wochenplans legen. Dieser Vorgang kann mehrfach wiederholt werden, bis jedes Kind die Aufgabenstellung für die Hausaufgaben verstanden hat.

Einheit ohne Wochenplan

Es handelt sich um eine Hausaufgabenfolie mit Pits, d.h. die Kinder erhalten an Stelle des Wochenplans ein leeres, eventuell farbiges Blatt. Darauf zeichnen sie fünf Spalten ein und bezeichnen sie mit den Wochentagen Montag bis Freitag. Diesen Plan dürfen die Kinder in eine Klarsichthülle schieben. Im nächsten Schritt werden die Hausaufgaben der Kinder auf Post-it-Zettel geschrieben und im Feld des aktuellen Wochentags aufgeklebt. Dabei überlegen sich die Kinder, welche Reihenfolge sinnvoll ist und kleben die Zettel in der gefundenen Ordnung auf. Wie es der individuell gestaltete Plan vorsieht, werden die Hausaufgaben bearbeitet und nach jeder erledigten Aufgabe wird der Zettel mit der zugehörigen Aufgabe abgenommen, zerknüllt und in den Papierkorb geworfen. Anhand der aktuellen Hausaufgaben sollte dies geübt werden, das Entfernen und Zerknüllen der Zettel kann dann zu Hause erfolgen, wenn die Aufgaben tatsächlich erledigt worden sind. Wenn die Kinder mit dieser Methode vertraut sind, kann sie weiter ausgebaut werden, beispielsweise indem die Hausaufgaben nicht mehr nur an dem Tag der Aufgabenstellung angeheftet werden, sondern nun einen Tag vor dem Termin, an dem sie im Unterricht benötigt werden. Diese Änderung ist insbesondere im Hinblick auf die Anforderungen der weiterführenden Schulen mit deren erweiterten Fächerkanon empfehlenswert. (Die selbstklebenden Zettel gibts im Schreibwarenladen. Viele Geschäfte bieten an, diese in mehrere Streifen zu schneiden; dieser Service minimiert die Kosten für das Material erheblich.)

Der Knüller

Wenn die Kinder eine für sie schwere Hausaufgabe gelöst haben, können sie diese auf die Rückseite des »Knüllers« schreiben, sich gratulieren, den Zettel zerknüllen und mit Schwung in den Papierkorb werfen (natürlich aus einiger Entfernung). Damit ist eine schwierige Arbeitsphase beendet und auch mit einer Aktion abgeschlossen, die nächste Aufgabe kann erledigt werden. Sie können die Knüller (M13) auf farbiges Papier kopieren, ausschneiden sollen es die Schüler selbst. Da die Nachfrage nach Knüllern sicherlich aufkommt, teilen Sie eine weiße Kopie aus, die den Kindern als Kopiervorlage dienen kann. Falls sie weitere Knüller wollen, können die Schüler diese selbst weiter ausgestalten und dann von den Eltern kopieren lassen.

Kopiervorlagen

- Wochenplan (M6)
- Figurenblatt (M7)
- Checkliste: Flugvorbereitungen – Einstieg in die Hausaufgaben (M8)
- Start: Checkliste (M9)
- Vorlagen für Hausaufgaben-Marktplatz (M10)
- Galeriebilder (M11)
- Merkblatt: Hausaufgaben-Tipps mit Bildern (M12)
- Der Knüller (M13)
- Bonbon: »Hausaufgabenstart: Checkliste« (M14)

M 6 (F)

Schneide diese Figuren für deinen Wochenplan aus

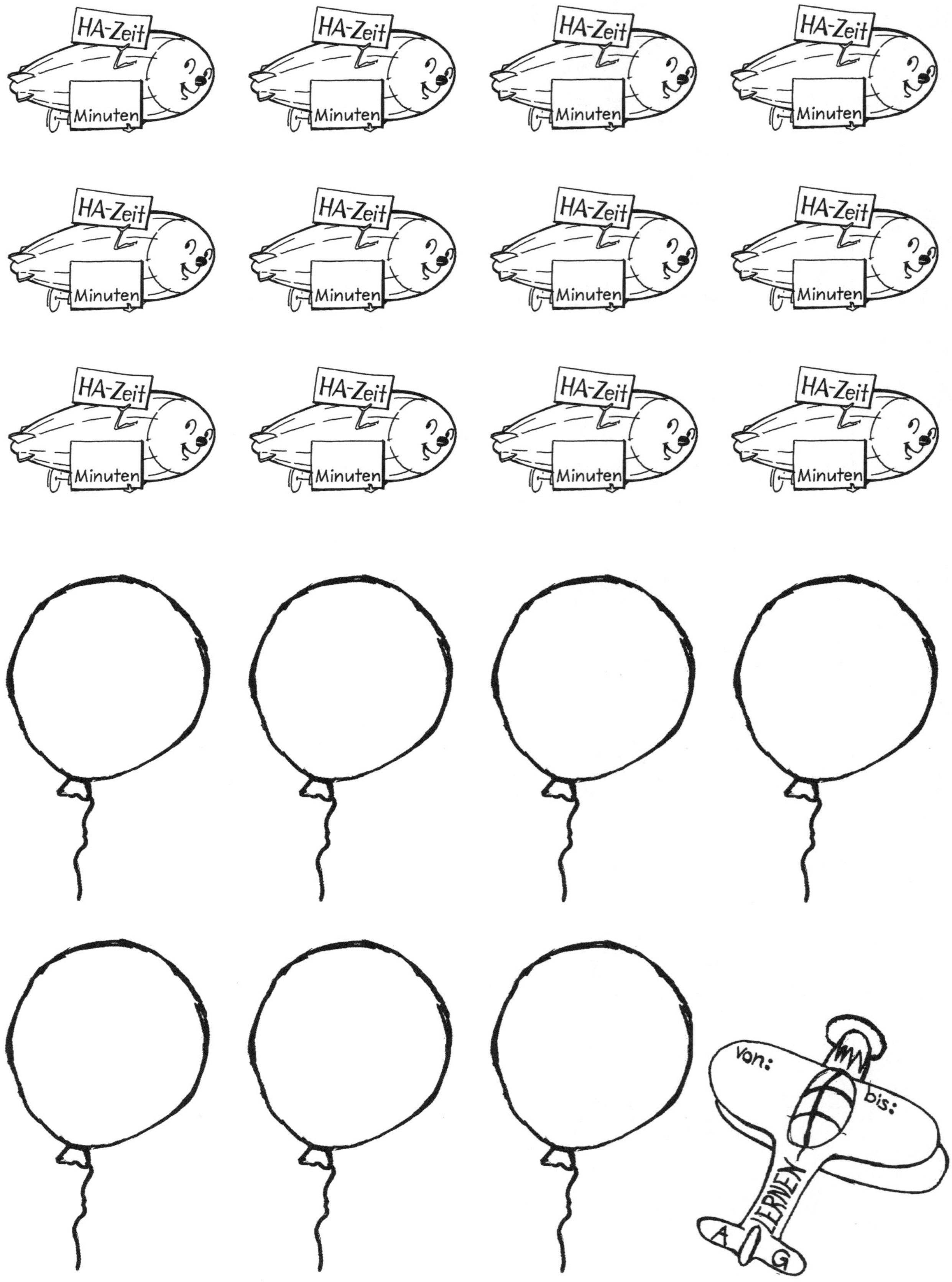

Checkliste: Flugvorbereitungen – Einstieg in die Hausaufgaben

Im Zeppelin	Am Schreibtisch
1. Sind störende Geräusche hörbar?	Sind Fernseher, Radio und Computer aus?
2. Ist die Startbahn frei?	Ist die Arbeitsfläche frei für Heft und Bücher?
3. Sind alle Passagiere an Bord?	Liegen die Bücher in Griffnähe bereit?
4. Ist mein Cockpit in Ordnung und bin ich angeschnallt?	Fühle ich mich wohl und sitze ich bequem?
5. Ist der Tank aufgefüllt?	Ist der Füller voll und sind die Stifte gespitzt?
6. Liegt die Landkarte bereit?	Ist das Hausaufgabenheft aufgeschlagen?
7. Ist die Flugroute eingetragen?	Ist die Reihenfolge der Hausaufgaben geklärt, d.h. sind die Aufgaben durchnummeriert?
8. Begrüßung der Passagiere und Start.	Los geht´s!

Start: Checkliste

1. Geräusche? ✔
   Lärm abgestellt?
2. Startbahn frei? ✔
   Tisch freigeräumt?
3. Passagiere an Bord? ✔
   Bücher griffbereit?
4. Cockpit, Gurt? ✔
   Stuhl bequem?
5. Tank gefüllt? ✔
   Füller voll, Stifte gespitzt?
6. Landkarte dabei? ✔
   Hausaufgabenheft offen?
7. Flugroute eingezeichnet? ✔
   Reihenfolge festgelegt?

Vorlagen für Hausaufgaben-Marktplatz

Zwischendurch kurze Pausen machen	Hausaufgaben in Portionen einteilen
An einem ordentlichen Arbeitsplatz lernt man lieber und besser	Beginne mit etwas Leichtem, was dir Spaß macht oder was du kannst
Mit den Fächern abwechseln	Hausaufgaben als fester Termin: immer am gleichen Platz, immer zur selben Zeit

M 11

Bilder für die Galerie der Hausaufgabentipps

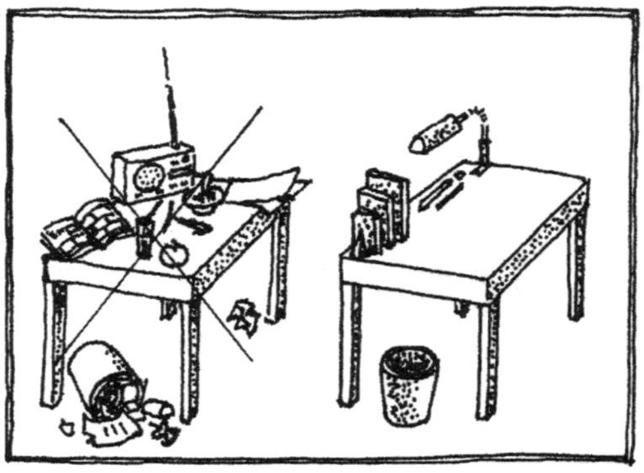

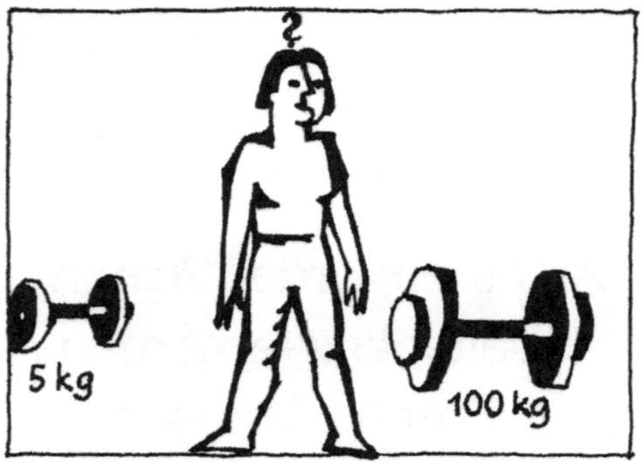

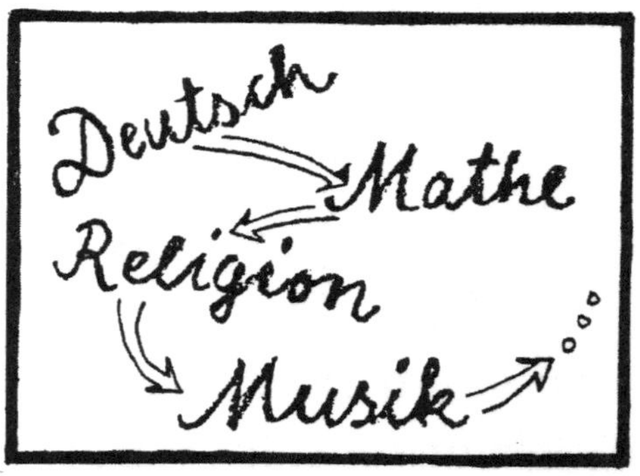

Hausaufgaben-Merkblatt

Zwischendurch kurze
Pausen machen

Hausaufgaben
in Portionen einteilen

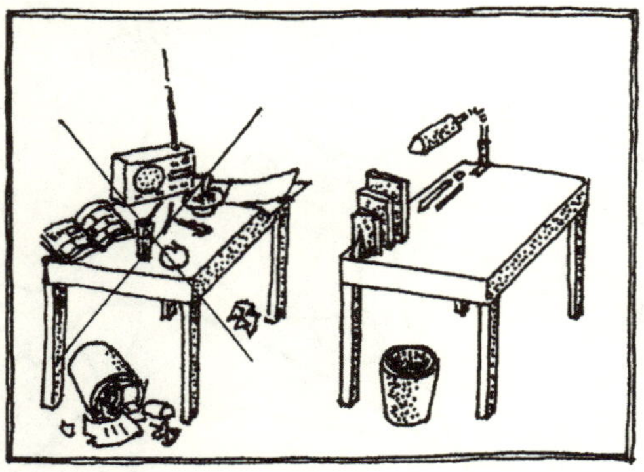

An einem ordentlichen
Arbeitsplatz lernt man
lieber und besser

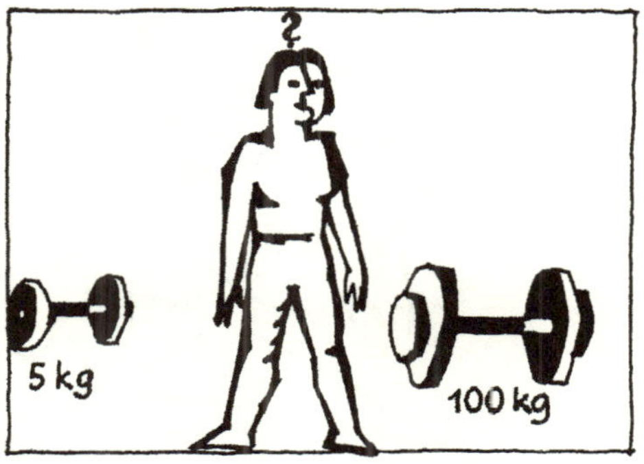

Beginne mit etwas Leichtem,
was dir Spaß macht
oder was du kannst

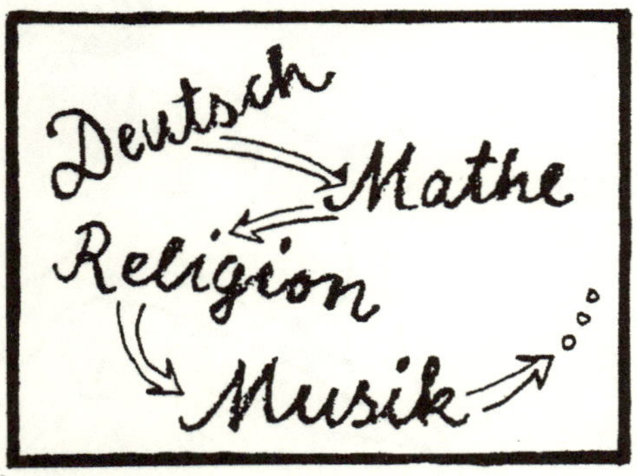

Mit den Fächern
abwechseln

Hausaufgaben
als fester Termin:
immer am gleichen Platz,
immer zur selben Zeit

M 13

Der Knüller

Hausaufgaben-
start:
Checkliste

Hausaufgaben-
start:
Checkliste

Hausaufgaben-
start:
Checkliste

Hausaufgaben-
start:
Checkliste

Hausaufgaben-
start:
Checkliste

Hausaufgaben-
start:
Checkliste

Hausaufgaben-
start:
Checkliste

Hausaufgaben-
start:
Checkliste

Hausaufgaben-
start:
Checkliste

Hausaufgaben-
start:
Checkliste

Hausaufgaben-
start:
Checkliste

Hausaufgaben-
start:
Checkliste

Einheit 3: Hausaufgaben 2 und Lesetechnik 1

Idee und Inhalt

Eine recht häufig gestellte Aufgabe für Schüler ist es, einen mehr oder weniger langen Text zu lesen. Anfänglich wird diese Aufgabe hauptsächlich gestellt, um die Lesefertigkeit zu steigern. Im Laufe der Schulzeit wird damit immer mehr der Auftrag verbunden, sich mit diesem Text auseinanderzusetzen um dessen Inhalt später wiedergeben zu können. Den Schülern soll in dieser Einheit verdeutlicht werden, dass das verstehende Lesen eine trainierbare Aktivität ist. Sie lernen den Lese-3-Sprung kennen, bei dem die Schüler über ein gutes Textverständnis zu einer eigenen Reformulierung des Textes geführt werden. Die eingesetzten Konzentrationsübungen sind thematisch abgestimmt und verbinden Trainingsformen des Lesens, Markierens und der Wortbilderkennung. Am Anfang dieser Einheit wird die Hausaufgabenthematik weitergeführt, die Wochenpläne werden ausgewertet.

Ablauf in Kurzform

- Einstimmung und Wiederholung
- Die Fliegerbrille
- Auswertung der Wochenpläne
- Gruppenkette
- Augensprünge – eine Beobachtung zum Lesen
- Der Lese-3-Sprung
- Kinderkram? – Konzentration bitte!
- Absprung

Ablauf der Stunde

Einstimmung und Wiederholung

Zur Einstimmung wird der Start-Check wiederholt. Dazu liest ein Schüler die Fragen der Checkliste vor und alle anderen vollziehen die abgesprochenen Gesten nach. Sie fragen die Kinder, ob der in der vorhergehenden Stunde eingeübte Check auch zu Hause funktioniert hat und ob auf diese Weise der Einstieg in die Hausaufgabenbewältigung leichter fiel.

Die Fliegerbrille

Als lustige Ergänzung zur Checkliste ist die jetzt eingefügte Lockerungsübung zu sehen. Sie sorgt für Bewegung einerseits und für Entspannung der Unterarme andererseits. Nach dem Start-Check setzen die Schüler zusätzlich ihre »Fliegerbrille« auf. Hierzu formen sie aus Daumen und Zeigefinger beider Hände je einen Ring und setzen diese dann mit der Innenfläche der Finger vor die Augen. Das klingt sehr kompliziert und ist es zunächst auch für viele Kinder, vor allem aber für Erwachsene! Wir empfehlen deshalb dringend diese Bewegung im stillen Kämmerlein zu Hause selbst einzuüben, um sich dann vor den Kindern mit aufgesetzter Brille gut präsentieren zu können.

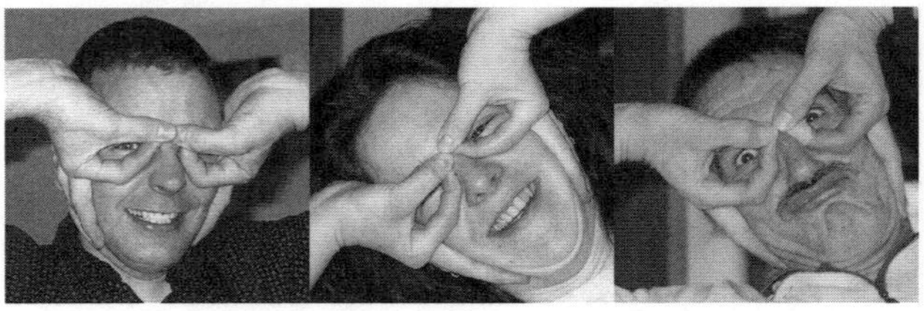

Mit eben dieser aufgesetzten Brille »fliegen« die Kinder dann laut brummend durch das Klassenzimmer, selbstverständlich ohne dabei andere Flugzeuge zu berühren, da sonst der Absturz die unweigerliche Folge ist. Ein Absturz bedeutet, dass diese Kinder am Ort der Kollision eine Notlandung vornehmen, sich auf den Boden setzen müssen. Diese Fliegerei lassen Sie so lange zu, bis entweder mehr als die Hälfte der Schüler auf dem Boden sitzt oder Sie geben ein Zeichen zur Landung am Sitzplatz.

Auswertung der Wochenpläne

In Anknüpfung an die letzte Stunde und die dort erteilte Hausaufgabe werden nun die Wochenpläne ausgewertet. Hierzu legen die Kinder ihre Pläne vor sich auf den Arbeitsplatz. Der Impuls »Du hast deinen Wochenplan sicher ganz genau geführt« soll die Kinder dazu anregen, über ihre Erfahrungen mit dem neuen Medium zu berichten. Auf diese Weise können Sie außerdem feststellen, inwieweit der Wochenplan von den Schülern auch tatsächlich eingesetzt wurde.

Im anschließenden Gespräch über Flughöhen (HA-Zeiten), etwaige Regelmäßigkeiten oder Zwischenlandungen (Unterbrechungen) sollten Sie die nachfolgend aufgelisteten Punkte ansprechen:

- »Ist die Flughöhe des Hausaufgaben-Zeppelins an jedem Tag etwa gleich?«
  Der Zeitpunkt der Hausaufgabenerledigung sollte möglichst einheitlich werden.
- »Hat der Zeppelin am Himmel genug Platz?«
  Das zeitliche Umfeld vor und nach den Hausaufgaben muss beachtet werden. Gibt es Auswirkungen auf die Arbeit an den Hausaufgaben?
- »Fliegt ein Pilot gerne einen Looping mit vollem Bauch?«
  Ein ausreichender Abstand zur Essenszeit sollte unbedingt eingehalten werden. (Bitte lassen Sie sich nicht von den angeblichen »Alleskönnern«, die noch während der Mahlzeit schreiben, unterkriegen – es ist medizinisch nachgewiesen, dass es für die Gesundheit äußerst abträglich ist, wenn das Essen zu wenig bewusst eingenommen wird!)
- »Hat der Pilot nach der Landung ein bisschen Zeit zum Auftanken?«
  Nach getaner Arbeit sollte eine bewusste Pause eingelegt werden.
- »Kann ein Pilot beim Nachtflug etwas sehen?«
  Arbeitszeit am späten Abend oder gar erst in der Nacht ist ungünstig.

Benutzen Sie hierbei ruhig immer wieder die Analogie von Zeppelin und Hausaufgaben. Das macht auch den Kindern viel Spaß und lockert das Gespräch auf.

Nach dieser mündlichen Bearbeitung des Themas legen Sie die Folie (M15) auf. Die Kinder sollen nun herausfinden, welche gerade besprochene Regel zu welchem Bild gehört.

Handelt es sich um eine weniger gesprächsfreudige Gruppe, können Sie mit der Folie (M15) die Auswertung beginnen, sie also als Impuls nutzen. Lassen Sie die Schüler die Bilder beschreiben und Bezüge zum Thema Hausaufgaben herstellen.

Bei der Besprechung der Regeln sollten Sie folgendes beachten: Bei Schülern, die auf ihrem Wochenplan eine »Fieberkurve der Hausaufgabenzeit« gestaltet haben, sollten Sie darauf hinwirken, eine möglichst gerade Linie zu erreichen, wobei es oft außerschulische Gegebenheiten und Verpflichtungen sind, die unabänderlich die verbleibende Zeit für die Erledigung der Hausaufgaben festlegen. Nicht ratsam erscheint es, funktionierende Lernstrategien von (meist guten) Schülern unbedingt abändern zu wollen. Es besteht dann nämlich die Gefahr, dass sich daraus ein Abfallen der Leistungen ergibt, was der Intention der AG zuwider laufen würde. Besonders dankbar für Hinweise zur Arbeitszeitgestaltung sind in der Regel die Schüler, die zu Hause nur wenig Betreuung erfahren. Gerade sie übernehmen die in der Schule gemachten Erfahrungen gerne auch in ihre eigene Praxis. Außer Frage bleibt natürlich, dass von lernpsychologisch ungünstigen Zeiten nach dem Abendessen dringend abzuraten ist (wobei diese Zeit in besonderen Fällen für leichte Wiederholungen genutzt werden kann).

Als Zusammenfassung erhalten die Kinder das Arbeitsblatt (M16). Jeder Schüler soll hier den Tipp anmalen, den er als ersten ausprobieren will.

Zur Auflockerung nun ein kurzes Bewegungsspiel, bevor dann mit einem kleinen Experiment in das Thema Lesen eingestiegen wird.

Gruppenkette

Die Kinder finden sich in zwei Gruppen zusammen. Diese erhalten den Auftrag, eine möglichst lange Menschenkette quer durch das Klassenzimmer zu bilden. Dabei müssen sich benachbarte Kinder aneinander festhalten oder zumindest berühren. Als Einschränkung gilt, dass sie sich nicht an den Wänden oder Möbelstücken abstützen oder halten dürfen. Gewonnen hat die Gruppe mit der längsten Kette.

Augensprünge – eine Beobachtung zum Lesen

Dieses Experiment dient dazu, den Kindern zu zeigen, wie sich beim Lesen die Augen bewegen: Beim Lesen tasten die Augen den Text nicht kontinuierlich ab, sondern springen von einem Fixationspunkt im Text zum nächsten. Je nach Übungsgrad des Lesers sind Geschwindigkeit und Weite der Sprünge unterschiedlich. Die Kinder sollen dieses Phänomen selbst beobachten. Da wir selbst nicht bemerken, wie unsere Augen über den Text »hinwegzucken« wird die folgende Übung in Partnerarbeit durchgeführt.

Jeweils zwei Kinder setzen sich gegenüber und schlagen ihr Lesebuch auf. Hieraus liest einer der beiden Schüler zunächst still einen etwa 10 Zeilen langen Text. Dabei hält er das Buch so vor seinem Gesicht, dass der Gegenübersitzende über den Buchrand hinweg gerade noch seine Augen beobachten kann. Diese Übung wird von beiden Kindern durchgeführt.

Die Beobachtungen werden im Anschluss thematisiert. Sie stellen Fragen wie »Was hast du beobachtet?«, »Was machen die Augen?«, »Findest du dafür eine Bezeichnung?«. Gemeinsam erfinden die Kinder hierzu kreative Ausdrücke wie »Känguru-Sprünge«, »über den Text hoppeln« oder »durch den Text zappen«.

Der Lese-3-Sprung

Im Hauptteil dieser Einheit sollen die Schüler erfahren, wie es ihnen gelingen kann, mit Hilfe von vergleichsweise wenigen Worten den Inhalt eines Textes aufnehmen, behalten und wiedergeben zu können. Die Schüler werden die einzelnen Sprünge nacheinander an einem Text kennenlernen und üben.

Zunächst wird Ludgers Lesegeschichte (M17) vorgelesen, in der die Hauptperson nach dem Lesen einer Geschichte nicht mehr in der Lage ist, diese wiederzugeben. Unter Berücksichtigung der Lesefertigkeit wird die Kurzgeschichte von einzelnen Schülern oder von der Lehrerin vorgelesen. Danach wird die Frage Ludgers an die Kinder weitergegeben: »Was hätte Ludger anders machen können?« »Wie hätte er sich die Geschichte besser merken können?«. Die Ergebnisse des Gesprächs werden von Ihnen an der Tafel notiert. Aus Zeitgründen ist es hier nicht möglich, die Vorschläge der Kinder auszuprobieren und gleich zu bewerten. Daher fügen Sie hinter jeden Vorschlag drei Kästchen an und überschreiben diese mit »ausprobiert«, »gut« und »schlecht«. Die Kinder schreiben die Liste ab und werden ermuntert, diese Vorschläge zu Hause oder im normalen Unterricht auszuprobieren und dann entsprechend zu beurteilen (abhaken im Kästchen »ausprobiert« und Bewertungshäkchen).

Vorschläge zum Lesen			
Idee	**Ausprobiert?**	**War gut**	**War schlecht**

Wenn aus der Klasse nicht angeregt wurde, die unbekannten Wörter nachzuschlagen, führen Sie diesen Tipp an. Von hier leiten Sie zum ersten Sprung des Lese-3-Sprungs über, welchen die Schüler nun kennenlernen und ausprobieren sollen.

1. Sprung:
»Lesen und unbekannte Wörter markieren«

Die Schüler werden in zwei Gruppen aufgeteilt, die separat sitzen sollen. Jede Gruppe erhält eine der beiden Geschichten (M18 und M19). Bitte achten Sie darauf, dass die Gruppen ihre Geschichten nicht austauschen. Für die Auswertung ist es wichtig, dass jeder Schüler nur eine Geschichte kennt.

Die Känguru-Folie (M20) wird abgedeckt aufgelegt und das erste Bild gezeigt. Besprechen Sie mit den Kindern den Inhalt des ersten Sprungs und erklären Sie ihnen, was nun zu tun ist.

Während des ersten Durchlesens sollen die Schüler im Text diejenigen Wörter durch ein Fragezeichen am Rand markieren, die ihnen Schwierigkeiten bereiten bzw. nicht verständlich sind. Alle Markierungen, auch die folgenden in Sprung 2, werden mit Bleistift durchgeführt.

Ziel dieser Markierung und des anschließenden Nachschlagens ist es, nicht nur die Leseaufmerksamkeit zu steigern, sondern auch den Wortschatz zu erweitern und die Fähigkeit Wörter im Lexikon nachzuschlagen zu trainieren. Dazu suchen die Kinder die unbekannten Wörter in ihrem Wörterbuch bzw. einem Lexikon und schreiben die Bedeutung an den Rand des Textes (seitlich oder unten).

Da in der vierten Jahrgangsstufe der Gebrauch eines Wörterbuches vorgeschriebener Lerninhalt ist, kann davon ausgegangen werden, dass den Kindern die Möglichkeit, unbekannte Wörter nachzuschlagen, bekannt ist. Bestehen in diesem Bereich Unsicherheiten, bieten sich spielerische Übungsformen an (siehe etwa: Lexikontreffen unter »Varianten«)

Sind die Unklarheiten des Textes beseitigt, folgt ein weiterer Lesedurchgang.

Je nach Zeit und Lust bietet sich hier eine kurze Pause mit etwas Bewegung (z.B. Gymnastik) an.

2. Sprung:
»Wichtige Wörter finden und unterstreichen«

Im Folgenden geht es um das Herausfiltern und Merken der wichtigen Informationen eines Textes. Hierzu sollen wichtige Wörter unterstrichen und dann kurz memoriert werden. Für die Sprünge 2 und 3 gilt somit, dass die gelungene Durchführung am Erinnerungs-Ergebnis abzulesen ist. Erst die Funktion als Gedächtnisstütze erlaubt die Bewertung der Wortauswahl. Gelingt die Erinnerung anhand der markierten Wörter, waren sie geeignet gewählt, misslingt der Versuch, waren sie weniger gut geeignet (zu wenige, schlecht getroffene Auswahl).

Nun decken Sie das zweite Bild der Känguru-Folie auf. Wiederum erläutern Sie den Kindern, was sie tun sollen: In diesem Durchgang sollen die Schüler jeweils die Wörter unterstreichen, die sie persönlich für wichtig halten und die ihnen dabei helfen sollen, sich an den Inhalt des Textes zu erinnern. Gemeinsam wird dies nun für den ersten Absatz geübt.

In Partnerarbeit führen die Schüler diesen Vorgang für den restlichen Text durch. Treten Schwierigkeiten auf, helfen Sie den entsprechenden Paaren. Natürlich ist es erlaubt, Wortgruppen zu markieren. Genauso wichtig ist andererseits die Reduktion, die sich erst nach einiger Übung einstellen wird. Daher sollten Sie die Schüler bei der Markierungsarbeit nicht durch eine Wortanzahl oder Ähnliches einschränken.

Die Frage nach der richtigen Auswahl der Wörter lässt sich nur von den Kindern selbst beantworten und zwar erst nach dem dritten Sprung. Mit dieser Aussage müssen Sie die Kinder evtl. »vertrösten«.

Auch hier ist wieder eine kurze Unterbrechung denkbar.

3. Sprung:
»Nochmaliges konzentriertes Lesen der wichtigen Wörter«

Der dritte Abschnitt der Folie (M20) wird aufgedeckt und gemeinsam besprochen.

Als letzten Sprung lesen die Schüler die Geschichte noch einmal, allerdings möglichst rasch. Dabei sollen sie versuchen, von einem Merkwort zum nächsten zu »springen« und diese intensiv aufzunehmen. Danach drehen die Schüler das Blatt um.

An dieser Stelle geben Sie den Kinder das Rätsel, das sich ganz unten auf der Folie befindet. Dieses dient dazu, die Schüler von dem gerade intensiv bearbeiteten Text abzulenken und eine Zeitphase zwischen das Lernen und das Wiederholen des Lernstoffs einzufügen. Damit wird die Überprüfung der Erinnerungsleistung etwas an reale Lernbedingungen angenähert.

> **Rätsel:**
> Ein Känguru springt in 3 Minuten 50 mal und kommt dabei 250 m weit. Wie weit kommt ein Rudel Kängurus mit 3 Männchen und 2 Weibchen in 6 Minuten. (Auch wenn es Ihnen längst klar ist: Das Rudel kommt natürlich auch nicht weiter voran – also schafft es 500 m.)

Nun steigen Sie in die Auswertungsphase ein. Die Kinder sollen dabei erfahren, dass ihnen die unterstrichenen Wörter als Leitfaden für das Erinnern und Nacherzählen von Texten dienen können. Sie müssen jedoch darauf hinweisen, dass die Bewertung der Wortauswahl nur über den persönlichen Erfolg oder Misserfolg beim Erinnern geschehen kann.

Zuerst werden neue Paare gebildet, zwei Kinder, die jeweils verschiedene Geschichten bearbeitet haben, arbeiten zusammen.

Die Schüler tauschen ihre Geschichtenzettel aus und lesen still den jeweils unbekannten Text. Erst wenn alle Schüler mit dem Lesen fertig sind, beginnt einer der beiden seinem Partner die ursprüngliche Geschichte (die er mit dem Lese-3-Sprung bearbeitet hatte) zu erzählen. Bei Stockungen darf ihm sein Partner weiterhelfen, jedoch nur mit den unterstrichenen Wörtern.

Der Zuhörer beurteilt dann, ob die Geschichte vollständig und verständlich erzählt worden ist.

Nachdem auch der Partner seine Geschichte nacherzählt und eine Bewertung erhalten hat, lassen Sie die Kinder in der Gesamtgruppe kurz über ihre Erfahrungen berichten und geben dann den Tipp, die wichtigen Wörter nochmals zu lesen, auf ihre Tauglichkeit zu überprüfen und eventuell zu verändern. Auf diese Weise erfahren die Schüler, dass die Wortauswahl eine persönliche Sache ist und geübt werden kann und muss, damit sie ihren Zweck erfüllt.

Zum Abschluss der Behandlung des Lese-3-Sprungs bekommen die Kinder den Känguru-Zettel (M20) als Kopie für ihre Unterlagen.

Als Hausaufgabe sollen die Kinder ein Bild zu einer der beiden Geschichten malen. Eifrige Zeichner schaffen es vielleicht eine ganze Szenenfolge zu Papier zu bringen.

Kinderkram? – Konzentration bitte!

Nach einer kurzen Entspannungsphase (vielleicht wollen Ihre Schüler ja noch einen kurzen »Rundflug« durch das Klassenzimmer machen?) wird die »Rausstreichübung« – eine Konzentrationsübung – eingesetzt, bei der die Schüler aus einer Palette von Wörtern eines herausstreichen sollen. Um den Schwierigkeitsgrad zu variieren, kann ein Wort mit seltenerem oder häufigerem Vorkommen ausgewählt werden. Außerdem kann die Aufgabe auch so gestellt werden, dass zwei Wörter gleichzeitig gefunden werden müssen. Zur Kontrolle ist eine Anzahltabelle beigefügt. (M23).

Die Arbeitsblätter (M21) oder (M22) werden ausgeteilt und liegen verkehrtherum auf dem Arbeitsplatz. Die Lehrerin erklärt kurz den Ablauf der Übung und gibt dann zum Beispiel folgenden Auftrag: »Streiche das Wort ›Buch‹ aus den folgenden Zeilen. Gehe dabei sorgfältig und schnell vor. Schreibe dann auf, wie viele Wörter du gestrichen hast.«

Nach genau 60 Sekunden wird die Arbeit der Schüler abgebrochen und die Anzahl der vorhandenen Suchzeichen wird genannt. Hierbei können die Schüler ihre Ergebnisse selbst korrigieren.

Die Zeitspanne von 1 Minute hat sich für das Beginnen mit Konzentrationsübungen als geschickt herausgestellt, da die meisten Schüler dies einerseits noch nicht als hohe Belastung empfinden und andererseits Erfolgserlebnisse verbuchen können. Eine Verlängerung der Übungseinheiten sollte erst nach mehrmaligem Einsatz und nur gemäßigt (also etwa auf 1,5 Minuten und eventuell 2 Minuten) erfolgen.

Die beigefügten Arbeitsblätter sind wegen der verschieden auszuwählenden Wörter mehrfach einsetzbar – eine Verbesserung der Ergebnisse durch den Wiederholungseffekt hat keinen Einfluss auf die Wirksamkeit des Trainings (siehe auch unter Varianten »Konzentrationsübung ohne Stift«).

Die Übung ist **nicht** als Einstieg in eine Arbeitsphase zu betrachten, sondern hat als Ziel, die allgemeine Konzentrationsfähigkeit zu steigern. Jeder Übung muss eine kurze Entspannungsphase folgen, die im vorliegenden Fall durch die Überprüfung der Ergebnisse gegeben ist, d.h. Sie nennen die Vorkommenshäufigkeit des Suchbegriffs und die Schüler korrigieren ihre Ergebnisse.

Nun erhalten die Schüler das Bonbon der Einheit und packen ihre Schultaschen, ihre Schulutensilien brauchen sie für den letzten Teil der Stunde nicht mehr.

Absprung

Für einen bewegten Abschluss sorgt die Verbindung des Lese-3-Sprungs mit dem Dreisprung der Leichtathletik. Sie dient dazu, die Lerninhalte noch einmal zu wiederholen und auf besondere Art einzuprägen.

Alle Kinder begeben sich mit Ihnen in die Pausenhalle oder auf den Hof. Ein Schüler stellt sich vor die Gruppe und spricht langsam die drei Schritte laut vor. Die Anderen sprechen sie nach, dabei setzen sie bei jeder Aussage einen Fuß auf, nennen die nächste zu vollziehende Handlung und springen auf das andere Bein. Nach dem letzten Sprung landen sie auf beiden Füßen. (Vorsprecher: »Nachschlagen« – Schüler: »Nachschlagen, unbekannte Wörter markieren«; Vorsprecher: »Unterstreichen« – Schüler: »Unterstreichen, wichtige Wörter unterstreichen«; Vorsprecher: »Nachlesen« – Schüler: »Nachlesen, wichtige Wörter nochmals lesen«)

Es bleibt der Fantasie der Lehrerin und/oder Schüler überlassen, wie der weitere Ablauf geregelt wird: Die Kinder können alleine, in Paaren, aus einem Kreis heraus springen oder auch eine Kette bilden. Entscheidend sollte sein, dass stets die Sprünge durch die dazugehörigen verbalen Äußerungen begleitet werden.

Schließlich werden drei Freiwillige ausgewählt, die sich zum Bockspringen bücken oder auf den Boden knien. Der Rest der Gruppe ruft bei jedem Sprung das dazugehörige Stichwort, wieviele Durchgänge jeder Schüler absolviert bleibt ihm überlassen. Mit dieser Tobe-Einheit endet der Unterricht.

Material und Vorbereitung

Grundmaterial

- Folienvorlage mit Zeppelinbildern (M15)
- Textblatt: »Ludgers Lesegeschichte« (M17)
- Anzahltabelle für die Konzentrationsübung (M23)
- Folienvorlage zum Lese-3-Sprung (M20)

Schülermaterial

- Wörterbücher und Lexika
- Zeppelinbilder mit Hausaufgabenregeln (M16)
- Kängurublatt zum Lese-3-Sprung (M20)
- Übungsblatt zum Konzentrationstraining (M21 oder M22)
- Textblatt: »Aufmerksame Kinder« bzw. »Abenteuer im Wildpark« (M18 / M19)
- Bonbon: »Lese-3-Sprung!« (M24)

Varianten

Lexikontreffen

Die Klasse wird in zwei oder drei Gruppen eingeteilt, die sich in parallelen Stuhlreihen setzen. Der erste Auftrag lautet, sich so hintereinander hinzusetzen, dass die Schüler entsprechend ihrem Vornamen alphabetisch geordnet hintereinander sitzen. Die Lehrerin kontrolliert die Reihung, um eventuelle Missverständnisse klären zu können.

Jetzt erhält jede Gruppe zwei Wörterbücher (diese sollten für alle Gruppen gleich sein !!), eines bekommt der Schüler am Anfang, eines der Schüler am Ende der Reihe. In jedem Wörterbuch ist ein Zettel eingelegt, auf dem 7 Wörter verzeichnet sind (z. B. aus dem Grundwortschatz). Die Aufgabe der Schüler besteht darin, nach dem Startsignal das erste (Anfangsspieler) bzw. das letzte Wort (Endspieler) im Lexikon nachzuschlagen und die entsprechende Seitenzahl hinter dem Wort zu notieren. Ist dies geschehen, gibt er das Wörterbuch nach hinten bzw. nach vorne weiter. Treffen die beiden Lexika bei einem Schüler zusammen, darf dieser eines davon weiterreichen. Sind alle Wörter einer Liste nachgeschlagen und die Seitenzahlen eingetragen, ist die Gruppe mit dieser Liste fertig. Der Schüler, der das letzte Wort nachgeschlagen hat, steht auf und lässt von der Lehrerin die Zeit eintragen. Bei der Auswertung gibt es für Fehler 30 Sekunden »Strafzeit«. Gewonnen hat die nach der Abrechnung (Addition beider Zettelzeiten plus Strafzeiten) schnellste Gruppe.

Tipp: Entweder schreiben Sie sich die Seitenzahlen vorher heraus oder die Gruppen korrigieren sich gegenseitig.

Pilot und Copilot

Um den Vorgang des Start-Checks weiter zu ritualisieren, kann die Checkliste in Form eines Rollenspieles mit Pilot und Copilot in der Gruppe durchgeführt werden (Copilot stellt die Frage, Schüler führen die Gesten aus und der Pilot führt die korrekte Bewegung nochmals zur Bestätigung aus).

Konzentrationsübung ohne Stift (Rausstreichübung)

Eine deutliche Erhöhung des Schwierigkeitsgrades bei den Rausstreichübungen kann dadurch erzielt werden, dass die Schüler zur Bearbeitung keinen Stift mehr verwenden dürfen, d.h. die Häufigkeit des gesuchten Wortes wird nur durch Abzählen ohne Markieren bestimmt.

Schließlich ist es noch möglich, auch den Gebrauch des Fingers zum »Nachfahren« auf dem Arbeitsblatt zu untersagen. Allein durch die visuelle Wahrnehmung muss die Anzahl erfasst werden.

Kopiervorlagen

- Zeppelinbilder (M15)
- Zeppelinbilder mit Text (M16)
- Textblatt: »Ludgers Lesegeschichte« (M17)
- Textblatt: »Aufmerksame Kinder« (M18)
- Textblatt: »Abenteuer im Wildpark« (M19)
- Kängurublatt zum Lese-3-Sprung (M20)
- Übungsblatt: »Kinderkram?« (M21)
- Übungsblatt: »Das sieht ja alles gleich aus!« (M22)
- Anzahltabelle (M23)
- Bonbon: »Lese-3-Sprung!« (M24)

Wann mache ich meine Hausaufgaben?

Hausaufgaben sollten immer zur gleichen Zeit gemacht werden.

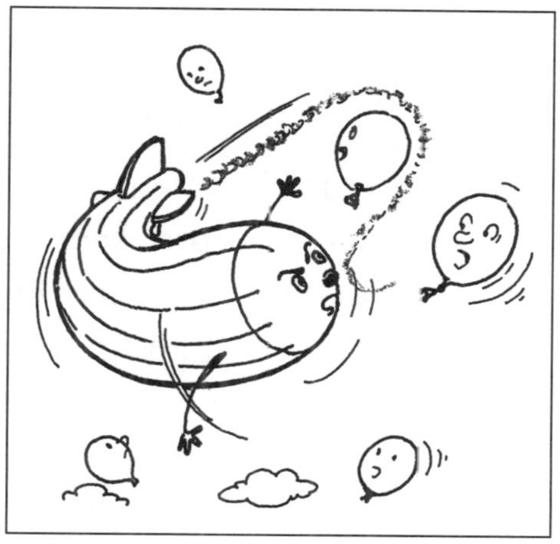

Andere Termine dürfen die Hausaufgaben nicht stören.

Nicht direkt nach dem Essen mit den Hausaufgaben beginnen.

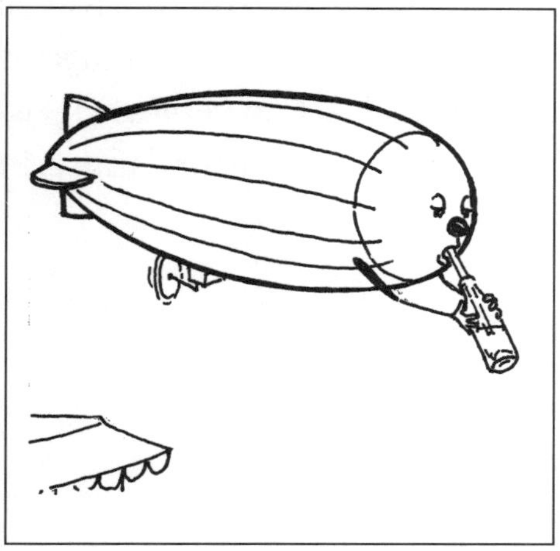

Nach den Hausaufgaben: Pause nicht vergessen.

Abends werden keine Hausaufgaben gemacht.

M 17

Ludgers Lesegeschichte

Ludger liebt es, wenn ihm seine Mutter aus dem Geschichtenbuch, das ihm sein Großvater geschenkt hat, vorliest. Dabei kann er die Augen schließen und sich, während seine Mutter liest, die Erzählung ganz genau vorstellen. Zwerge, Riesen, Zauberer und Hexen, Königinnen und Ritter und was sonst noch alles für Gestalten auftauchen. Am schönsten kann jedoch sein Opa solche Geschichten erzählen. Ohne in das Buch zu schauen erinnert er sich an immer neue Begebenheiten, und während er spricht leuchten seine Augen. Dazu lächelt er oft ganz verschmitzt.
Da Ludger schon in der dritten Klasse ist und ihm das Lesen nicht mehr schwer fällt, versucht er selbst, eine der Geschichten zu lesen, um sie Martin, seinem kleinen Bruder zu erzählen. Wie Opa möchte er die Geschichte aus dem Kopf wiedergeben können und Martin zeigen, was für ein toller Hecht er ist. Schnell liest er die Geschichte durch, sie handelt von Drachen und Elfen. Missmutig liest er weiter, da er das Wort »Elfen« nicht verstanden hat. »So wichtig wird das schon nicht sein«, denkt er, und schnell huscht er weiter über die Wörter hinweg. Zufrieden beendet er die Geschichte. »Das ging ganz schön schnell«, denkt er stolz, »jetzt werde ich Martin die Geschichte erzählen«. Er steht von seinem Bett auf und geht aus seinem Zimmer zur Tür von Martins Zimmer. Der kleine Bruder ist mit seinen Hausaufgaben beschäftigt. »Soll ich dir eine Geschichte erzählen?« fragt Ludger. Martin ist neugierig, was ihm sein Bruder erzählen wird. Auch er sitzt gerne bei Opa und hört zu. Ludger versucht sich zu erinnern: »Die Geschichte handelt von einem Drachen und ein paar Elfen. Der Drache ...«. Weiter kommt er nicht, da Martin ihn unterbricht: »Ludger, was sind Elfen? Hat der Drache eigentlich einen Namen?« Etwas ärgerlich reagiert Ludger: »Das weiß ich nicht, das ist auch nicht so wichtig, hör doch erst mal zu!« Martin ist nicht zufrieden mit der Antwort, er fragt jedoch nicht weiter nach, vielleicht löst sich die Frage ja noch während der Geschichte. Als Ludger weitererzählen will, merkt er traurig, dass er sich nicht mehr an das Märchen erinnern kann. Nur ein paar Bilder fallen ihm noch ein, doch es ergibt sich keine zusammenhängende Geschichte und die Namen der meisten Figuren hat er auch schon vergessen. »Ich habe es doch gelesen«, denkt er, »warum bloß kann ich mich nicht mehr daran erinnern?«

Aufmerksame Kinder

(Freiburger Neueste Nachrichten)

Gestern nachmittag befanden sich Klaus, Ina, Britt und Thorsten in der Freiburger Fußgängerzone. Die vier Kinder suchten ein Geburtstagsgeschenk für einen Freund, als sie auf eine alte Dame aufmerksam wurden, die an der Straßenbahnhaltestelle Bertholdsbrunnen zu warten schien. Da sie dicke, dunkle Brillengläser trug, fragten sie die mit einem Kopftuch und einem langen Mantel bekleidete Frau, ob sie ihr die nächsten Abfahrtszeiten vorlesen sollten. Unfreundlich und mit einer seltsam tiefen Stimme wurden sie von der Frau zurückgewiesen. Als sie nach einiger Zeit wieder an der Bushaltestelle vorbeikamen, sahen sie, dass die Frau noch immer in der Nähe der Haltestelle herumstand. Das kam den Kindern seltsam vor und so beschlossen sie, die Frau zu beobachten. Aus dem Musikhaus Ruckmich heraus blickten sie durch die Scheibe. Die nächste Straßenbahn hielt vor dem Geschäft, Leute stiegen aus, andere versuchten schon einzusteigen und alle bemühten sich, in dem entstandenen Gewühl in ihrer eigenen Richtung voranzukommen. Die alte Frau stieß immer wieder mit Passanten zusammen, denen das im Gedränge gar nicht auffiel. Empört bemerkten die Vier, wie die alte Dame einer Frau mit einem raschen Griff den Geldbeutel aus der Umhängetasche nahm und in ihrer eigenen Manteltasche verschwinden ließ. Ein Herr in grauem Anzug verlor bei einem ähnlichen Rempler seine Brieftasche. Die Straßenbahn fuhr an und wieder blieb die alte Frau auf ihren Stock gestützt zurück.
Schnell verständigten die Kinder den Leiter des Musikgeschäfts. Entschlossen schritt Herr Halmer ein und nachdem er die Polizei angerufen hatte, stellte er mit zwei Verkäufern die alte Dame, die sich als sehr kräftig erwies und nur mit Hilfe der Polizisten festgehalten werden konnte. Unter dem Kopftuch befand sich jedoch keineswegs eine alte Frau, es handelte sich um den bekannten Taschendieb Herbert Mergner. Dank der Aufmerksamkeit der Kinder konnte die Polizei nun 5 gestohlene Geldbörsen und 3 Brieftaschen an die erleichterten Besitzer zurückgeben.

(Reporter: M.D.)

M 19

Abenteuer im Wildpark

Armin und Sabine streckten sich und traten vor das Zelt. Sie waren mitten in einem afrikanischen Nationalpark und wollten an diesem Tag mit dem Jeep losfahren und Löwen beobachten.

Fast war der Vormittag schon vorbei, als sie im Schatten einiger Felsbrocken eine Löwenfamilie sahen. Der Vater erklärte ihnen, dass sie im Auto geschützt wären, aber nicht raus dürften, da Löwen sehr gefährlich sein könnten. Gespannt beobachteten sie die träge herumliegenden Tiere. Nur ein paar junge Löwen tobten herum und spielten miteinander und ein alter Löwe zeigte gähnend sein mächtiges Gebiss.

Das neue Lager zu dem sie am Abend fuhren, befand sich in der Nähe eines Tümpels. Trotz der Warnung der Wildhüter spazierten Armin und Sabine nach dem Abendessen in den Busch. Das Mondlicht war hell genug, um den Pfad zum Tümpel zu finden. Um sie herum hörten sie das Geräusch der Grillen und die fremden Schreie der Vögel. Vor ihnen schimmerte das Wasser. Am anderen Ufer tranken einige Antilopen. Gerade wollten sich die beiden hinsetzen, da hörten sie ganz in ihrer Nähe ein Brüllen, das sich gleich darauf noch lauter wiederholte. Verängstigt hielten sie inne und starrten in die Richtung, aus der das Geräusch gekommen war. Ein leises Rascheln und Knacken war zu hören und ein riesiger Schatten schob sich langsam unter den Bäumen hervor. Die Kinder konnten einen Angstschrei kaum unterdrücken, drehten sich um und rannten so schnell sie konnten den Weg zurück ins Lager. Am Lagerfeuer angekommen berichteten sie von dem Löwen und ihr Vater schimpfte nur ein wenig, da er froh war, dass sie unverletzt zurückgekommen waren.

Schon früh am Morgen liefen die Wildhüter mit Armin und Sabine zurück zum Tümpel, um die Löwenspuren zu suchen. Sie fanden jedoch nur große runde Abdrücke, in die Armin und Sabine leicht mit beiden Füßen hineinpassten. Nun lachten die Wildhüter und erklärten den Kindern, dass hier ein Elefant zum Wasser gelaufen war. Der Elefant hatte sie durch das laute Rumpeln und Knurren seines Magens verjagt.

Der Lese-3-Sprung

1. Nachschlagen

Text lesen, unbekannte Wörter markieren und nachschlagen.

2. Unterstreichen

Nochmal lesen, wichtige Wörter finden und unterstreichen.

3. Schnell lesen

Wichtige Wörter nochmal lesen und einprägen.

Rätsel: Ein Känguru springt in 3 Minuten 50 mal und kommt dabei 250 Meter weit. Wie weit kommt ein Rudel Kängurus mit 3 Männchen und 2 Weibchen in 6 Minuten?

M 21

Kinderkram?

Konzentration bitte!

Kran Maus Kind Kran Heft Ohr Schuh Schuh Kran Ohr Kran Tisch Ohr Ohr Tisch Kind Ohr Ohr Kran Kind Kran Maus Schuh Kran Buch Tisch Kran Tisch Heft Heft Kind Heft Schuh Buch Tisch Kind Schuh Kran Kran Kind Heft Kran Schuh Ohr Buch Maus Kran Schuh Heft Tisch Tisch Kran Tisch Ohr Kran Ohr Tisch Tisch Kind Tisch Kran Buch Ohr Maus Kind Heft Kind Kind Kran Kran Buch Kind Kran Buch Maus Schuh Kind Kind Heft Ohr Buch Heft Ohr Tisch Kind Kind Maus Schuh Kind Kran Tisch Schuh Heft Buch Tisch Kind Ohr Ohr Buch Buch Buch Buch Maus Kind Ohr Tisch Kran Kran Ohr Buch Kind Buch Ohr Heft Tisch Maus Ohr Ohr Tisch Maus Kind Buch Tisch Ohr Heft Kran Heft Ohr Ohr Heft Tisch Kran Heft Maus Ohr Ohr Tisch Kran Kran Ohr

Ich habe ________ mal das Wort »Buch« gefunden.
Ich habe ________ mal das Wort »Tisch« gefunden.

Ein Leuchtturm am Ententeich?

Da muss bestimmt einer weg!

Ententeich Sonnenblume Autoreifen Leuchtturm Leuchtturm Autoreifen Regenschirm Baumhaus Krankenwagen Fußball Fußball Krankenwagen Regenschirm Autoreifen Sonnenblume Leuchtturm Autoreifen Regenschirm Autoreifen Ententeich Ententeich Sonnenblume Autoreifen Fußball Sonnenblume Regenschirm Baumhaus Ententeich Leuchtturm Sonnenblume Leuchtturm Baumhaus Fußball Sonnenblume Krankenwagen Baumhaus Ententeich Autoreifen Krankenwagen Ententeich Krankenwagen Fußball Regenschirm Leuchtturm Leuchtturm Sonnenblume Regenschirm Fußball Fußball Leuchtturm Fußball Sonnenblume Fußball Krankenwagen Leuchtturm Fußball Ententeich Regenschirm Sonnenblume Leuchtturm Autoreifen Autoreifen Regenschirm Autoreifen Autoreifen Krankenwagen Fußball Ententeich Regenschirm Autoreifen Baumhaus Autoreifen Baumhaus Regenschirm Leuchtturm Regenschirm Autoreifen Sonnenblume Baumhaus Regenschirm Leuchtturm Krankenwagen Leuchtturm Krankenwagen Krankenwagen Fußball Autoreifen Leuchtturm Baumhaus Leuchtturm

Ich habe ________ mal das Wort »Baumhaus« gefunden.
Ich habe ________ mal das Wort »Regenschirm« gefunden.

Das sieht ja alles gleich aus?
Also Ruhe bitte, ich muss mich konzentrieren!

Frau Pfau Haus Rauch Stau Zaun Pfau Frau Zaun Pfau Haus Maus Rauch Frau Rauch Bauch Bauch Pfau Haus Maus Frau Maus Maus Bauch Frau Rauch Rauch Rauch Bauch Maus Stau Haus Stau Rauch Frau Pfau Stau Rauch Bauch Bauch Frau Rauch Maus Pfau Rauch Rauch Frau Frau Bauch Rauch Frau Frau Rauch Rauch Maus Zaun Stau Maus Pfau Rauch Zaun Zaun Pfau Zaun Rauch Bauch Haus Zaun Stau Bauch Bauch Rauch Zaun Haus Rauch Stau Frau Zaun Frau Stau Stau Pfau Bauch Bauch Haus Frau Rauch Frau Maus Zaun Maus Zaun Zaun Rauch Stau Rauch Bauch Stau Bauch Zaun Stau Zaun Zaun Bauch Zaun Rauch Stau Stau Stau Haus Frau Bauch Haus Pfau Zaun Haus Rauch Rauch Zaun Pfau Pfau Zaun Zaun Zaun Frau Pfau Pfau Bauch Zaun Bauch Frau Zaun Frau Pfau Bauch Bauch Frau

Ich habe _______ mal das Wort »Rauch« gefunden.
Ich habe _______ mal das Wort »Zaun« gefunden.

Ich glaub' ich steh im Wald!

Baumrinde Holzfäller Hochhaus Hochzeit Holzfäller Hochhaus Holzfäller Holzfäller Hochzeit Honigbiene Hochhaus Holzfäller Hochhaus Baumrinde Holzfäller Baumhaus Bauernhaus Baumrinde Baumhaus Holzfäller Baumrinde Baumhaus Honigbiene Honigbiene Hochzeit Baumhaus Honigbiene Hochhaus Bauarbeiter Bauernhaus Hochhaus Holzfäller Baumhaus Honigbiene Hochzeit Hochzeit Bauarbeiter Holzfäller Bauarbeiter Baumrinde Holzfäller Baumrinde Holzfäller Hochhaus Bauarbeiter Hochhaus Honigbiene Honigbiene Bauarbeiter Holzfäller Baumrinde Honigbiene Bauarbeiter Hochhaus Honigbiene Baumrinde Honigbiene Hochhaus Hochzeit Honigbiene Bauernhaus Bauarbeiter Honigbiene Hochzeit Baumhaus Hochzeit Holzfäller Bauernhaus Bauarbeiter Bauarbeiter Hochzeit Bauarbeiter Baumhaus Baumrinde Hochzeit Bauernhaus Bauernhaus Baumhaus Hochhaus Honigbiene Hochzeit Holzfäller Bauernhaus Hochhaus Baumrinde Honigbiene Bauernhaus Hochzeit Honigbiene Holzfäller

Ich habe _______ mal das Wort »Hochzeit« gefunden.
Ich habe _______ mal das Wort »Bauarbeiter« gefunden.

M 23

Anzahltabellen für die Konzentrationsübungen

Kinderkram?

	Wörter	Anzahl
1.	Maus	10
2.	Schuh	10
3.	Heft	15
4.	Buch	15
5.	Kind	20
6.	Tisch	20
7.	Kran	25
8.	Ohr	25
Wörter gesamt:		140

Das sieht ja alles gleich aus!

	Wörter	Anzahl
1.	Maus	10
2.	Haus	10
3.	Pfau	15
4.	Stau	15
5.	Frau	20
6.	Rauch	20
7.	Bauch	25
8.	Zaun	25
Wörter gesamt:		140

Ein Leuchtturm am Ententeich?

	Wörter	Anzahl
1.	Baumhaus	8
2.	Ententeich	8
3.	Krankenwagen	10
4.	Sonnenblume	10
5.	Regenschirm	12
6.	Fußball	12
7.	Autoreifen	15
8.	Leuchtturm	15
Wörter gesamt:		90

Ich glaub' ich steh' im Wald!

	Wörter	Anzahl
1.	Baumhaus	8
2.	Bauernhaus	8
3.	Baumrinde	10
4.	Bauarbeiter	10
5.	Hochhaus	12
6.	Hochzeit	12
7.	Honigbiene	15
8.	Holzfäller	15
Wörter gesamt:		90

Lese-
3-Sprung

Lese-
3-Sprung

Lese-
3-Sprung

Lese-
3-Sprung

Lese-
3-Sprung

Lese-
3-Sprung

Lese-
3-Sprung

Lese-
3-Sprung

Lese-
3-Sprung

Lese-
3-Sprung

Lese-
3-Sprung

Lese-
3-Sprung

Einheit 4: Merken 1

Idee und Inhalt

Die erste Einheit zu diesem Thema ist dem Merken über Bildassoziationen gewidmet. Der zu lernende Stoff wird mit einem Bild (Symbol o.Ä.) möglichst *merkwürdig* verknüpft. Durch diese visuelle Verknüpfung kann der Lernstoff besser behalten und leichter abgerufen werden.

Am Anfang der Stunden steht ein kleines Experiment, das den Schülern zeigen soll, dass sich Lernnotizen auch in Form von Abkürzungen und Bildern machen lassen.

Im Hauptteil werden unsere Lernobjekte erst einmal Zahlen sein, die mit einer bildlichen Codierung verknüpft werden. Die Schüler erfinden einen Bilder-Code für die Ziffern 0 bis 9, mit dem dann eine »Geburtstagsgalerie« entsteht. Auf ähnliche Weise könnte man z. B. auch Telefonnummern oder Geschichtsdaten codieren und lernen.

Ein Anliegen dieser Einheit ist auch das Training des (bildlichen) Vorstellungsvermögens der Schüler. Die Fantasiereise bietet sich hier als Medium an.

»Sich selbst ein Bild zu machen« in Gedanken oder auf dem Papier kann für das Lernen sehr hilfreich sein. Diese grundsätzliche Idee soll den Schülern vermittelt und demonstriert werden. Zwei zum Thema passende kleine Konzentrationsübungen runden die Stunden ab.

Ablauf in Kurzform

- Ein kleines Experiment Teil 1a
- Kontrolle der Hausaufgaben
- Experiment Teil 1b
- Experiment Teil 2a
- Pausenspiel: Montagsmaler
- Experiment Teil 2b
- Der Zahlencode
- Eine kleine Konzentrationsübung
- Zahlencode lernen
- Die Geburtstagsgalerie
- Eine Fantasiereise
- Noch eine kleine Konzentrationsübung
- Hausaufgabe und Bonbon

Ablauf der Einheit

Ein kleines Experiment Teil 1a

Vielleicht haben Sie sich gefragt, warum man sich Bilder machen soll, »das geht doch mit schreiben viel einfacher und schneller, und merken kann man sichs dann auch besser«. Aber stimmt das tatsächlich? Ein kleines Experiment soll den Schülern zeigen, dass auch Bilder ihnen beim Lernen helfen können. Im ersten Teil des Experiments ist das Bild eine Art Abkürzung, im zweiten eine Skizze oder Strichzeichnung.

Das Experiment besteht aus zwei Teilen, die Aufgabe besteht jedesmal darin, sich einige Wörter mit Hilfe von »Notizen« zu merken. Dabei wird die Art der »Notiz« vorgeschrieben. Zunächst erhält jeder Schüler eine farbige Kopie der »Ausfüllkarte 1« (M26, bitte zerschneiden!). Die Aufgabe für die Schüler besteht darin, die von Ihnen genannten Wörter zu merken und sich hierfür »Notizen« in folgender Form zu machen: Auf die Karte wird lediglich der Anfangsbuchstabe des Wortes, ein Strich in der Länge des Wortes und der Endbuchstabe des Wortes geschrieben. Ein Beispiel für eine solche »Notiz« sollten Sie an der Tafel vorführen. Dies könnte dann so aussehen:

Genanntes Wort:	**Sachunterricht**
»Notiz«:	**S__________ t**

Ist die Aufgabe für alle Schüler klar, nennen Sie nacheinander die zu lernenden Wörter aus der ersten Spalte der Tabelle. Die Tabelle findet sich als Kopiervorlage (M25). Sie sollten sich davon eine Folie kopieren, da diese dann gleichzeitig bei der später folgenden Kontrolle eingesetzt werden kann.

Kontrolle der Hausaufgaben

Nun werden die »Notizen« weggelegt und Sie kontrollieren die Hausaufgaben: Fordern Sie die Schüler auf, ihre »3-Sprung-Bilder« mit Magneten oder Klebestreifen an die Tafel zu hängen. Einige Schüler sollen ihre Bilder kurz für die anderen erläutern, um den »Lese-3-Sprung« nochmal gemeinsam zu wiederholen. Abschließend werden die »3-Sprung-Bilder« wieder in die Hefter zurück sortiert, sie verbleiben in den Unterlagen der Schüler.

Experiment Teil 1b

Jetzt wird der erste Teil des Experiments zu Ende geführt. Die Schüler sollen, nur mit Hilfe ihrer »Notizen«, die Wörter erinnnern und in die zweite Spalte der Ausfüllkarte schreiben. Sie vergleichen mit den Schülern die Antworten (2. Teil der Folie abdecken!) und die Schüler schreiben die Anzahl der richtig gewussten Wörter in das runde Feld unten auf der Karte. Sie können an dieser Stelle auch kurz abfragen, wieviele Wörter gewusst wurden.

Experiment Teil 2a

Nun folgt der zweite Teil des Experiments. Hierzu erhalten die Schüler eine Kopie der »Ausfüllkarte 2« (M27, bitte zerschneiden!), die sich farblich von der ersten Karte unterscheiden soll. Die Aufgabe der Schüler ist die gleiche, wie im ersten Teil, nur sollen sie nun die Wörter nicht aufschreiben, sondern zeichnen, d.h. einfach eine Strichzeichnung versuchen oder etwas kritzeln, nicht »künstlerisch wertvoll« malen. Auch diese »Notiz«-Technik sollten Sie an einem Beispiel demonstrieren. Eine solche »Notiz« könnte beispielsweise so aussehen:

Genanntes Wort: **Schubkarre**

»Notiz«: 

Der Ablauf ist derselbe wie im ersten Teil: Sie nennen der Reihenfolge nach die Wörter – diesmal aus der zweiten Spalte der Tabelle (M25) – und die Kinder machen ihre »Notizen«.

Um die Kinder kurz »abzulenken« ein kleines

Pausenspiel: Montagsmaler

Für dieses Spiel benötigen Sie lediglich die Tafel, ein Stück Kreide und die »Montagsmaler-Ratekarten« (siehe M28). Die Ratekarten werden gemischt und auf einen der vorderen Schülertische gelegt. Sie ziehen die erste Karte und »zeichnen« das zu ratende Wort an die Tafel. Bei zusammengesetzten Wörter kann man auch beide Teile einzeln zeichnen. Der erste Schüler, der Ihnen die Lösung zuruft, ist der nächste Maler. Er zieht die nächste Karte und versucht seinerseits den anderen Schülern das Ratewort »malerisch« zu erklären. Das Spiel ist zu Ende, wenn alle Karten erraten wurden. (Tipp: je nach Zeit vorher die Anzahl der Karten bestimmen)

Experiment Teil 2b

Nach dieser »Pause« wird der zweite Teil des Experimentes ausgewertet. Die Schüler sollen sich also wiederum an die gezeichneten Wörter erinnern und sie auf der Karte schreiben. Anschließend vergleichen sie mit Ihnen die Antworten, und die Anzahl der richtig gewussten wird in das entsprechende Feld eingetragen.

Zum Abschluss dieses kleinen Experiments bitten Sie die Schüler diejenige Karte hochzuhalten, auf der sie »erfolgreicher« waren. Sie und auch die Schüler werden feststellen, dass das Ergebnis recht bunt ausfällt. An dieser Stelle könnten Sie mit den Schülern darüber sprechen, ob ihnen die beiden »Notiz«-Techniken gefallen haben, ob sie sich selbst manchmal Bildchen malen oder vorstellen. Damit leiten Sie über zum Stundenthema: Merken mit Hilfe von Bildern.

Der Zahlencode

In dieser Phase werden sich die Schüler einen Zahlencode erarbeiten: Dazu schreiben Sie die Ziffern von 0 bis 9 an die Tafel. (Möglichst groß und so, dass jeweils darunter oder daneben eine Zeichnung Platz hat.) Jetzt werden die Schüler in Gruppen aufgeteilt und jede Gruppe erhält zwei oder drei Ziffern. Die Aufgabe besteht nun darin, für jede Ziffer ein Bild bzw. Symbol zu entwerfen. Diese Bilder sollten der Ziffer in der Form ähnlich, einfach zu zeichnen und möglichst lustig sein. Zur Übung für die Kinder könnten Sie als einführendes Beispiel mit den Schülern gemeinsam Bilder für verschiedene Buchstaben ausdenken, z.B:

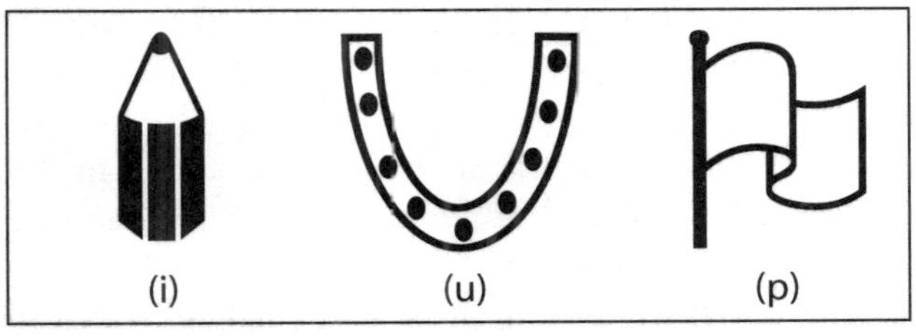

Ein Zahlencode könnte dann zum Beispiel folgendermaßen aussehen:

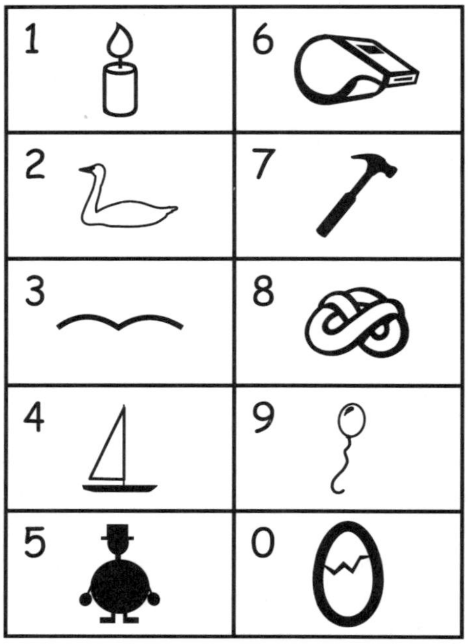

Wenn die einzelnen Gruppen mit ihren Zahlen fertig sind, malen sie ihre Ergebnisse zu den entsprechenden Zahlen an die Tafel. Der Code wird für alle kurz erklärt und gilt nun als vereinbart.

Eine kleine Konzentrationsübung

Um die Kinder auf die nächste, eine Lernphase einzustimmen, schließt sich hier eine Konzentrationsübung an. Passend zum Stundenthema geht es auch hier im weitesten Sinne um Bilder, Merken und Vorstellungsvermögen:

Dazu benötigen Sie eine Folienvorlage einer der beiden Konzentrationsübungen (M30 oder M31; die jeweils andere wird dann später eingesetzt). Die Schüler sollten ein Blatt Papier und einen Stift bereithalten. Die Anleitung befindet sich auf der Kopiervorlage.

Zahlencode lernen

Um den Zahlencode zu lernen, werden zunächst die Bilder von der Tafel auf die Vorlage »Unser Zahlencode« (M29), die jeder Schüler als Kopie erhält, übertragen.

Anschließend spielen Sie mit den Kindern ein Rechenspiel in Variationen. Für die erste dieser Variationen kopieren Sie die Kopiervorlage »Bilder-Rechnen 1« (M32) auf eine Folie und projezieren diese mittels TLP an die Wand. Die Kinder müssen die dargestellten Rechenaufgaben lösen. Wer das Ergebnis ausgerechnet hat, ruft »Stopp«. Er darf nun das Ergebnis nennen, allerdings nicht als Zahl, sondern mit dem Zahlencode codiert. Zwei Beispiele:

Gestellte Aufgabe		Lösung
5 – 3 + 9 – 4	=	
8 – 4 + 0 – 1	=	

Bei der zweiten Variante werden die Aufgaben mündlich gestellt, allerdings nicht als »Zahlaufgaben« sondern als »Bildaufgaben«. Ein Beispiel:

Gestellte Aufgabe		Lösung
»Schwan + Ei + Hammer – Brezel«	=	**»Kerze«**

Geeignete Aufgaben (das Ergebnis und alle Teilergebnisse sollten zwischen 0 und 9 liegen, da die Schüler sonst nicht »codiert denken« können) finden Sie als Kopiervorlage »Bilder-Rechnen 2« (M33).

Tipp: Die Codierung müssen Sie mit dem Code Ihrer Schülergruppe vornehmen, vielleicht in der Zeit, in der die Schüler ihren Zahlencode abschreiben.

Während der Rechenspiele kann der Zahlencode an der Tafel anfangs sichtbar und später verdeckt sein. Nach diesen Übungen werden die Schüler ihren Zahlencode gut beherrschen.

Die Geburtstagsgalerie

Dafür finden sich die Schüler in Paaren zusammen. Jeder Schüler erhält ein Blatt Papier (A4 oder A5) und die Aufgabe, mit Hilfe des Zahlencodes seinen Geburtstag darzustellen. Dazu sucht er zunächst alle Bilder, die in seinem Geburtstag vorkommen zusammen und überlegt sich mit diesen Figuren eine kleine Geschichte oder Szene. (Wichtig: die Reihenfolge der Ziffern muss erhalten bleiben!) Diese wird dann auf das Papier gemalt. Dabei sollten weder der Name des Schülers noch irgendwelche Zahlen auf dem Bild zu erkennen sein. Als Beispiel könnten Sie ihr Geburtstagsbild zu Hause (auf Papier oder Folie) vorbereiten und vorstellen. Die Schüler sollen dann ihr Geburtsdatum erraten. Die Geburtstagsbilder der Autoren würden mit dem oben angegebenen Code beispielsweise so aussehen:

Ein Schwan mit einer Pfeife im Schnabel versucht zwei Kerzen auszublasen. (26.11.)	Eine Möwe sieht bei ihrem Nachtflug im Schein einer Kerze ein dickes Männchen. (31.5.)	Der liebe Schwan rennt mit dem dicken Männchen der Kerze hinterher, die der böse Schwan geklaut hat. (25.12)

Hat jeder Schüler seinen Geburtstag »codiert«, lässt er seinen Partner raten, welches Datum er gemalt hat. Haben alle Schüler diese Aufgaben erledigt, setzen sie sich in einen Stuhlkreis. Nun stellt jeder das Geburtstagsbild seines Partners vor. Beispiel: »Moritz bekommt zum Geburtstag von einem Schwan einen Luftballon in sein Segelboot gebracht.« Moritz hat also am 29.4. Geburtstag hat. Wenn alle Bilder vorgestellt worden sind, werden sie auf eine Wäscheleine entlang der Wand gehängt und die Geburtstagsgalerie ist fertig.

Bemerkung: Bei einigen Daten gibt es ein kleines Problem. Beispielsweise wären der 21.2. und der 2.12. nicht zu unterscheiden. Hat einer ihrer Schüler an einem solchen Tag Geburtstag, kann er sein Datum vierstellig, mit eingefügter Null, darstellen.

Zur weiteren Festigung des Zahlencodes nennen Sie nun beliebige Codes und lassen die Schüler die passenden Daten erraten, oder Sie nennen das Datum und die Schüler erfinden einen zugehörigen Code.

Eine Fantasiereise

Nach so viel Lernerei schließt sich hier eine Entspannungsphase an. Als Beispiel für eine Fantasiereise finden Sie »Der Zauberbaum« als Kopiervorlage (M36).

Noch eine kleine Konzentrationsübung

Nach dieser Entspannung ist wieder Konzentration angesagt: Hierzu benötigen Sie die zweite Folienvorlage einer der beiden Konzentrationsübungen. Die Schüler sollten wiederum ein Blatt Papier und einen Stift bereithalten. Die Anleitung befindet sich auf der Kopiervorlage.

Hausaufgabe und Bonbon

Für die nächste Einheit, in der es um den Arbeitsplatz gehen wird, sollen die Kinder diverse Utensilien mitbringen. Damit nicht jeder die gleichen Dinge mitbringt und bestimmte Dinge auf jeden Fall vorhanden sind, erhält am Ende dieser Einheit jeder Schüler ein Utensilienkärtchen. Dazu kopieren sie die Kopiervorlagen »Utensilien I und II« (M34 und M35) und zerschneiden diese. Selbstverständlich können Sie zusätzliche eigene Kärtchen herstellen und/oder jedem Schüler mehrere Kärtchen austeilen.

Zum Abschluss der Stunde fassen Sie das Erarbeitete mit den Schülern kurz zusammen und jeder Schüler erhält sein Bonbon »Ich mach' mir ein Bild!« (M37).

Material und Vorbereitung

Grundmaterial

- Folienvorlage: »Einstiegsexperiment« (M25)
- Montagsmaler-Ratekarten (M28)
- 2 Kopien: Konzentrationsübungen (M30 / M31)
- Folienvorlage: »Bilder-Rechnen 1« (M32)
- Kopie »Bilder-Rechnen 2« (M33)
- Kopie der Fantasiereise (M36)
- Beispiel für Galeriebild (Ihr Geburtstag), auf Papier oder Folie

Schülermaterial

- Pro Schüler zwei Ausfüllkarten (1/2), kopiert auf verschiedenfarbiges Papier (M26 / M27)
- Pro Schüler eine Kopie »Unser Zahlencode« (M29)
- Pro Schüler ein Blatt A4 oder A5
- Utensilienkärtchen I und II, kopiert, zerschnitten (M34 / M35)
- Pro Schüler ein Bonbon: »Ich mach' mir ein Bild!« (M37)

Varianten

- Für das Einstiegsexperiment einfach Karteikarten in zwei Farben verwenden.
- Weitere Texte und Informationen zu Fantasiereisen finden Sie z. B. in Müller: Auf der Silberlichtstraße des Mondes, Frankfurt a.M. 1997.
- An Stelle der Geburtstage lassen sich auch die Telefonnummern der Kinder codieren und lernen. Denkbar sind auch beide Objekte nacheinander.
- In die Zahlencode-Lernphase lässt sich ein »Klebezettel-Wettstreit« integrieren: Schreiben Sie auf jeweils zwei Klebezettel die Ziffern von 0 bis 9 und dazu wiederum je zweimal das Codesymbol. Kleben Sie die eine Hälfte an die linke Klassenzimmerwand, die zweite an die rechte. Teilen Sie die Klasse in zwei Gruppen. Auf ein Zeichen müssen beide Gruppen versuchen, den Zahlencode richtig an eine Tafelhälfte zu kleben. Gewonnen hat, wer zuerst fertig ist.

Kopiervorlagen

- Wörter für Einstiegsexperiment (M25)
- Ausfüllkarten 1 und 2 (M26 und M27)
- Montagsmaler-Ratekarten (M28)
- Arbeitsblatt »Unser Zahlencode« (M29)
- 2 Konzentrationsübungen (M30 und M31)
- Bilder-Rechnen 1 und 2 (M32 und M33)
- Utensilienkärtchen I und II (M34 und M35)
- Der Zauberbaum (M36)
- Bonbon: »Ich mach' mir ein Bild!« (M37)

Einstiegsexperiment

	1. Teil	2. Teil
1.	Mathelehrer	Schildkröte
2.	Schmetterling	Wasserhahn
3.	Katze	Käse
4.	Foto	Schnürsenkel
5.	Schraubendreher	Hochhaus
6.	Tasse	Bibel
7.	Zuckerwatte	Regentropfen
8.	Wind	Auto
9.	Rennrad	Glühbirne

Ausfüllkarte 1

1.	
2.	
3.	
4.	
5.	
6.	
7.	
8.	
9.	○

Ausfüllkarte 1

1.	
2.	
3.	
4.	
5.	
6.	
7.	
8.	
9.	○

Ausfüllkarte 1

1.	
2.	
3.	
4.	
5.	
6.	
7.	
8.	
9.	○

Ausfüllkarte 1

1.	
2.	
3.	
4.	
5.	
6.	
7.	
8.	
9.	○

M 27

Ausfüllkarte 2

1.	
2.	
3.	
4.	
5.	
6.	
7.	
8.	
9.	◯

Ausfüllkarte 2

1.	
2.	
3.	
4.	
5.	
6.	
7.	
8.	
9.	◯

Ausfüllkarte 2

1.	
2.	
3.	
4.	
5.	
6.	
7.	
8.	
9.	◯

Ausfüllkarte 2

1.	
2.	
3.	
4.	
5.	
6.	
7.	
8.	
9.	◯

Montagsmaler-Ratekarten		
Leuchtturm	Fahrradklingel	Sonnenhut
Katzenauge	Käsefüße	Hundekuchen
Regenschirm	Fliegenpilz	Bücherregal
Indianerzelt	Mauseloch	Handschuh
Perlenkette	Clownnase	Kirschbaum
Karottensaft	Kirchenglocke	Erdbeereis
Brillenschlange	Baumhaus	Eieruhr
Schaukelstuhl	Flaschenpost	Fingernagel

M 29

Unser Zahlencode

1	6
2	7
3	8
4	9
5	0

Konzentrationsübung

Anleitung:
Schau dir die fünf Linien genau an. Dafür hast du 2 Minuten Zeit.
Anschließend sollst du die Linien aus dem Gedächtnis nachzeichnen.

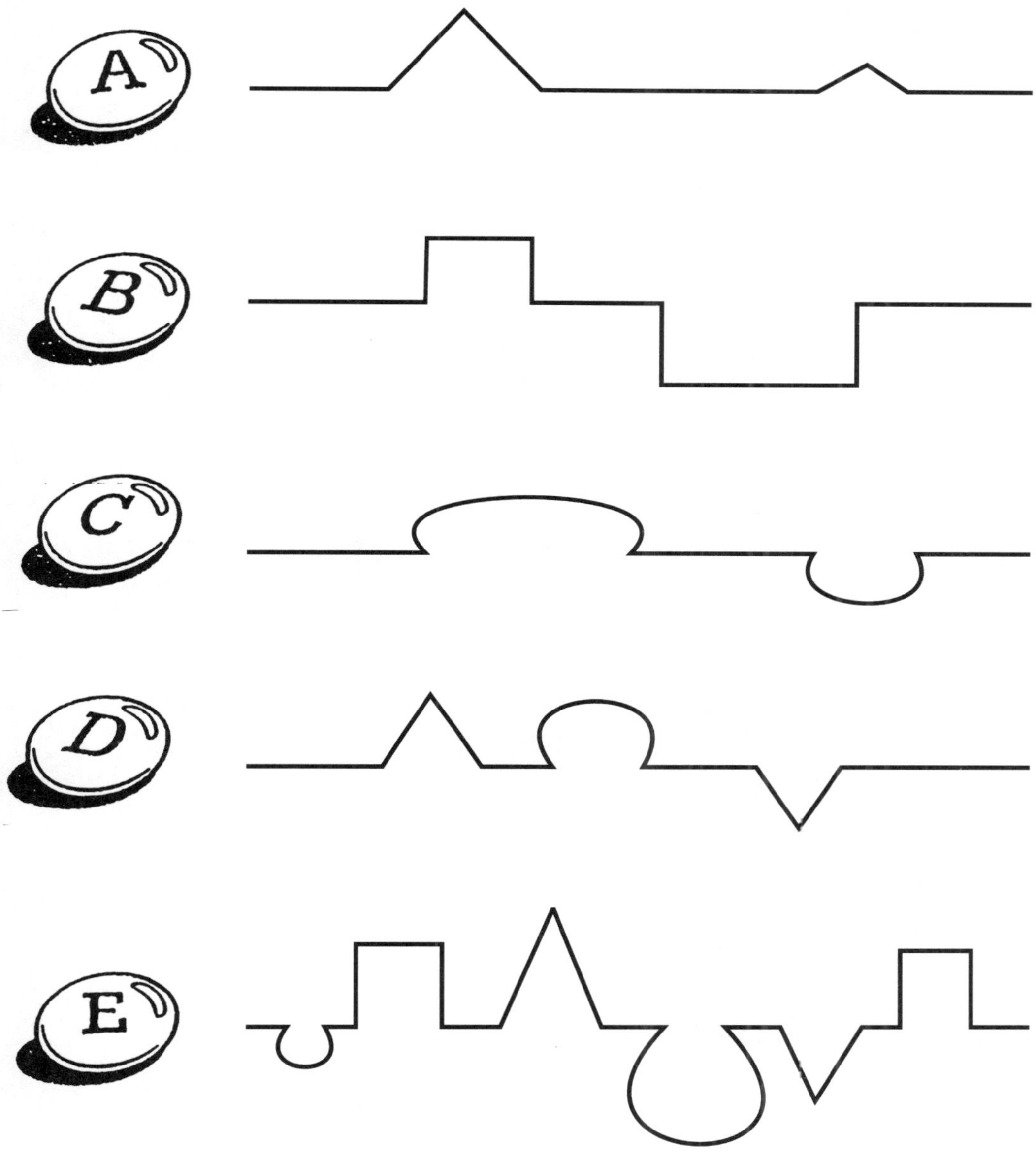

M 31 (F)

Konzentrationsübung

Anleitung:
Schau dir die fünf Zeilen genau an. Dafür hast du 2 Minuten Zeit.
Anschließend sollst du die Linien aus dem Gedächtnis nachzeichnen.

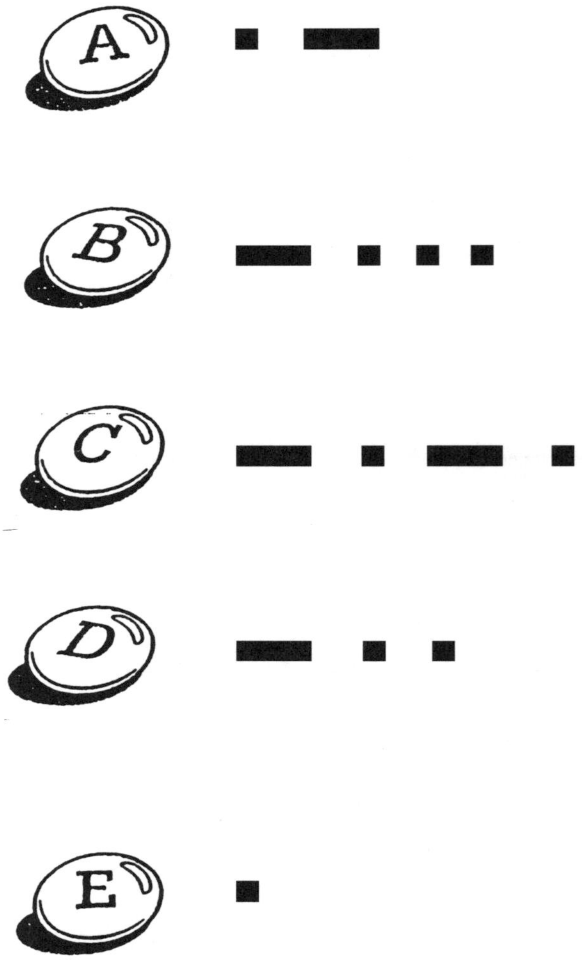

M 32 (F)

Bilder-Rechnen 1

1.	**5**	+	**8**	–	**4**	–	**2**	=	
2.	**9**	–	**3**	+	**2**	–	**4**	=	
3.	**6**	+	**7**	–	**9**	–	**1**	=	
4.	**0**	+	**5**	+	**1**	+	**3**	=	
5.	**8**	–	**7**	+	**4**	+	**1**	=	
6.	**8**	–	**1**	+	**5**	–	**3**	=	
7.	**2**	+	**0**	+	**7**	–	**8**	=	
8.	**4**	+	**3**	–	**7**	+	**5**	=	
9.	**9**	–	**6**	+	**3**	–	**2**	=	
10.	**5**	–	**0**	–	**4**	+	**8**	=	
11.	**1**	+	**6**	+	**1**	–	**2**	=	
12.	**5**	+	**8**	–	**9**	–	**3**	=	

M 33

Bilder-Rechnen 2

1.	**3**	–	**2**	+	**7**	–	**5**	=	**3**
2.	**7**	+	**1**	–	**5**	+	**6**	=	**9**
3.	**6**	+	**3**	–	**8**	+	**3**	=	**4**
4.	**4**	+	**5**	–	**1**	–	**2**	=	**6**
5.	**5**	–	**3**	+	**7**	–	**1**	=	**8**
6.	**8**	–	**5**	+	**4**	–	**3**	=	**4**
7.	**2**	+	**0**	–	**1**	+	**4**	=	**5**
8.	**5**	+	**3**	–	**2**	+	**1**	=	**7**
9.	**9**	–	**2**	+	**1**	–	**6**	=	**2**
10.	**0**	+	**8**	–	**4**	–	**3**	=	**1**
11.	**2**	+	**6**	–	**4**	+	**2**	=	**6**
12.	**3**	–	**1**	+	**6**	–	**8**	=	**0**

Utensilien 1

Füller	Kalender	Geodreieck	Notizblock
Mathebuch	Schreibtischlampe	Buntstifte	Foto aus dem Urlaub
Locher	Lineal	Bleistiftspitzer	Spielzeugauto
Radiergummi	Duden	Tintenfass	Teddybär

M 35

Utensilien 2

Wecker	Taschenrechner	Schulhefte	Wörterbuch
Karteikasten	Schokoriegel	Klebstoff	Federmäppchen
Blumentopf	Schere	Ball	Spielkarten
Tasse			

Der Zauberbaum

Auf einem langen Weg durch den großen Wald siehst du von ferne einen riesigen Baum. Er hat einen dicken Stamm, seine Rinde ist rau und zerklüftet. Der Baum streckt seine Äste weit von sich. Viele, viele Blätter bewegen sich leise im Wind. Die Blätter scheinen nach einer Melodie des Windes zu tanzen. Der Wind singt ein Lied. Der Baum versteht es. Du kannst es hören.
Über dir wölbt sich die Krone des Baumes wie ein grünes Dach. Durch die Äste schimmert ein wenig Blau und Silber. Es ist der Himmel, der durch die Äste blitzt.
Bunt schillernde Vögel schwingen sich durch die Äste. Bienen und auch Schmetterlinge fliegen umher. Du hörst ihr Summen und Schwirren. Alles ist froh und leicht. Plötzlich hörst du eine Stimme. Es ist eine Stimme, die aus dem Baum heraus klingt. Es scheint der Baum zu sein, der zu dir spricht. Er sagt: »Du Menschenkind, höre, was ich dir sage. Ich bin ein Zauberbaum. Wenn du Kummer hast, dann komm zu mir. Ich gebe dir Kraft, viel Kraft ist in mir, ist auch in dir. Nutze diese Kraft. Dann ist vieles leichter. Glaub an dich und deine Kraft. Du bist stark und hast ein gutes Herz. Hol dir die Kraft heraus.«
Du bist erstaunt, den Baum sprechen zu hören. Aber seine Stimme ist so beruhigend und tröstlich, dass du dich jetzt ganz wohl fühlst. Du fühlst dich wohl und geborgen. Du weißt, du bist stark und hast ein gutes Herz. Du brauchst nicht zu verzagen, wenn du nur fest an dich und deine Kraft glaubst.

M 37

Ich mach'
mir ein Bild

Ich mach'
mir ein Bild

Ich mach'
mir ein Bild

Ich mach'
mir ein Bild

Ich mach'
mir ein Bild

Ich mach'
mir ein Bild

Ich mach'
mir ein Bild

Ich mach'
mir ein Bild

Ich mach'
mir ein Bild

Ich mach'
mir ein Bild

Ich mach'
mir ein Bild

Ich mach'
mir ein Bild

Einheit 5: Arbeitsplatz und Fehlerwahrnehmung

Idee und Inhalt

In dieser Einheit sollen der Lernplatz zu Hause und der Umgang mit Fehlern thematisiert werden. Nicht jeder Schüler hat einen eigenen Schreibtisch und arbeitet immer am selben Platz. Einige wichtige Punkte, wie z.B. die Einfallsrichtung des Lichtes und das Vorhandensein bestimmter Utensilien, sollte aber jeder bei der Wahl und Gestaltung seines Lernplatzes beachten. Grundsätzlich gilt: An meinem Lernplatz muss ich mich wohl fühlen, sonst kann das Lernen gar keinen Spaß machen.

Im zweiten Teil wird das Thema »Fehler« behandelt. Unser Anliegen ist hierbei den Schülern zu vermitteln, dass Fehler zum Lernen dazugehören und nicht nur negativ zu bewerten sind. Eine ganze Reihe von Entdeckungen oder Erfindungen wären ohne ›Fehler‹ auch nie gemacht worden.

Ablauf in Kurzform

- Utensilien aufbauen = Kontrolle der HA
- Gerümpel-Tisch-Aufräum-Aktion
- Alles eine Frage des Lichts
- Die »Vergiss-Mein-Nicht«-Schachtel
- Pausenspiel »Der Roboter«
- Mein Lernplatz ist ein Wohlfühlplatz
- Kreuzworträtsel
- Die Lottozahl
- Mein (komischer) Fehler
- Der Fehler-Marktplatz
- Hausaufgaben verteilen

Ablauf der Stunde

Utensilien aufbauen = Kontrolle der HA

Zu Beginn dieser Einheit müssen natürlich die Hausaufgaben aus der letzten Stunden (geheime Utensilien) kontrolliert werden. Alle Schüler legen also die von ihnen mitgebrachten Dinge auf einen Tisch, den Sie in der Mitte des Klassenraumes dafür bereitgestellt haben. Wenn alle dies getan haben, sollte auf dem Tisch ein ziemliches Chaos herrschen, er sollte recht überladen sein.

Gerümpel-Tisch-Aufräum-Aktion

Nachdem sich die Schüler wieder alle an ihre Plätze gesetzt haben, bitten Sie einen von ihnen, sich an den »Gerümpel-Tisch« zu setzen und eine Hausaufgabe zu erledigen, die er heute aufbekommen hat. Er soll dabei so tun, als wäre er in seinem eigenen Zimmer, an seinem Lernplatz, und der Rest der Klasse wäre nicht da. Die übrigen Schüler sind im Moment nur Beobachter.

Wahrscheinlich wird der Schüler sich erst einmal über die Unordnung (seine eigene) beschweren, dann anfangen ein paar Chips zu knabbern, mit dem Teddy zu spielen oder die Fotos anzusehen usw.

Nach etwa 5 Minuten brechen Sie ab und danken dem Schüler für seine Vorführung. Jetzt sind die anderen dran: Sie sollen ihre Beobachtungen schildern, auch eigene Erfahrungen einbringen und Vorschläge zur Beseitigung des Problems machen.

Die sich hier unmittelbar anbietende Lösung »Aufräumen!« soll nun gemeinsam durchgeführt werden. Das ist gar nicht so einfach, denn es gibt z.B. Schüler, die unbedingt einen Blumentopf auf ihrem Schreibtisch haben wollen und welche, die lieber alles wegräumen, weil sie wissen, dass sie sich ziemlich schnell von diversen Dingen ablenken lassen. Jeder Gegenstand auf dem »Gerümpel-Tisch« sollte einzeln diskutiert werden, auch mit dem Gedanken, dass jeder seinen Lernplatz anders gestaltet.

Nach dieser Aufräum-Aktion bitten Sie den Schüler von vorhin noch einmal, sich an den Tisch zu setzen und seine Hausaufgaben zu erledigen. Nach ca. 2 Minuten soll er vergleichend zusammenfassen.

Alles eine Frage des Lichts

Eine wichtige Frage zum Thema Arbeitsplatz ist die Frage nach dem Licht. Zum Lernen und Arbeiten sollte unbedingt ausreichend Licht vorhanden sein. Dabei sollte der Lichtschein für Rechtshänder von links vorn und für Linkshänder von rechts vorn einfallen. Ansonsten wirft die Hand des Schreibenden einen Schatten genau auf den Arbeitsbereich.

Ihren Schülern können Sie diesen Fakt mit einem kleinen Anschauungsexperiment verdeutlichen. Bitten Sie einen Links- und einen Rechtshänder an dem aufgeräumten Schreibtisch Platz zu nehmen (den Rechtshänder rechts, damit die Schüler sich nicht behindern) und so zu tun, als ob sie schrieben. Positionieren Sie nun den Tageslichtprojektor an die rechte oder linke vordere Ecke des Tisches, schalten Sie ihn an und stellen ihn wie eine Schreibtischlampe auf das Arbeitsfeld des ersten der beiden Schüler ein. Fahren Sie den Tageslichtprojektor am Tisch entlang, bis er für den zweiten Schüler richtig steht. Lassen Sie die beiden Schüler ihre Beobachtungen (Wann konnte ich am besten sehen? Wo war zuviel Schatten?) an die anderen weitergeben. Ein Merksatz dazu kann an der Tafel festgehalten werden.

Die »Vergiss-Mein-Nicht«-Schachtel

Viele Schüler haben beim Arbeiten und Lernen das Gefühl, sie müssten vorher noch unbedingt tausend Dinge erledigen, da sie sie sonst vergessen. Auf diese Weise halten sie sich selbst ganz geschickt von der Arbeit ab.

Um diesen »Ausreden« ein Bein zu stellen, gibt es die »Vergiss-Mein-Nicht-Schachtel«. Sie ist gedacht für alle Dinge, die wichtig sind, aber nichts mit der Arbeit zu tun haben. So eine Schachtel kann sich jeder Schüler selbst basteln: Man braucht dafür lediglich eine kleine Schachtel oder einen Schuhkarton, etwas Farbe und den »Vergiss-Mein-Nicht«-Aufkleber (M40). Die Schachtel wird geleert, bunt bemalt und zum Schluss wird der Aufkleber auf den Deckel geklebt.

Jetzt ist hier Platz für kleine Zettel, auf denen wichtige, noch zu erledigende Dinge notiert werden. Diese Zettel kann der Schüler schreiben, wenn ihm die Sache gerade eingefallen ist. Dann legt er den Zettel in die Schachtel und kann diese nach Erledigung der Hausaufgaben leeren. So ist sichergestellt, dass nichts Wichtiges vergessen wird und der Schüler kann in aller Ruhe seine Arbeiten erledigen.

Pausenspiel »Der Roboter«

Die Kinder sollen sich in einer kurzen Pause jetzt wieder ein wenig bewegen. Hierzu finden sie sich zu Partnern zusammen, um hintereinander durch das Klassenzimmer zu gehen. Hierbei gibt der hinten gehende Schüler seinem vor ihm gehenden »Roboter« mittels kleiner Berührungen die vereinbarten Kommandos:

Mit dem Finger tippt er ihn zum Beispiel auf die rechte Schulter und der Roboter geht nach rechts. Tippt er ihn direkt in den Rücken geht es wieder geradeaus und tippt er auf den Kopf, bleibt der Roboter stehen. Selbstverständlich können noch viele andere Signale vereinbart werden und der Kreativität Ihrer Schüler sind keine Grenzen gesetzt!

Mein Lernplatz ist ein Wohlfühlplatz

Um die gesammelten Erkenntnisse über den Lernplatz festzuhalten, erhält jetzt jeder Schüler eine Kopie des Arbeitsmaterials (M38). Auf diesem Arbeitsblatt ist ausreichend Platz, damit jeder Schüler seinen Lernplatz gestalten kann. Die Utensilien usw. können entweder auf die Kopie gemalt oder geschrieben werden. Anschließend wandert das Blatt in den AG-Hefter.

Kreuzworträtsel

Um zum nächsten Thema überzuleiten, verteilen Sie eine Kopie des Materials (M41). Die zu erledigende Aufgabe steht auf dem Arbeitsblatt. Lesen Sie diese gemeinsam mit allen Schülern durch und klären Sie Fragen. Dann bearbeitet jeder Schüler die Aufgabe für sich.

Hat einer die Lösung (»Fehler!«) gefunden, soll er sich melden, zu Ihnen nach vorn kommen und Sie Ihnen ins Ohr flüstern. (Vielleicht geben Sie jedem ein Bonbon für die richtige Lösung?)

Die Lottozahl

Nach einigen einleitenden Worten, lesen Sie die Geschichte »Die Lottozahl« (M39) vor. In dieser Geschichte macht Oskar, ein kleiner Junge, einen Fehler: Er kreuzt eine falsche Zahl auf dem Lottoschein an. Natürlich möchte er es am liebsten für sich behalten und hofft, dass es keiner merkt. Am Ende stellt sein Fehler sich als Glückstreffer heraus.

Lassen Sie einen Schüler die Geschichte nacherzählen und sagen, wo der Fehler gesteckt hat. Hieran anschließend sollten die Schüler über eigene Erfahrungen mit Fehlern berichten. Das müssen nicht nur Rechtschreib- oder Rechenfehler sein, auch solche, die gar nichts mit der Schule zu tun haben, sind gemeint. Versuchen Sie gemeinsam mit der Gruppe an jeder Fehlergeschichte nicht nur das Negative, sondern auch etwas Positives zu finden.

Ein schönes Bild dafür könnte sein: Wir betrachten in Zukunft unsere Fehler mit einem weinenden und einem lachenden Auge. Das Weinende steht dafür, dass man den Fehler natürlich am liebsten gar nicht erst gemacht hätte, für eine schlechte Note, die wegen des Fehlers erteilt wurde, für Ärger zu Hause usw. Das Lachende steht dafür, dass wir manchmal im Nachhinein über eigene Fehler schmunzeln können und auf jeden Fall dafür, dass wir aus dem Fehler etwas gelernt haben.

Mein (komischer) Fehler

Nach dieser Gesprächsrunde, teilen Sie jedem Schüler ein Marktplatzkärtchen (M42) aus. Auf dieses Kärtchen soll jeder eine seiner Fehlergeschichten (es muss kein komischer sein) aufschreiben oder malen. Dies sollte so geschehen, dass auf jeden Fall auch die »richtige Variante« in der Geschichte bzw. auf der Karte enthalten ist. Den Namen müssen die Schüler nicht auf ihre Kärtchen schreiben. Die Kinder sollten für das Beschriften dieser Kärtchen ausreichend Zeit haben. Wenn Sie Lust dazu haben, gestalten Sie auch ein Kärtchen und beteiligen sich im Anschluss am Fehler-Marktplatz.

Der Fehler-Marktplatz

Sind alle Kärtchen fertig gestaltet, bewegen sich alle Schüler in die Mitte des Klassenzimmers, auf den Fehler-Marktplatz. Hier sollen (ähnlich wie die Lerntipps zum Thema Hausaufgaben) Fehler verschenkt und getauscht werden. Jeder Schüler hat also die Möglichkeit, Fehler einfach wegzugeben, von sich zu weisen. Außerdem gilt ja auch für Fehler: geteiltes Leid ist halbes Leid. Meist reicht es schon, wenn man merkt, dass andere ähnliche Fehler gemacht haben. Auf diesem Marktplatz hört man von den unterschiedlichsten Fehlern, vielleicht auch von solchen, die man selbst nie machen würde oder die die eigenen sein könnten. Und wenn man am Ende gemeinsam über Fehler lachen kann …

Hausaufgaben verteilen

Nun ist die Einheit fast zu Ende, es fehlen nur noch die Hausaufgaben für die nächste Sitzung und die Lerntipp-Bonbons für das Poster zu Hause. Jeder Schüler erhält also eine Kopie des Arbeitsblattes (M43) und ein Bonbon (M44). Damit die Hausaufgabe jedem Schüler klar ist, wird der Arbeitsauftrag gemeinsam gelesen und erläutert, vielleicht sucht die Gruppe das erste Pärchen gemeinsam heraus. Diese Hausaufgabe ist schon die Einstimmung auf das Thema der nächsten Einheit, in der es um das Merken von Paaren geht.

Materialien und Vorbereitung

Grundmaterial

- Tisch bereitstellen in der Mitte der Raumes
- Tageslichtprojektor
- eine Kopie »Die Lottozahl« (M39)
- Folienvorlage des Hausaufgabenblattes für die nächste Stunde (M43)

Schülermaterial

- pro Schüler ein Arbeitsblatt »Mein Lernplatz« (M38)
- pro Schüler ein »Vergiss-Mein-Nicht«-Kärtchen (M40)
- pro Schüler eine Kopie »Kreuzworträtsel« (M41)
- pro Schüler ein Marktplatzkärtchen »Mein komischer Fehler« (M42)
- pro Schüler eine Kopie des Hausaufgabenblattes (M43)
- pro Schüler ein Bonbon »Lernplatz = Wohlfühlplatz« (M44)

Varianten

- Anstelle des realen Tisches für die Aufräumaktion können Sie auch einen gemalten verwenden: Sie malen hierzu den Tisch in Draufsicht auf ein möglichst großes Poster. Dann stellen die Schüler ihre Utensilien auf das am Boden liegende Poster. Hier würde sich sofort die Aufräum-Aktion anschließen. Die nach dem Aufräumen auf dem Tisch verbliebenen Utensilien werden ummalt, der Name wird hineingeschrieben. Dieses Schreibtischposter lässt sich dann ganz leicht an einer Wand oder der Tafel befestigen und die Schüler können »abgucken« während sie ihr Arbeitsblatt ausfüllen
- Auf dem Fehlermarktplatz könnte es auch eine Versteigerung geben: Dafür erhält jeder Schüler 10 Streichhölzer (vorher abgebrannt!) als Zahlungsmittel. Je ein Schüler begibt sich an je eine Ecke des Marktplatzes und bietet seinen Fehler feil. Alle anderen Schüler stehen oder sitzen in der Mitte und steigern mit. Gewonnen hat am Ende der Schüler, der für seine 10 Hölzer die meisten (oder die besten, oder die kleinsten, …) Fehler ersteigert hat.

Kopiervorlagen

- »Mein Lernplatz« (M38)
- Geschichte »Die Lottozahl« (M39)
- »Vergiss-Mein-Nicht«-Kärtchen (M40)
- Kreuzworträtsel (M41)
- Marktplatzkärtchen »Mein (komischer) Fehler« (M42)
- Pärchen im Quadrat (M43)
- Bonbon: »Lernplatz = Wohlfühlplatz« (M44)

Mein Lernplatz

... ist ein Wohlfühlplatz

Die Lottozahl

Da stand Oskar nun ganz auf sich allein gestellt, ohne den schlauen Spickzettel und sollte die richtigen Zahlen ankreuzen. »Die tipp ich schon seit Jahren, mein Sohn. Immer diese. Sind meine Glückzahlen und diesmal wird's bestimmt der Hauptgewinn!«, hatte sein Vater ihm erklärt. Aber ohne den Zettel ... Wie sollte er denn da die »Richtigen« tippen? Oskar schaute die Frau im Lottoladen mit großen Augen an. »Na, Kleiner, sollst du für deinen Vater tippen?«, fragte sie ihn. »Ja«, sagte Oskar kleinlaut, »er hat sich das Bein gebrochen.« »Na, welche soll'n es denn sein?« Aber Oskar mochte dieser Lottofrau nicht sagen, dass er den Zettel verloren hatte, schließlich war er gar kein Kleiner mehr. Er ging ja schon in die Schule. Einfach nochmal nach Hause gehen ging auch nicht, dann hätte Vater sicher Sabine geschickt, denn wie sagte er immer (und alle andern übrigens auch): »Auf Sabine ist Verlass!« Aber auf ihn sollte auch Verlass sein, das wollte er beweisen. Um den Zettel zu suchen, war es auch zu spät: Morgen war schon die Ziehung und in einer Viertelstunde war der Laden zu.

Er grübelte und grübelte über den Lottozettel gebeugt und versuchte sich an die Zahlen zu erinnern: »Die 25 war auf jeden Fall dabei – das war der Geburtstag seiner Mutter. Und die 17 sicher auch – Vaters Lieblingszahl. Fehlten noch 4. Ja, genau die 4, schließlich waren sie eine Familie mit 4 Kindern. Eine ganz große war noch dabei: vielleicht die 45.« Nach einigem Zögern war auch die 45 angekreuzt. Aber die anderen Zahlen...

»Mist!«, dachte Oskar, »hätt' ich nur den blöden Zettel nicht verloren!«

»Okay«, dachte er, »nur nicht hetzen! Papa isst gern Brezeln ... Na, klar, die 8! Die muss dabei sein! Ja, die 24 auch, weil er doch am liebsten jeden Tag Weihnachten feiern würde! Mein Gedächtnis ist doch nicht nur ein Sieb!«

Jetzt fehlte nur noch eine Zahl. »Hast du's bald? Wir schließen jetzt!« kam es hinter der Theke vor.

»Ja, bin gleich so weit, eine Minu ...«

»Na sicher die 1!« Freudig machte Oskar sein letztes Kreuz. Dann schob er den Zettel samt Geldschein über den Tresen. Die Lottomaschine machte dreimal laut »Knack« und schon hielt er seinen Zettel wieder in der Hand. Überglücklich lief er nach Hause zurück.

An der Wohnungstür wartete schon seine Schwester Sabine auf ihn (die, auf die immer Verlass ist). »Psst«, sagte Sabine, »sei leise und komm mit!« Auf Zehenspitzen folgte Oskar ihr ins Kinderzimmer. Da standen ein Blumenstrauß und ein großes Paket. »Für wen ist denn das?«, fragte Oskar seine Schwester. »Na, du hast es mal wieder vergessen, wie? Mami hat doch morgen Geburtstag! Du musst noch auf der Karte unterschreiben!«

Am liebsten wäre Oskar auf der Stelle im Boden versunken. Heute war nämlich der 25.! Also hatte er die falsche Zahl angekreuzt, und gerade bei der war er so sicher gewesen!

Oskar lag fast die ganze Nacht lang wach und konnte nicht einschlafen. Am nächsten Morgen hatte er ausgesprochen schlechte Laune, nicht mal der Geburtstagskuchen wollte ihm schmecken.

»Noch ein paar Stunden und dann kam die Lottoziehung. Au weia! Vielleicht hätte ich es Papa doch erzählen sollen. Aber wahrscheinlich kommen ja sowieso wieder ganz andere Zahlen und dann meckert keiner mit mir.«

Oskar dachte den ganzen Tag an nichts anderes. Und dann war es zu spät: »Die Lottoziehung kommt. Los mach den Fernseher an!«

Oskar mochte nicht zusehen, er versteckte sich im Badezimmer. Aus dem Wohnzimmer drangen die Stimmen der anderen zu ihm: »Ja!«, »Das ist unsere!«, »Die auch, super!«, »Noch eine, das kann doch nicht wahr sein!«, »Schaut euch das an, wir werden gewinnen!«, »Schade, die stimmt nicht. Aber den ganz großen Gewinn...« Der Jubel war nur ein kleiner, aber jeder überlegte schon, was er sich denn wünschen könnte. »Wo ist eigentlich Oskar? Der hat den Schein noch!«

»Au Backe«, dachte Oskar, »jetzt kommt's.« »Da bist du ja!« Seine Mutter stand in der Badezimmertür. »Wo hast du den Lottoschein?« Umständlich kramte Oskar den Zettel aus seiner Hosentasche. »Das gibt es nicht! Wo ist der Bengel?«, hörte er seinen Vater schreien. »Jetzt hat er's gemerkt!« Sabine kam ins Bad und zerrte ihn ins Wohnzimmer. Doch statt mit ihm lauthals zu schimpfen, umarmte ihn sein Vater und sagte: »Toll gemacht. Wir haben sechs Richtige!«

»Vergiss-Mein-Nicht«-Kärtchen

Vergiss-
Mein-Nicht

Vergiss-
Mein-Nicht

Vergiss-
Mein-Nicht

Vergiss-
Mein-Nicht

Vergiss-
Mein-Nicht

Vergiss-
Mein-Nicht

Vergiss-
Mein-Nicht

Vergiss-
Mein-Nicht

Vergiss-
Mein-Nicht

Vergiss-
Mein-Nicht

Kreuzworträtsel

Kennst du die richtigen Begriffe? (Nicht ganz einfach!!)

1	2	3		5	
			4		6

Trage die Lösungsworte senkrecht ein! (ä wird in ein Kästchen geschrieben!)

1. Jemand, der sich alles traut und das ohne viel Nachdenken tut, nennt man einen …
2. Wenn die Sonne aufgeht, sieht man manchmal eine Farbe, das ist das …
3. Wenn zwei Menschen sich »Auf Wiedersehen« sagen, nehmen sie … voneinander.
4. Wer nicht lügt, ist …
5. So nennt man die »Knochen« eines Fisches
6. Wer Tiere ganz besonders mag, ist …

Jetzt musst du deine Lösung nur noch genau anschauen! In einer Zeile findest du das Lösungswort, das dir sagt, wie das nächste Thema lautet!

Übrigens: ROBERT ist nicht das Lösungswort!!

Viel Spaß!

Bitte vor dem Kopieren abdecken

Vorsichtshalber mal die Lösung:

1	2	3		5	
D	M	A	4	G	6
R	O	B	E	R	T
A	R	S	H	Ä	I
U	G	C	R	T	E
F	E	H	L	E	R
G	N	I	I	N	L
Ä	R	E	C		I
N	O	D	H		E
G	T				B
E					
R					

M 42

Mein (komischer) Fehler

Mein (komischer) Fehler:	Mein (komischer) Fehler:
Mein (komischer) Fehler:	Mein (komischer) Fehler:
Mein (komischer) Fehler:	Mein (komischer) Fehler:
Mein (komischer) Fehler:	Mein (komischer) Fehler:
Mein (komischer) Fehler:	Mein (komischer) Fehler:

Pärchen im Quadrat

Aufgabe:

Hier sind einige Pärchen durcheinander geraten.
Versuche, im Gewirr jeweils die zwei Teile eines Paares zu finden und markiere sie mit einer Farbe!

Lehrer	falsch		schlecht	Füller	
	laut	Gretel	Lineal	Stute	groß
Tag	klein	Schüler		Hänsel	
leise	Bleistift		Mutter	richtig	
Zirkel	Spitzer	Nacht	nein		gut
	Tinte	ja	Hengst		Vater

Lernplatz
=
Wohlfühlplatz

Lernplatz
=
Wohlfühlplatz

Lernplatz
=
Wohlfühlplatz

Lernplatz
=
Wohlfühlplatz

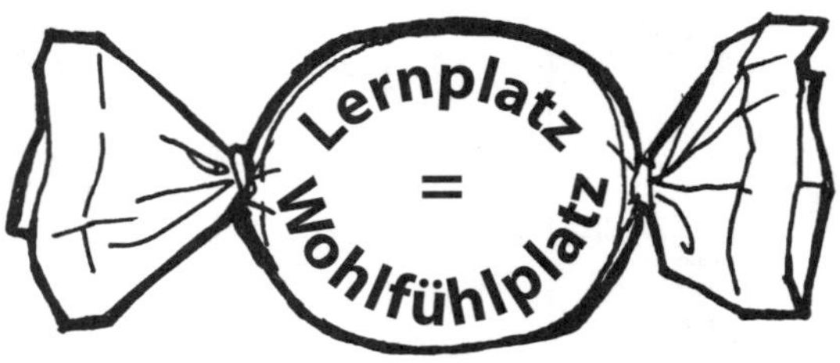
Lernplatz
=
Wohlfühlplatz

Lernplatz
=
Wohlfühlplatz

Lernplatz
=
Wohlfühlplatz

Lernplatz
=
Wohlfühlplatz

Lernplatz
=
Wohlfühlplatz

Lernplatz
=
Wohlfühlplatz

Lernplatz
=
Wohlfühlplatz

Lernplatz
=
Wohlfühlplatz

Einheit 6: Merken 2

Vorbemerkungen

Nachdem in der ersten Einheit zu den Merktechniken das bildhafte Vorstellungsvermögen beim Lernen eine zentrale Rolle gespielt hat, werden in dieser Einheit Techniken eingeführt, bei der die Kinder mit Wortkarten und Karteikarten arbeiten. Lernlisten (etwa Wortpaarlisten im sprachlichen Bereich) werden in der Grundschule immer wichtiger.

Wie die Grafik zeigt, können diese Listen auf zwei Arten methodisch aufbereitet werden. Auf der einen Seite finden sich die Wortkarten, auf denen nur jeweils ein Wort steht und auf der anderen Seite die Karteikarten, auf denen sich beide Begriffe des Wortpaares befinden. Mit den Wortkarten kann die Zuordnung durch Anordnungsspiele u.ä. den Schülern nahegebracht werden, die Karteikarten beinhalten das Wissen um diese gegenseitige Zuordnung schon. Beide Spielarten sind miteinander eng verwandt und es ist unerlässlich, dass sie in der weiteren Verwendung zu Bausteinen werden, die das vernetzte Denken und Arbeiten der Kinder fördern.

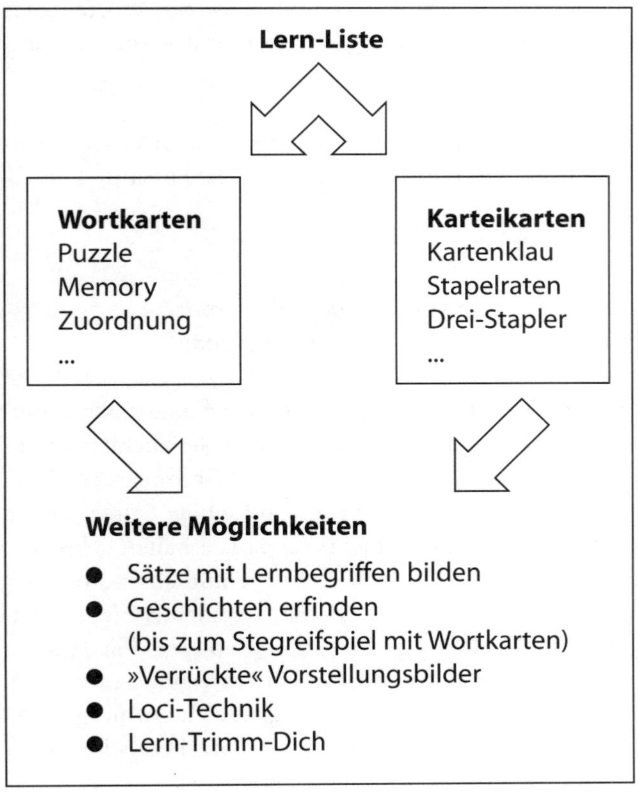

Die Karteikarten können dazu benutzt werden, mit den darauf befindlichen Lerninhalten zu spielen und diese untereinander zu verbinden. Bei Vokabelkarten kann dies etwa durch den Auftrag geschehen, zu mehreren ausgegebenen Karten eine Geschichte zu erfinden, in der die deutschen Begriffe vorkommen. In Klammern werden hinter die deutschen Wörter dann die englischen oder französischen Übersetzungen eingetragen. Die weiteren in der Abbildung genannten Anwendungen finden Sie in dieser Einheit oder in der Einheit »Merken 3« (S. 121).

Auf weiterführende Lerntechniken bei der Arbeit mit Vokabelkarten (etwa die Vokabellernmaschine, siehe Schmidt-Hartmann 1994) haben wir bewusst verzichtet, da sie uns nicht altersgemäß erscheinen. Für die hier durchgeführte Einführung reicht eine Dreiteilung der Karten (zu bearbeiten = aktuelle Arbeit; korrekt bearbeitet = fertig; falsch bearbeitet = nochmal wiederholen) völlig aus (s. S. 90).

Idee und Inhalt

In dieser Einheit wird den Kindern zuerst der Anfang einer Geschichte vorgelesen. Lernpaare sind in diesem Fall die Namen und zugehörigen Charakteristika von Figuren, die in der Geschichte vorkommen. Anhand dieser Liste werden verschiedene Möglichkeiten vorgestellt, wie Lernlisten gelernt werden können (in diesem Abschnitt werden Wortkarten benutzt). Beginnend mit einer Sortieraufgabe wird zu einem Puzzle und schließlich zu einem Memory übergeleitet. Der erste Abschnitt wird mit dem Vorlesen des zweiten Teils der Geschichte abgeschlossen.

Den größeren Teil dieser Einheit nimmt die Einführung von und das Lernen, Spielen und Arbeiten mit Karteikarten ein. Ein Wendespiel, eine Quartett-Variante und ein bewegtes Durcharbeiten des Kartenstapels bringen den Kindern die Karteikarten eher als Spiel denn als Lernmittel nahe. Zum Abschluss wird gemeinsam zusammengestellt, was man alles mit Karteikarten anfangen kann.

Die Hausaufgabe besteht darin, mindestens eine der Methoden mit Lerninhalten aus dem Schulalltag auszuprobieren und eine Karte für einen gemeinsamen Karteikarten-Zoo zu erstellen. Die Stunde endet mit dem Karteikartenweitwurf.

Ablauf in Kurzform

- Besprechung der Hausaufgaben
- Spiel zur Gruppenbildung: Reißverschlussworte
- »Garomags Abenteuer – das Silberkraut« – erster Leseabschnitt und Sortieraufgabe
- Sortierspiel: Die Liste wichtiger Figuren
- Spielesammlung
- Figuren-Memory
- Abschluss der Geschichte
- Pause: Der kleine Adler
- Einführung der Karteikarten
- Flickenteppich
- Kartenklau
- 3-Felder-Lernen
- Konzentrationsübung: Taxispiel
- Kleiner Fremdworttest
- Zusammenfassung
- Hausaufgaben und Zookarten
- Karteikartenweitwurf

Ablauf der Einheit

Besprechung der Hausaufgaben

Zügig werden die zusammengehörigen Wörter und Bilder aus »Pärchen im Quadrat« genannt. Anhand der TLP-Folie ist dies leicht möglich und die Kinder können aufgefordert werden, ihre Paare auf der Folie zu zeigen. Nach dieser ersten Arbeit erklären Sie den Kindern, dass sie sich in der Stunde mit Lernpaaren beschäftigen werden. Da in der nächsten Phase in Gruppen gearbeitet werden soll, wird nun mit einem kleinen Spiel die Gruppeneinteilung vorgenommen.

Reißverschlussworte – Spiel zur Gruppenbildung

Für dieses Spiel wurden Worte so halbiert, daß jeder zweite Buchstabe »herausfällt« (siehe Abbildung). Die Aufgabe der Kinder ist es, diese beiden Teile wieder passend zusammenzusetzen. Zuerst wird ein Beispiel besprochen. Hierfür haben Sie die beiden Hälften von »Eisenbahn« auf zwei große Zettel geschrieben und hängen diese direkt untereinander an die Tafel. Erraten die Kinder das Wort nicht, verschieben Sie die untere Hälfte nach rechts, sodass die Buchstaben (= Zähnchen) ineinandergreifen können. Zieht man diesen Reißverschluss zu, ergibt sich das gesuchte Wort.

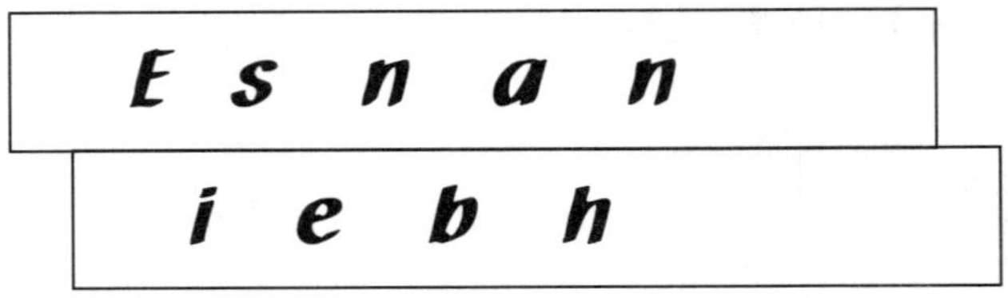

Wenn dieses Prinzip den Schülern klar ist, erhält jedes Kind eine Karte (= Worthälfte) der Kopiervorlage (M45). Durch gegenseitiges Vergleichen und Ausprobieren finden sich Schülerpaare, welche für die folgende Aufgabe zusammenbleiben sollen. Dann müssen sich diese Paare auf die Suche nach ihrem Partnerpaar begeben, da jeweils zwei Reißverschlusswörter zusammengehören (etwa Eisenbahn und Lokomotive). Auf diese Weise finden sich die Vierergrüppchen. In der Kopiervorlage befinden sich die zusammengehörigen Wortpaare direkt untereinander (z.B. Lesebuch, Buchstabe).

Auch bei dieser Aufgabe bieten sich unterschiedliche Lösungs- und Suchstrategien an, die Sie im Vorfeld jedoch nicht nennen sollten. Beispielsweise könnte der große Anfangsbuchstabe dazu dienen, die möglichen Partnerkärtchen auszuwählen.

Tipp: Die Kinder können die Zettel auch übereinanderlegen und an ein Fenster halten, um zu sehen, ob sie den richtigen Partner gefunden haben. (Statt die Vorlage zu kopieren könnten Sie die Wörter auch auf Pergamentpapier schreiben und so die Suchstrategie schon vorgeben.)

Mit der folgenden Geschichte, die Sie den Kindern vorlesen, werden die Wortkarten als Lernhilfsmittel eingeführt.

»Garomags Abenteuer – das Silberkraut« – erster Leseabschnitt und Sortieraufgabe

Sie erzählen den Kindern, dass Sie ein altes Buch gefunden hätten, in dem viele spannende Geschichten zu finden seien, die von den Abenteuern Garomags erzählen. Leider sei das Buch sehr alt und einige Seiten fehlten auch, doch eine Geschichte sei ganz erhalten geblieben. Fordern Sie die Kinder auf, sich gemütlich und bequem hinzusetzen und lesen Sie die Geschichte (siehe M54) bis zur Markierung vor. Alle wichtigen Figuren der Erzählung werden vor dieser Unterbrechung eingeführt, sodass die Kinder die nun folgende Zuordnungs- und Sortieraufgabe zumindest im Ansatz bearbeiten können.

Sortierspiel: Die Liste wichtiger Figuren

Sie erklären den Schülern, dass es wichtig sei, die Figuren und ihre Namen zu kennen. Um diese zu lernen, haben Sie für jede Gruppe eine Personenliste (M46) auf dickeres Papier kopiert (oder laminiert) und zu Wortkarten zerschnitten (z.B. Karte 1 = »Ortel« und Karte 2 = »Garomags faules und störrisches Pferd«).

Die Aufgabe der Gruppen besteht nun darin, die Namen und Eigenschaften korrekt zusammenzustellen. Jede Gruppe sollte die Kärtchen mindestens einmal sortiert haben, die schnelleren Gruppen mischen die Karten einfach nochmals und sortieren die Liste ein zweites Mal.

Es kann natürlich nicht erwartet werden, dass die Schüler jetzt schon für alle Paare wissen, welche zusammengehören. Daher wurde den Namen und Erklärungen jeweils eine Zahl beigefügt. Anhand dieser Kontrollzahlen können die Kinder ihr Ergebnis selbstständig überprüfen. Zur Kontrolle müssen nur die beiden Zahlen des Paares addiert werden. Wenn die Summe 50 beträgt, gehören die beiden Wortkarten zusammen. Diese Kontrollmöglichkeit sollten Sie den Kindern jedoch erst recht spät verraten, wenn sie die Paare, an die sie sich noch erinnern, schon zusammengelegt haben.

Spielesammlung

Haben Sie diese Übung abgeschlossen, fragen Sie die Schüler nach Ideen, was man mit den Karten noch alles spielen könnte. »Was könnte man mit diesen Kärtchen noch machen, fällt euch ein Spiel ein?« Wenn den Kindern unerwarteterweise Memory nicht als Möglichkeit einfällt, bringen Sie diese Variante ins Spiel und notieren alle Vorschläge an der Tafel.

Der Reiz dieser offenen Frage liegt darin, den Kindern die Möglichkeit zu geben, eigene Ideen einzubringen und ihnen vorzuführen, dass zu Beginn jede Idee erlaubt ist und man sich dann überlegen muss, ob es sich um eine durchführbare und damit gute Idee handelt. Sie sollten vorgeschlagene Ideen aufnehmen und ausprobieren lassen. Eine nur mündliche Einordnung oder Ablehnung sollte nicht stattfinden, da ein zentrales Lernziel der AG darin besteht, den Kindern ein eigenes Spielen und Ausprobieren von Möglichkeiten nahezubringen und eine Bewertung durch die Kinder nur aufgrund eigener Erfahrungen erfolgen kann.

Nach dem Brainstorming und Testen der Kinder wird das Memory in den 4er-Gruppen ausprobiert.

Figuren-Memory

Jede Gruppe hat 16 Karten, die in einem 4 x 4-Raster ausgelegt werden. Die Spielregeln sind bekannt, eine besondere Regel ist die, dass Schüler, die ein Paar gefunden haben, nicht noch einmal ziehen dürfen. Damit wird eine zu starke und schnelle Häufung von Paaren bei einzelnen Schülern vermieden.

Auch bei dieser Spielrunde ist die langsamste Gruppe Maß des Tempos. Erst wenn sie das Spiel einmal vollständig ausprobieren konnte, wird die Runde abgebrochen.

Nachdem Sie die Karten eingesammelt haben, wiederholen Sie mit den Schülern die bisherigen Schritte: Sortieren, eigene Ideen, Memory und fragen die Schüler nach Möglichkeiten, diese in ihrem Schulalltag einzusetzen. Auch diese Antworten werden von Ihnen an der Tafel zu den Arbeitsideen der Kinder notiert.

Nach diesen Varianten für den Umgang mit Wortkarten schließen sie diese Phase ab, indem Sie den Kindern den Schluss von »Garomags Abenteuer – das Silberkraut« vorlesen.

Abschluss der Geschichte

Wenn Sie die Geschichte fertig gelesen haben, sollten Sie kurz bei der Erzählung verweilen und die Kinder den Inhalt wiedergeben lassen. Möglicherweise aufgetretene Verständnisprobleme sollten Sie ausräumen.

Einige der Schüler werden sicher fragen, was mit bestimmten Personen aus dem ersten Teil der Geschichte weiter geschehen wird oder welche anderen Abenteuer Garomag erlebt. Hier können Sie auf die Figuren-Liste als Gedächtnisstütze verweisen und die Kinder ermutigen, sich weitere Abenteuer mit diesen Figuren selbst zu Hause auszudenken.

Pause: Der kleine Adler

Dies ist eine Mischung aus Bewegungs- und Fantasiespiel, Elemente des Gleichgewichtstrainings werden mit Elementen der Fantasiereisen verbunden. Zuerst werden die Schüler aufgefordert ihre Sitzplätze zu verlassen und sich so hinzustellen, dass sie die Arme ausstrecken können, ohne andere Kinder zu berühren. Mit einer kurzen Geschichte werden sie in die Anfangssituation eingeführt: »Wir sind nun alle kleine Adler, die am Rand des Horsts stehen und gleich zu einem Ausflug losfliegen werden.« Während des von Ihnen vorgetragenen Texts führen Sie Bewegungen aus, welche die Schüler nachahmen sollen.

Gesprochener Text	Bewegung (Vorschlag)
Die Sonne wärmt uns den Rücken und wir schütteln unsere Flügel, um uns zu lockern.	Die Schultern kreisen nach vorne und hinten, dann werden die Arme seitlich ausgestreckt und ausgeschüttelt.
Mit einem leichten Sprung fliegen wir nun los.	Während die Arme auf und nieder schlagen, hebt sich ein Bein.
Über dem Horst machen wir eine weite Rechtskurve im Aufwind.	Die Arme bleiben ausgestreckt, der rechte Arm etwas weiter nach unten als der linke Arm, der Oberkörper beugt sich leicht nach rechts.
Unter uns sehen wir den Horst und die kleiner werdenden Bäume.	Kopf schaut nach unten, die Arme bleiben ausgestreckt im Segeln.
Wir segeln nun ein Stück ins Tal hinein und sehen auf einer Wiese einen Hasen sitzen.	Die Arme führen ein paar Flügelschläge aus und dann wird der Kopf vorgestreckt.
Da wir hungrig sind, peilen wir den Hasen an und versuchen ihn im Sturzflug zu erwischen, doch der Hase verschwindet im Gebüsch.	Ein kurzes Flattern der Arme, dann werden sie seitlich nach hinten ausgestreckt und mit einem Aufstampfen des hochgehaltenen Fußes wird gelandet.
Etwas enttäuscht gucken wir uns die Wiese an, den gelb blühenden Löwenzahn und die hoch stehenden grünen Kräuter.	Unsicherers Hin- und Hertappen mit angelegten Flügeln.
Wir starten wieder und fliegen weiter	Die Arme schlagen wieder und mit einem kleinen Hopser wird auf ein Bein gesprungen.
In einiger Entfernung sehen wir einen Campingbus stehen und fliegen näher.	Ein paar Flügelschläge ausführen.
Eine Menschenfamilie bereitet das Mittagessen vor, die Schnitzel liegen auf dem Tisch und die Menschen stehen abseits um den Grill herum.	Die Arme leicht schräg halten, wir kreisen über der Szene.
Schnell stürzen wir hinunter und schnappen uns ein Schnitzel.	Anlegen der Arme und mit dem angehobenen Bein »zugreifen«, d.h. aufstampfen und wieder hochnehmen.
Empört rufen die Menschen uns hinterher, doch das Schnitzel haben wir sicher in unseren Krallen.	Mit ein paar kräftigen Armbewegungen gewinnen wir an Höhe.
Nun aber zurück nach Hause, langsam werden die Flügel schon müde.	Das Gesicht ist angestrengt verzogen, wir geben ein paar Achs und Puhs von uns.
Wir sehen den Horst schon, doch nun müssen wir gegen den Wind fliegen, was sehr anstrengend ist.	Trotz der hörbaren Anstrengung müssen wir den Armschlag beschleunigen und kräftiger durchziehen.
Endlich sind wir über dem Horst angekommen, wir lassen uns bis kurz über den Horst tragen, dann eine letzte Korrektur, wir landen und können nun das Schnitzel in aller Ruhe genießen.	Kurzes Kreisen über dem Horst, d.h. die Arme bilden eine leichte Schräge, der Oberkörper ist entsprechend geneigt. Kurze heftige Schläge entsprechen dem Rütteln über dem Horst, dann springen wir mit beiden Beinen auf den Boden und lassen die Arme sinken.
Vergnügt schütteln wir unsere Flügel und Beine aus.	Der Oberkörper neigt sich nach vorne, die Arme baumeln locker vor dem Körper. Zurück in aufrechter Haltung werden die Beine ausgeschüttelt. Mit einem Rumpfkreisen endet die kleine Adlerreise.

Sie können verschiedene Flugphasen und Abenteuer, die ein kleiner Adler erleben kann, variieren. Während Sie erzählen, folgen die Bewegungen dem fortlaufenden Geschehen. Die Kinder ahmen ihre Bewegungen nach und lernen schließlich schon während Sie erzählen, die passenden Bewegungen auszuführen. Ermüden die Beine, empfiehlt es sich, zwischendurch das Standbein zu wechseln, dies geschieht durch eine kurzes Umspringen oder eine Zwischenlandung, nach der mit dem anderen Bein wieder gestartet wird.

Einführung der Karteikarten

Nach dieser Entspannungsübung wird in das Thema Karteikarten eingestiegen. Dafür haben wir Fremdwörter und deren Erklärung ausgewählt. Teilen Sie zunächst die Kopien mit den Fremdwortlisten (M47 und M48) aus. Fragen Sie dann die Schüler nach der Möglichkeit, beide Seiten auf einen Zettel zu bekommen. Es liegt nahe, das Blatt zu falten und damit ist das Prinzip der Karteikarten auch anschaulich gefasst.

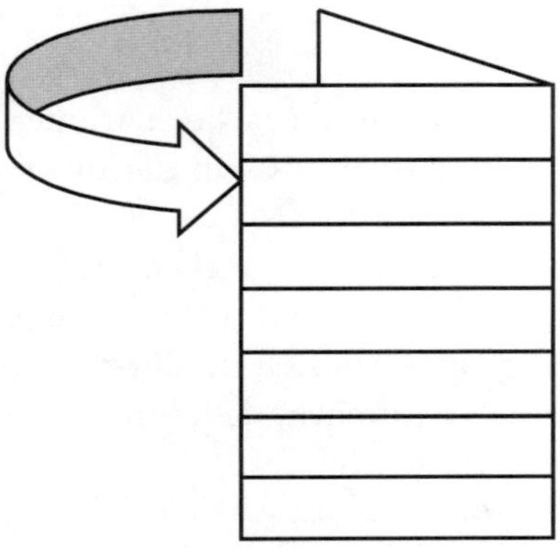

Aufkommende Kritik, dass nun immer nur eine Seite zu lesen sei, ist willkommen, da Sie hier nachhaken und fragen können, für was die kritisierte Eigenschaft auch gut sein könnte (beide Wörter auf einem Zettel). Vorgreifend können Sie das Stapelraten skizzieren.

Jeder Schüler erhält beide Listen, die er in der Mitte knicken und dann zusammenkleben soll, sodass die Wortpaare jeweils vorne und hinten stehen. Diese Wortleiste wird von den Schülern zerschnitten, so erhält jeder Schüler 16 Karteikarten.

Den Schülern wird der Begriff **Karteikarte** erklärt (Kartei = Zettelsammlung, Zettelkasten; Anwendungen in Bibliotheken, beim Vokabellernen, ...).

Bevor die angeleiteten Übungen beginnen, fragen Sie die Kinder wie im ersten Abschnitt, was man alles mit den Karteikarten machen könnte. Die Vorschläge werden an der Tafel notiert und ausprobiert. Mit der Wendung die Karteikarten zum Spielball der eigenen Fantasie zu machen und immer neue Spiele zu erfinden, zeigt sich ein herausragender Vorteil der »eigenen und echten« Karteikarten gegenüber Computerprogrammen, die mit virtuellen Karteikarten arbeiten. Diese Programme stellen teilweise sehr nette Spielmöglichkeiten zur Verfügung, doch ist die Möglichkeit der Selbstproduktion für die Kinder nicht gegeben. Abgesehen davon ist es sehr viel leichter einen kleinen Stapel Karteikarten mit auf eine Reise oder an den Strand zu nehmen als einen Computer; außerdem ist der Computer derzeit noch ein Luxuslernmittel, welches nur einem Teil der Kinder zur Verfügung steht.

Varianten

Anhand von vier zusätzlichen Varianten üben Sie mit den Schülern den Umgang mit den Karteikarten:

Stapelraten (allein)

Nachdem der Stapel gemischt wurde, versuchen die Schüler jeweils die Erklärung für das oben auf dem Stapel lesbare Fremdwort zu nennen. Zuerst sollte noch darauf geachtet werden, dass im Stapel alle Fremdwörter auf der Kartenoberseite zu lesen sind, dann kann auch die Erklärung obenauf liegen und schließlich können die Karten mit beliebiger Seite nach oben durchgelernt werden. Nachdem die Kinder ihre Antwort abgegeben haben, kontrollieren sie diese indem die Karte umgedreht wird. Dann wandert die Karte unter den Stapel und die nächste Karte wird bearbeitet.

3-Felder-Lernen

Dies ist eine weitere Variante des Stapelratens, die wie beim Flickenteppich eine intensive Wiederholung noch nicht gekonnter Karten verlangt: Vom Lernstapel wird die oberste Karte genommen und auf den Tisch gelegt. Wird die korrekte Antwort gegeben, wandert die Karte auf den »Ok«-Stapel, ist die Antwort falsch auf den »Nochmal«-Stapel – so lange, bis der »Lern«-Stapel leer ist, dann wird der »Nochmal«-Stapel gemischt und zum neuen »Lern«-Stapel. Um die Kartenstapel zu unterscheiden, können zwei Zettel (»Ok«, »Nochmal«) geschrieben und die Stapel damit markiert werden.

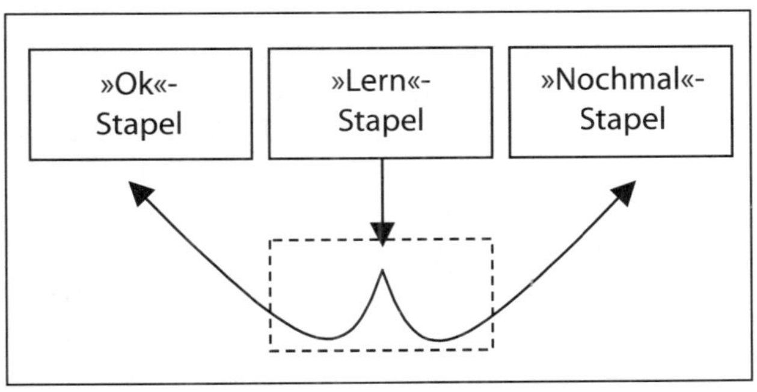

Spielvariante: Rüsselino
Statt mit der Hand werden die Karten mit einem dicken Strohhalm, dem Rüssel, den Sie den Kindern ausgegeben haben, angesaugt und »transportiert.« Der weitere Verlauf entspricht oben genanntem.

Bevor Sie mit den Schülern den abschließenden »Fremdworttest« machen, führen Sie eine spielerische Konzentrationsübung durch.

Der Flickenteppich (allein oder Partnerübung)

Beim Flickenteppich handelt es sich um ein Auslegen der Karteikarten wie im Memory (hier 4x4-Basis). Lesbar sollen zuerst die Seiten sein, auf denen die Fremdworte stehen (weitere Anordnungen s.o.). Die Aufgabe ist nun, diese in beliebiger Bearbeitungsreihenfolge zu »übersetzen«. Richtige Antworten werden aus dem Teppich genommen und neben das Spielfeld gelegt. Bei einer falschen Antwort wird die Karte umgedreht wieder hingelegt. Dies wird wiederholt, bis alle Karten auf dem Zielstapel liegen. Als wichtige Regel gilt, dass die Schüler eine umgedrehte Karte erst wieder bearbeiten dürfen, wenn alle anderen noch offenen Karten durchlaufen wurden (offen meint hier: alle in dieser Runde noch nicht gewendeten).

Gegenüber dem Stapelraten ist beim Flickenteppich gewährleistet, dass schwierige Karten intensiver bearbeitet werden als einfache. Ein weiterer Unterschied liegt darin, dass die Kinder selbst entscheiden können, mit welcher Karte sie fortfahren möchten, eine strikte Reihenfolge wie im Stapelraten existiert nicht.

Als Partnerübung hat jeder Mitspieler abwechselnd jeweils nur eine Chance, ist die Karte richtig bearbeitet, so darf der Spieler sie behalten, war die Antwort falsch, so wird die Karte umgedreht und verbleibt auf dem Spielfeld. Da auch in der Partnervariante obige Regel gilt, muss jeweils eine Karte gewählt werden, die in den letzten Zügen noch nicht bearbeitet wurde.

Kartenklau (zwei Spieler)

Sind die Schüler mit dieser Vorgehensweise vertraut, wird »Kartenklau« erklärt. Beide Spieler mischen ihren Kartenstapel bis einer »Stopp« ruft. Derjenige mit den längeren Haaren muss anfangen (= Spieler 1) und nennt das Wort, welches vorne auf der Karte steht. Kann der Mitspieler (=Spieler 2) das Wort richtig erklären, erhält er die Karte von Spieler 1 und steckt sie hinter seinen Stapel. Spieler 1 muss die nun in seinem Stapel vorne befindliche Karte vorlesen und Spieler 2 hat wiederum das Recht zu antworten. Dies geht so lange, bis Spieler 2 nicht korrekt antwortet, dann muss Spieler 2 seine erste Karte vorlesen und Spieler 1 hat die Möglichkeit ihm diese abzunehmen, indem er die auf der Kartenrückseite befindliche Übersetzung nennt. Das Spiel ist beendet, wenn einer der Spieler alle Karten auf der Hand hat.

Konzentrationsübung: Taxispiel

Jedes Kind erhält eine Kopie des Spielplans (M50), auf dem der Startpunkt des Taxis eingezeichnet ist. Auf dem Plan ist ein Straßennetz von oben zu sehen, also ein Blick aus der Vogelperspektive (»so sieht der kleine Adler die Straßen von oben«). Entsprechend den Anweisungen der Spielleiterin sollen die Kinder den Weg des Taxis im Straßennetz mit einem farbigen Stift nachzeichnen. Anweisungen sind immer bis zur nächsten Kreuzung gültig. Für das Taxispiel gibt es drei Schwierigkeitsstufen:

1. Die Anweisungen bestehen nur aus hoch, runter, rechts und links und die Kinder müssen nur diesen folgen.
2. Die Anweisungen werden wie in 1. gegeben, sie gelten jedoch immer bezogen auf die Fahrtrichtung des Taxis. Um dies nachzuvollziehen, dürfen die Kinder das Blatt jeweils so drehen, dass ihre Blickrichtung der des Taxis entspricht.
3. Auf dieser Stufe ist wie in 2. die Taxiausrichtung entscheidend, nun ist es den Schülern aber verboten, das Blatt zu drehen. Fährt das Taxi gerade nach unten und lautet die Anweisung »wir biegen nun nach rechts ab«, so müssen die Schüler einen Strich nach links zeichnen.

Wählen Sie eine Schwierigkeitsstufe, die der Schülergruppe entspricht und erklären Sie die Spielregeln anhand der Folienvorlage. Zur Übung ist es sinnvoll eine kleine Schleife »zu fahren«, d.h. in wenigen Schritten zum Ausgangspunkt zurückzufahren und das Ergebnis zu vergleichen. Während Sie die Anweisungen geben zeichnen Sie den Weg mit einem abwischbaren Folienstift auf der Folie nach, ohne dass die Schüler dies beobachten können.

Eine erste Runde könnte folgendermaßen aussehen: »Das Taxi fährt geradeaus bis zur nächsten Kreuzung. Dort biegen wir links ab. An der nächsten Kreuzung fahren wir geradeaus. Nun biegen wir links ab. An der erreichten Kreuzung biegen wir nochmals links ab. An der folgenden Kreuzung geht es geradeaus. – Wo sind wir angekommen?«

Für einen schnellen Vergleich müssen Sie nur den TLP einschalten und die Schüler können ihr Ergebnis selbst verbessern. Die Schüler bestreiten jede neue »Runde« mit einer neuen Farbe, um die Orientierung auf dem Blatt zu erleichtern. Wie lange die Strecke wird, bis Sie unterbrechen, um die Ergebnisse vergleichen zu können, hängt von der Klasse und dem Schwierigkeitsgrad ab.

Kleiner »Fremdworttest«

Die Probierphase wird mit einem kleinen Test abgeschlossen. Jeder Schüler erhält von Ihnen eine Kopie des Testbogens (M49), auf dem er zu einem Fremdwort die richtige Erklärung finden muss. Um die Bearbeitungszeit kurz zu halten haben wir diesen Test als Multiple-Choice-Test gestaltet. Zur Kontrolle werden die Testbögen zwischen Nachbarn ausgetauscht und anhand der Lösungsfolie korrigiert. Mit der Frage, wer nun mehr der Wörter kennen würde als vor der gemeinsamen Einheit bzw. wer mehr als 10 Richtige im Test hatte, beenden Sie die Probierphase.

Zusammenfassung

Nach dem Spiel werden die Ergebnisse der Arbeit zusammengestellt. Sie klappen die Tafeln mit den Ideen der Kinder auf und teilen dann die beiden Zettel zum Gebrauch der Karteikarten (M52 und M53) aus. Die Zettel werden gemeinsam laut gelesen und Fragen der Kinder werden geklärt. Dann überlegen Sie mit den Schülern, welche Ideen von der Tafel noch auf den Zetteln fehlen und dort nachgetragen werden müssen. Auf der Vorderseite des ersten Blattes (M52) ist für diesen Zweck Raum gelassen worden.

Schließlich soll jedes Kind die Spielidee mit einem Buntstift anstreichen, die ihm am besten gefallen hat.

Hausaufgaben und Zookarten

Damit das Ausprobierte auch im Alltag angewendet werden kann, erhalten die Kinder jeweils *10 Karteikärtchen* mit der Aufgabe, diese zum Lernen von Schulstoff zu benutzen. Am Anfang der Folgestunde werden die Erfahrungen mit den Karteikarten dann besprochen. Um die Kinder schon zur Bewertung des Ausprobierten anzuhalten, erhalten sie jeweils einen Ausprobierzettel (M51), auf dem sie die ausprobierten Methoden benoten können. Dieses Blatt ist dann auch Grundlage für die gemeinsame Besprechung.

Für die zweite Aufgabe lassen Sie die Kinder jeweils eine *Zookarte* ziehen. Das Ergebnis sollte sein, dass eine gemeinsam erstellte Zookartei entsteht, in die die Schüler immer wieder neue Karten einfügen können.

Auf diesen Karten stehen Tiernamen. Die Kinder sollen auf der Rückseite eine Eigenschaft des Tieres eintragen und möglichst ein Bild dazukleben. Für diesen Zweck sollten Sie etwas größere Karteikarten (A6) verwenden. Namen für die Zookarten könnten sein: Kuh, Hund, Katze, Maulwurf, Schwalbe, …

Statt Zookarten können sie auch Pflanzenkarten o.ä. anbieten.

Karteikartenweitwurf

Jedes Kind erhält eine Karteikarte, schreibt seinen Namen darauf und von einer festgelegten Startlinie aus werfen die Kinder nacheinander die Karteikarte so weit wie möglich (Flur oder Hof). Erlauben Sie den Kindern nur auf Nachfrage (!), dass sie mit der Karteikarte machen dürfen, was sie wollen. Zunächst ist die Aufgabe einfach und offen formuliert.

Diese Aufgabe ist dem »Ei des Kolumbus« nachkonstruiert. Wenn eine Lösung bekannt ist, so ist sie trivial, der Schritt aus der eigenen Gedankengebundenheit, ohne ein helfendes Beispiel zu kennen dagegen, ist keineswegs trivial, aber auch lernbar.

Die Schüler werden Sie auch auffordern, am Spiel teilzunehmen. Werfen Sie am Schluss und werfen Sie eine zusammengeknüllte Karteikarte oder falten Sie ein Flugzeug aus der Karteikarte oder drehen Sie eine Art Pfeil aus der Karte …

Nun laden Sie die Kinder zu einer zweiten Runde ein. In dieser werden sich die Kinder genauer überlegen, was sie alles mit der Karteikarte machen können, um sie möglichst weit fliegen, rollen, … zu lassen. Die einzige Bedingung ist die, dass nur die Karteikarte geworfen werden darf, d.h. eingewickelte Steine o.ä. sind nicht erlaubt.

Und ganz am Schluss gibt es natürlich für jeden Schüler noch ein Bonbon (M55)!

Material und Vorbereitung

Grundmaterial

- Scheren, Uhu (evtl. Strohhalme für Rüsselino)
- Beispielkarten für Reißverschlusswörter
- Figuren-Wort-Karten zu Garomags Abenteuer (je Gruppe ein Satz) (M46)
- Lösungs-Folien für Testbogen (M49)
- Folienvorlage für Taxispiel (M50)
- wasserlösliche Folienstifte
- Karteikasten für den Karteikarten-Zoo

Schülermaterial

- Zerschnittene Reißverschlusswörter (Paarzahl = Hälfte der Schülerzahl) (M45)
- Zerschnittene Figuren-Liste (M46)
- Fremdwörterliste (M47 / M48)
- Testbogen (M49)
- Taxispiel (M50)
- Mein Ausprobierzettel (M51)
- Regeln für den Umgang mit Karteikarten und Spielregeln, Spielvarianten (M52 / M53)
- Karteikarten (10 Stück pro Kind/selbst herstellen)
- Zoo-Karteikarten (selbst herstellen)

Varianten

Puzzle

Dies ist eine Variante für den Umgang mit den Wortkarten (Garomags Abenteuer). Die Kinder sollen aus den Figuren-Listen ein Puzzle basteln. Hierfür erhält jedes Kind eine Kopie der Liste. Jedes Kind soll dieses Blatt nun in nicht zu kleine Teile zerschneiden; weisen Sie die Kinder darauf hin, dass sie ihr eigenes Puzzle lösen können müssen. Auf jedes Puzzleteil schreiben die Kinder auf die Rückseite die Initialen ihres Namens. Dies verhindert, dass in der Phase des Puzzelns Teile aus verschiedenen Puzzle-Schnitten vermischt werden und die Aufgabe damit unlösbar wird. Genauso wird verhindert, dass die Kinder zu kleine Teile schneiden (das Puzzle sollte nicht mehr als 25 Teile besitzen).

Zu beachten ist auch, dass die Kinder nicht entlang der Kartenlinien schneiden und sich trauen, quer durch die Worte hindurchzuschneiden. Wenn Sie die Zeit finden, können Sie ein Beispielpuzzle erstellen und anhand dieses Beispiels die Aufgabe erklären.

Hat jedes Kind sein Puzzle geschnitten und markiert, tauschen Banknachbarn ihre Puzzle aus und versuchen es zu lösen. Ist die Lösung richtig (mit Kennzahlen überprüfen), kleben die Kinder das gelöste Puzzle auf ein Blatt Papier. Somit haben sie die Lern-Liste des ersten Abschnitts und zugleich ein abheftbares und fassbares Beispiel für die ausprobierte Lerntechnik.

Tipp: Beim Lösen solcher Puzzle sind Styropor- oder Moosgummiplatten und Stecknadeln zur Fixierung der Teile hilfreich, da ein »Verblasen« des Teilpuzzles nicht möglich ist.

Karteikarten-Tratsch

Hierfür werden verschiedenste Arten des Lesens variiert, sodass über das Durchspielen einiger Möglichkeiten ein Wiederholungseffekt das Lernen unterstützt. Spielarten sind unter anderem: Normales Lesen der Karteikarten (laut, leise, flüstern, brüllend), stehender Vortrag (vor dem Teddy oder dem Spiegel), während eines Spaziergangs durch das eigene Zimmer oder die ganze Wohnung, mit Zahnbürste zwischen den Zähnen, bei geschlossenem Mund etc. Alle Varianten, die Spaß machen, sind erlaubt.

Luftschreiber

Um etwas Bewegung in das Paarlernen zu bringen, werden der Fragebegriff und die Antwort mit dem Zeigefinger oder einem Stock bzw. einem Lineal in die Luft geschrieben. Ist eine Antwort falsch, so muss die richtige Antwort zweimal in die Luft geschrieben werden. Eine andere Möglichkeit ist auch die pantomimische Benutzung einer Spraydose und das »Aufsprühen« der Vokabeln auf die eigene Zimmerwand.

Merkbriefe

Schwierige Karteikarten steckt man in einen Briefumschlag und schickt sich diesen selbst zu. Bevor man ihn öffnet, sollte man sich überlegen, welche Begriffe auf der inliegenden Karte stehen. Weniger aufwendig ist es, diese Merkbriefe Freunden oder Eltern oder auch der Lehrerin zu geben. Nach ein paar Stunden oder am nächsten Tag trifft diese Post dann ein und wird konzentriert gelesen.

Domino

Eine zu lernende Liste wird zerschnitten und die entstandenen Wortkarten werden paarweise hintereinander gelegt. Jetzt werden die zweite und die dritte Karte aneinander geklebt, dann die vierte und die fünfte usw. Zum Schluss wird an die letzte die erste Karte angeklebt. Die »Steine« werden gemischt und der Spieler muss versuchen aus den Teilen einen Kreis zu formen, sodass immer Begriff und Erklärung aneinander stoßen. Die Skizze zeigt dies exemplarisch für 5 Wortpaare.

5	1	1	2	2	3	3	4	4	5

Karteikarten-Mensch-ärgere-dich-nicht

Man braucht ein »Mensch-ärgere-dich-nicht«-Spiel und einen Stapel Karteikarten, die bearbeitet werden sollen. Die Spielregeln gelten wie gewohnt bis auf die Rauswurfregel: kommen zwei Figuren auf das gleiche Feld, kann sich der attackierte Spieler dadurch wehren, dass er die nächsten beiden Karteikarten des Stapels korrekt beantwortet. Gelingt ihm das, muss der Angreifer seine Figur um die gerade gelaufene Punktzahl zurücksetzen.

Ähnlich: **Malefiz mit Karteikarten**. Das Spiel wird bis auf das Wegräumen der Blockadesteine wie das normale Malefiz gespielt. In diesem Spiel dürfen Steine nur dann umgesetzt werden, wenn der Spieler vor dem Stein sitzt (restliche Augen beim Laufen in Richtung Stein verfallen) und die oberste Karteikarte richtig beantworten kann.

Freischwimmer

Die Schüler bilden mit einem vorgegebenen Wort einen Satz, der inhaltlich sinnvoll sein muss! Bei Karteikarten kann die Aufgabe auch enger gefasst werden, d.h. die Aufgabe besteht darin, einen Satz so zu bilden, dass daraus der korrekte Gebrauch (Fremdwort – Erklärung) zu erkennen ist.

Wird diese Aufgabe beherrscht, folgt der nächste Schritt, der dazu dient, die Lerninhalte (= Vokabeln) miteinander zu verknüpfen. Jetzt werden mehrere Begriffe vorgegeben und nun soll eine Geschichte erfunden werden, in der alle Begriffe vorkommen. Je verrückter die dabei entstehende Geschichte ist, desto stärker prägen sich die verwandten Begriffe ein und ihr Gebrauch wird intensiv geübt.

Kopiervorlagen

- Reißverschlusswörter (M45)
- Personenliste zu Garomags Abenteuer (M46)
- Fremdwörterliste 1 und 2 (M47 und M48)
- Kleiner Fremdwort-»Test« (M49)
- Taxispiel (M50)
- Mein Ausprobier-Zettel (M51)
- Karteikarten sind klasse! (M52)
- Lernen, üben und spielen mit Karteikarten (M53)
- Geschichte: »Garomags Abenteuer – das Silberkraut« (M54)
- Bonbon: »Karteikarten sind klasse!« (M55)

M 45

Reißverschlusswörter

L	s	b	c			e	e	u	h	
B	c	s	a	e		u	h	t	b	
V	g	l	e	t		o	e	n	s	
K	c	u	k	e		u	k	c	s	i
F	h	r	d			a	r	a		
M	t	r	a			o	o	r	d	
Z	i	u	g			e	t	n		
R	p	r	e			e	o	t	r	
T	m	t	n	o	e	o	a	e	s	e
S	a	e	t			p	g	t	i	
F	ß	a	l			u	b	l		
E	f	e	e			l	m	t	r	

Personen und Gegenstände aus »Garomags Abenteuer – das Silberkraut«

Nurgies (10)	Die leckersten Brötchen Wiesentals. (40)
Graf Punzel (17)	Der Ritter, der auf Schatzsuche ist. (33)
Garomag (14)	Ein Jäger, der in den Bergen wohnt. (36)
Glupsch (1)	Ein Fernrohr, mit dem man durch Wände sehen kann. (49)
Ortel (2)	Garomags faules und störrisches Pferd. (48)
Murk (7)	Eine dicke Kröte, die davon träumt zum Mond zu fliegen. (43)
Terzi (22)	Die Tochter des Fährenkapitäns. (28)
Barloch (24)	Der Drache, der viel lieber ein Eisbär wäre. (26)

M 47

Fremdwörterliste 1

Eremit	Einsiedler
Fluke	Schwanzflosse der Wale
Lenz	Frühling
Meteorit	Gesteinsbrocken, der durch den Weltraum fliegt
Narkose	Betäubung
Oase	Wasserstelle in der Wüste
Ovation	Begeisterter Beifall
Triathlon	Wettkampf: Schwimmen, Rad fahren und Laufen

Fremdwörterliste 2

Veterinär	Tierarzt
Uvula	Gaumenzäpfchen
Kartei	Zettelsammlung, Zettelkasten
Hangar	Halle für Flugzeuge
Kadi	arabisch: der Richter
Flakon	Fläschchen zur Aufbewahrung von Parfüm
Egoist	Jemand, der nur an sich denkt.
Prognose	Vorhersage

M 49 (F)

Kleiner Fremdwörter-»Test«

Kreuze hinter dem Fremdwort die richtige Erklärung an.
Für das erste Wort ist die richtige Lösung schon angekreuzt: Eremit = Einsiedler.

Eremit	eine Ameise		**Uvula**	Benzinsorte	
	Einsiedler	X		Kaugummi	
	arabisch: der Richter			Gaumenzäpfchen	
	Kunstschmied			Schwanzflosse der Wale	
Fluke	Fenster eines Schiffs		**Kartei**	Bücherei	
	Würstchenbude			Theater	
	Schwanzflosse der Wale			Verkehrsschild	
	Halle für Flugzeuge			Zettelsamlung, Zettelkasten	
Lenz	Frühling		**Hangar**	Halle für Flugzeuge	
	Gaumenzäpfchen			Brot	
	Medikament			Einsiedler	
	Toaster			Hütte	
Narkose	Parfümfläschchen		**Kadi**	großes Zelt	
	eine Blumenart			arabisch: der Richter	
	Betäubung			Auto	
	Sand			Pflaumen	
Meteorit	Rasenmäher		**Flakon**	Pfannkuchen	
	Vorhersage			Fläschchen zur Aufbewahrung von Parfüm.	
	Gemüse			Betäubung	
	Gesteinsbrocken, der durch den Weltraum fliegt.			langer Ballon	
Oase	Theaterstück		**Egoist**	Leiter eines Orchesters	
	Wasserstelle in der Wüste			Anzeige in der Zeitung	
	Jemand, der nur an sich denkt.			Weinsorte	
	Malstifte			Jemand, der nur an sich denkt.	
Triathlon	eine Stadt		**Prognose**	Hosenknopf	
	Kleidungsstück			Vorhersage	
	Schlange			Gesteinsbrocken, der durch den Weltraum fliegt.	
	Wettkampf: Schwimmen, Rad fahren und Laufen.			Nasenoperation	
Ovation	begeisterter Beifall		**Veterinär**	Schuhverkäufer	
	Fieber			Clown	
	Bremse			Tierarzt	
	Kuhmilch			Zettelkasten	

Taxispiel

Taxi
Start

M 51

Mein Ausprobier-Zettel

Name: ______________________

Karteikarten geschrieben ○

Fach: ______________________

Anzahl: ______________________

Ich hab' **Stapelraten** ausprobiert. Das war:

○	○	○	○	○
toll	gut	ok	nicht so gut	blöd

Ich hab' **Flickenteppich** ausprobiert. Das war:

○	○	○	○	○
toll	gut	ok	nicht so gut	blöd

Ich hab' **Kartenklau** ausprobiert. Das war:

○	○	○	○	○
toll	gut	ok	nicht so gut	blöd

Ich hab' **Rüsselino** ausprobiert. Das war:

○	○	○	○	○
toll	gut	ok	nicht so gut	blöd

Ich hab' ein eigenes/ anderes ausprobiert. Es heißt: ______________________

Das war:

○	○	○	○	○
toll	gut	ok	nicht so gut	blöd

Karteikarten sind klasse!

Wie schreibe ich Karteikarten?

vorne	hinten
Wort oder Frage	Erklärung oder Antwort

Zwei Beispiele:

Eins für Mathe

vorne	hinten
$4 \cdot 7$	28

Eins für Deutsch

vorne	hinten
Wortfamilie fahren	er fährt, Fahrrad, gefahren,

Wie bewahre ich sie auf?

Gummi

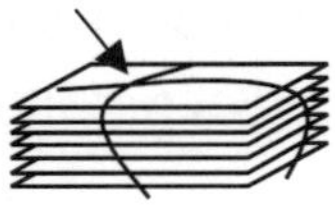

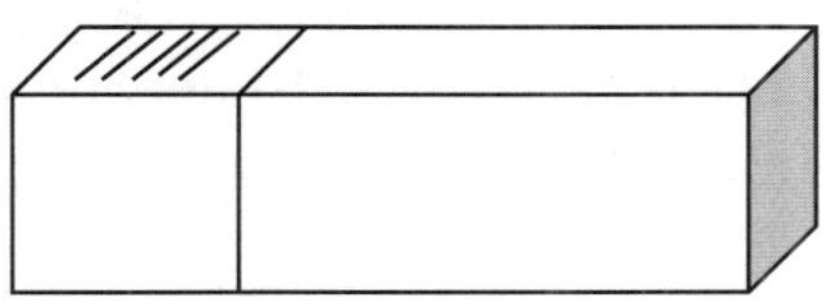

Karteikartengarage

M 53

Lernen, üben und spielen mit Karteikarten

Stapelraten

Du legst den Stapel, den du lernen willst, vor dich hin und nimmst die oberste Karte. Lies das Wort auf der Vorderseite und überlege dir, was als Erklärung oder Übersetzung auf der Rückseite stehen muss. Dann gucke nach und überprüfe deine Antwort. Stecke die Karte unter den Stapel und nimm die nächste Karte. Das machst du, bis du alle Karten beantwortet hast.

Flickenteppich (allein oder zu zweit)

Lege deine Karten in einem Rechteck vor dich hin. Jede Karte bei der du die Antwort richtig weißt, darfst du aus dem Teppich herausnehmen. War deine Antwort nicht richtig, drehst du die Karte um. Dann bearbeitest du zuerst die anderen Karten, bevor du die umgedrehte Karte nochmal versuchen darfst. Du bist fertig, wenn alle Flicken auf dem »richtig-Stapel« liegen. Zu zweit wird abwechselnd je eine Karte bearbeitet. Gewonnen hat derjenige, der am Schluss die meisten Karten in seinem »richtig-Stapel« hat.

Kartenklau (2 Mitspieler)

Jeder der Mitspieler hat einen Stapel Karteikarten in der Hand. Wer anfangen darf wird ausgewürfelt. Spieler 2 muss dann die Vorderseite seiner ersten Karteikarte vorlesen. Kann Spieler 1 das Wort oder die Frage richtig erklären, so bekommt er diese Karte und steckt sie hinter seinen Stapel. Dann muss Spieler 2 seine nächste Karte vorlesen. Dies wiederholt sich, bis Spieler 1 nicht die passende Antwort kennt, dann muss Spieler 1 seine oberste Karte vorlesen. Gewonnen hat der Spieler, der schließlich alle Karten auf der Hand hat.

3-Felder-Lernen

Lege deinen Kartenstapel vor dich hin und lege die erste Karte vor den Stapel. Wenn du die richtige Antwort weißt, legst du die Karte nach links auf den »ok-Stapel«, ansonsten auf den »nochmal-Stapel« nach rechts. Ist der Stapel verbraucht, so wird der »nochmal-Stapel« zum Arbeitsstapel. Du bist fertig, wenn auch im »nochmal-Stapel« keine Karten übrig bleiben.

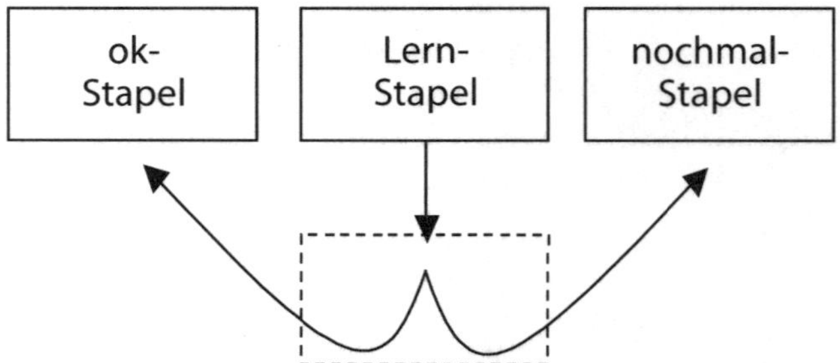

Garamogs Abenteuer – das Silberkraut

Garomag war ein Jäger, der in den Bergen oberhalb Wiesentals in einer Hütte lebte. Er liebte es, durch den Wald zu streifen, dem Rauschen der Bäume zuzuhören und mit seinen Freunden einfach nur in einer Wiese zu liegen und auf einem Kleeblatt zu kauen. Eines Tages war er mit seinem Pferd Ortel unterwegs, um Barloch den Drachen zu besuchen. Eigentlich war Ortel ein zuverlässiges Pferd, doch manchmal war es sehr launisch und auch etwas faul. An diesem Morgen hatte es einer Extraportion Hafer bedurft, um Ortel zum Aufbruch zu bewegen. Garomag hatte es nicht eilig und so störte ihn die Verzögerung durch das zweite Frühstück für Ortel nicht.
Als sie bei Barloch ankamen, hörten sie schon von weitem den Drachen mit der Kröte Murk sprechen. Die beiden unterhielten sich mal wieder über ihre größten Wünsche; Barloch brummelte in seiner rauchigen Stimme und Murk quakelte breit und hoch. Barloch der Drache fühlte sich in seinem Schuppenkleid nicht wohl und wäre viel lieber ein Eisbär, da er gehört hatte, dass Eisbären in kühlen Schneelandschaften wohnen und nach Fisch tauchen können. Da Barloch ein Drache war und Drachen nicht schwimmen können (wer hätte es ihnen auch beibringen können?), fand er die Vorstellung ein Eisbär zu sein einfach toll. Murk, die Kröte dagegen, erzählte mal wieder von ihrem Traum, zum Mond zu fliegen. Sie war überzeugt, dass sie dort sitzen könnte und von oben alle anderen Quaker mit ihrer Stimme übertreffen könnte. Garomag der Jäger fand diese Vorstellung nicht besonders reizvoll, das normale Quaken von Murk konnte schon lästig genug sein.
Als Garomag von Ortel abstieg, beendeten Murk und Barloch ihr Gespräch und fragten Garomag ob er den verrückten Graf Punzel gesehen habe. Der Graf wohnte eigentlich unten im Wiesental, doch seit einiger Zeit war er auf der Suche nach einem Schatz. Ein durchreisender Händler hatte ihm erzählt, dass es in den Bergen einen Schatz gäbe und nun buddelte der Graf überall Löcher, zeichnete Linien und Formen auf seine Landkarte und befragte alle Waldbewohner nach irgendwelchen Hügeln. Abgesehen davon, dass man nun im Wald vor lauter Löchern aufpassen musste, dass man sich den Fuß nicht verstauchte, war der Graf Punzel ein harmloser Kerl. Ein bisschen verrückt war er schon, doch war der Graf Punzel nie unfreundlich und so akzeptierten die Waldbewohner ihn kopfschüttelnd. Die Kröte Murk blinzelte dem Drachen Barloch zu und meinte: »Hast du den Grafen schon mal in deine Höhle gucken lassen?« Der Drache und auch Garomag mussten grinsen, denn sie wussten beide, dass hinten in der Höhle lauter kleine Hügelchen waren, unter denen ein Haufen Gold und sonstiger Plunder begraben lagen. Es war klar, dass der Graf davon nie erfahren würde. Um den Schatz würde es nur Streitereien, Eifersucht und Neid geben und diesen ganzen Ärger konnte man sich auch ersparen, fand der Drache Barloch. Der einzige Gegenstand, den sie ab und zu herausholten, war das Zauberfernrohr Glupsch. Mit Glupsch konnte man durch Wände sehen, was ganz besonders dann praktisch war, wenn die Zwerge eine ihrer Theateraufführungen hatten und sie durch die Felswand bei dem Spektakel zuschauen konnten. Zum Spaß holte Garomag das Zauberfernglas Glupsch nun heraus und polierte es. Glupsch sah aus wie eine lange silberne Röhre mit zwei farbigen Glasscheiben vorne und hinten. Aus einer Satteltasche holte Garomag noch ein paar Nurgies und gemeinsam kauten die drei auf den Brötchen herum. Schweigend genossen sie die Nurgies, das sind Brötchen, von denen erzählt wurde, dass es die besten seien, die im ganzen Wiesental zu bekommen sind. Nun schaute Garomag durch Glupsch. Die Baumstämme sahen nun so aus, als seien sie aus hellgrünem Glas, Garomag konnte den ganzen Wald überblicken. So entdeckte Garomag ein Mädchen, das etwas entfernt durch den Wald lief. Ihr Gesicht zeigte, dass sie nach etwas suchte oder herumirrte, immer wieder drehte sie sich in eine andere Richtung, hob tiefhängende Zweige hoch und wechselte andauernd ihren Weg. »Ich gehe nach dem Mädchen gucken, vielleicht kann ich ihr weiterhelfen«, sagte Garomag. »Gib mir das Fernglas auch einmal«, sagte Murk und hielt sich das Rohr vor ein Auge. »Das ist Terzi, die Tochter des Kapitäns der Flussfähre. Was macht die den so weit oben im Wald?« Der Name Terzi war Garomag bekannt. Sie war die Tochter des alten Flussschiffers und sie war bekannt für ihre Heilkräutersammlung.
Garomag machte sich auf den Weg.

PAUSE

(Das Ende der Geschichte)

Nach einer halben Stunde erreichte er Terzi, die gerade hinter einem Brombeerbusch hervorkam. »Hallo Terzi, Tochter des Flussschiffers, ich bin Garomag der Jäger, du siehst aus, als würdest du etwas suchen, kann ich dir helfen?«
Erfreut blickte Terzi Garomag an und fast flüsternd erzählte sie, dass sie auf der Suche nach Silberkraut sei, das in dieser Jahreszeit nur an sehr schattigen und trockenen Orten zu finden sei. Im Tal seien alle Plätze, die sie kannte, leer und sie bräuchte das Kraut für einen kleinen Jungen, der sehr krank ist. Garomag ließ sich das Kraut genau beschreiben und dann führte er Terzi an mehrere Stellen im Wald, wo er ähnliche Kräuter schon einmal gesehen hatte. In einer Kuhle voller Birken fanden sie das Silberkraut, das Terzi schnell in den mitgebrachten Beutel steckte. Auf dem schnellsten Weg brachte Garomag sie aus dem Wald hinunter an die große Straße, die ins Wiesental hineinführte. Terzi bedankte sich und eilte weiter. Ein paar Tage später erhielt Garomag die Nachricht, dass es Terzi gelungen war, den kleinen Jungen mit dem Silberkraut zu retten. Sie hatte wohl mitbekommen, dass er Nurgies sehr gern mochte, denn die Mutter des Jungen schickte mit der Nachricht einen Korb voller frisch duftender Brötchen zu Garomags Hütte.

Karteikarten
sind
klasse!

Karteikarten
sind
klasse!

Karteikarten
sind
klasse!

Karteikarten
sind
klasse!

Karteikarten
sind
klasse!

Karteikarten
sind
klasse!

Karteikarten
sind
klasse!

Karteikarten
sind
klasse!

Karteikarten
sind
klasse!

Karteikarten
sind
klasse!

Karteikarten
sind
klasse!

Karteikarten
sind
klasse!

Einheit 7: Probearbeiten und mündliche Mitarbeit

Idee und Inhalt

Probearbeiten werden je nach Art und Inhalt Klassenarbeiten oder Lernzielkontrollen genannt und werden in der Grundschule nicht angekündigt. Findige Schüler erraten jedoch relativ leicht den Termin einer anstehenden Probe. Ein Teil dieser AG-Einheit befasst sich deshalb damit, die Schüler für Aussagen und Verhaltensweisen der Lehrerin vor einer Klassenarbeit zu sensibilisieren.

Außerdem stellen wir fest, dass manche Schüler ihre eigentliche Leistungsfähigkeit nicht unter Beweis stellen können, wenn sie aufgefordert werden, eine solche Arbeit zu schreiben. Das trifft oft auch dann zu, wenn eine sogenannte mündliche Leistungsfeststellung erfolgt. Diesem Phänomen ist der Hauptteil der Einheit gewidmet. Die bei jedem Menschen vor und in Prüfungssituationen vorhandene Angst bei den Schülern wird thematisiert und den Schülern werden Möglichkeiten aufgezeigt, wie sie mit Proben besser umgehen und damit erfolgreicher arbeiten können.

Desweiteren soll mit den Kindern erarbeitet werden, wie sie sich im Unterricht besser einbringen können, ohne dabei Gefahr zu laufen, von ihren Mitschülern als Streber abgestempelt zu werden. Hierbei werden Fragen und Fragetechniken im Vordergrund stehen.

Ablauf in Kurzform

- Einstieg: die Methodikprobe
- Angst vor und während Proben
- Das Gespenst
- Die Vorahnung
- Zwischenspiel mit Waldemar
- Vorbereitungen für eine Probe
- Der »Ernstfall«
- Luft holen und weiterspringen
- Hustende Regenwürmer
- Der »Streber«

Ablauf der Einheit

Einstieg: die Methodikprobe

Zum Beginn der Stunde verbreiten Sie geschäftige Hektik und wedeln mehr oder weniger wichtig mit Blättern, die von den Schülern sehr schnell als Probe identifiziert werden. Mit dem Hinweis darauf, dass die Kinder ja inzwischen schon viel Erfahrung mit dem Fliegen im Luftraum des Lernens gemacht haben und dass sie wohl schon bereit wären für das Ablegen der Pilotenprüfung, werden die Blätter (M56) ausgeteilt und umgedreht auf den Tisch gelegt. Jetzt weisen Sie die Kinder darauf hing, dass sie selbstständig arbeiten sollen und die Prüfungssituation wird durch bekannte Rituale wie Aufstellen des Federmäppchens zwischen den Arbeitsplätzen oder Versetzen einzelner Schüler noch weiter verschärft. Durch diese Maßnahme werden die Schüler in eine Situation versetzt, die sie aus dem normalen Unterrichtsgeschehen kennen und die vielen von ihnen große Schwierigkeiten bereitet.

Die unterschiedlichen Reaktionen der Schüler, die meist von Zustimmung bis Ablehnung zum geplanten Test reichen, sollten Sie gut beobachten, um später darauf zurückgreifen zu können.

Ganz bewusst werden keine Hilfestellungen von Ihnen angeboten; auf Fragen der Schüler sollten Sie jedoch unbedingt eingehen. Als letzte »Schikane« geben Sie eine im ersten Augenblick zu knapp erscheinende Zeitvorgabe von 5 Minuten. Wichtig ist es, für Kinder, die ihre Arbeit fertig haben, eine weitere Zusatzarbeit bereitzuhalten, damit sie in der verbleibenden Zeit nicht unruhig werden und gerade die Schüler verunsichern, die vermutlich in die kleine Falle »geraten« sind.

Die Schüler machen sich an die Arbeit und werden in den meisten Fällen über den ersten Auftrag, alles gründlich zu lesen, hinwegsehen. So nehmen sie sich selbst die Chance, die Arbeit tatsächlich in der vorgegebenen Zeit zu bewältigen. Selbst zum Ende des Tests werden einige Schüler erfahrungsgemäß nicht verstehen, warum andere lachen oder sich auch ein wenig auf den Arm genommen vorkommen. Dies zeigt immer wieder, wie wenig intensiv sich Schüler mit den vorgelegten Texten beschäftigen.

Die gestellte Aufgabe muss jetzt aufgelöst werden, dazu setzen sich die Kinder in einen Gesprächskeis. Sie lassen einen Schüler, der nur die verlangten drei Aufgaben bearbeitet hat, erklären, was er gemacht hat. Vermutlich werden die darauffolgenden Schüleräußerungen von belustigt bis verärgert die gesamte Bandbreite möglicher Kommentare einnehmen.

Die Kinder berichten nach diesem ersten Feedback, wie sie den Test erlebt haben. Um die Aussagen in eine Ordnung zu bringen, die es zulässt, sie auch aufzuarbeiten, werden an der Tafel drei Kategorien mit den Überschriften gebildet. Diese Überschriften können als Gesprächsanstöße auf farbigem Plakatpapier bereits im Vorfeld angefertigt und dann als Impulse an die Tafel geheftet werden. Das Diskussionsergebnis könnte so aussehen:

Das war ja gemein!	Das war ja leicht!	So ging es mir
Ausgetrickst	Wenig Arbeit	Aufgeregt
Schlimme Lehrerin	Leichte Aufgaben	Überrascht
Viel zu viele Aufgaben		Angst
Unverständlich		Nichts mehr eingefallen

Angst vor und während Proben

Wenn der Begriff Angst fällt, zeigen Sie die Folie mit dem Gespenst (M57), und erzählen vielleicht von eigenen Erfahrungen mit Angst in Prüfungssituationen. Die Schüler werden dann ganz rasch auch selbst Geschichten beizutragen haben. Das ist ein ganz wichtiger Vorgang, denn die Kinder erfahren so, dass sie nicht die Einzigen sind, die in derartigen Situationen mit Angst zu kämpfen haben.

Jetzt lesen Sie den ersten Teil der Kurzgeschichte vom Angstgespenst vor (M58) und die Kinder stellen fest, dass Petra vor lauter Angst wahrscheinlich wieder eine relativ schlechte Probe schreiben wird.

Mit dem Impuls, dass es bei manchen Schülern wohl auch die Angst war, die ein normales Bearbeiten des Fragebogens nicht zuließ, verbinden Sie nun die Frage, ob die Kinder überhaupt feststellen können, wovor sie bei Proben eigentlich Angst haben. Die Ergebnisse schreiben die Schüler auf die vorbereiteten A5-Zettel und legen sie in die Mitte des Stuhlkreises. Hierbei kann jeder Schüler so viele Zettel beschriften wie er will, aber pro Zettel darf nur eine Aussage stehen. Auf diese Weise wird den Kindern bewusst, dass es verschiedene Ängste sind, die sie bei Proben belasten. Jetzt geben die Schüler den einzelnen Aussagen grüne (*das ist für mich nicht so schlimm*) oder rote (*das ist für mich ganz schlimm*) Punkte. Sie sollten im Gespräch ausdrücklich darauf hinweisen, dass es ganz normal ist, wenn Menschen in Prüfungssituationen Angst haben, dass es jedoch wichtig ist, zu wissen, welche Ängste das denn sind. Nur dann kann man nämlich auch damit umgehen. Weil auch Piloten Angst haben, dass etwas schief laufen könnte, machen sie vor jedem Flug den inzwischen gut bekannten Start-Check! Alle Problemstellen werden dabei genauestens inspiziert und Fehler nach bestem Wissen vorher ausgeschaltet. Trotzdem bleibt auch bei Piloten immer ein gewisser Prozentsatz von Unsicherheit zurück, mit dem sie aber umgehen können. Nicht zuletzt ist ein gewisser Grad von Angst lebensnotwendig, da sie den Menschen vor gefährlichen Situationen bewahren kann. Die Schüler nennen an dieser Stelle ihre eigenen Strategien, mit denen sie den jeweiligen Ängsten begegnen.

Das Gespenst

Die Lehrerin teilt den Schülern jetzt mit, dass die Geschichte von Petra noch ein wenig weitergeht und liest ihnen den zweiten Teil vor. Dazu zeigt sie ihnen das vorbereitete Gespenst. Der Arbeitsaufwand für ein solches kleines Gespenst ist minimal und es dauert nicht mehr als 10 Minuten, sie herzustellen, wenn in der Vorbereitungsphase die Stoffreste auf die entsprechende Größe zurechtgeschnitten wurden. Die Kinder suchen sich einen Stoffrest aus und basteln sich ihr eigenes »kleines Gespenst« (Anleitung M59).

Diese kleine Puppe können die Schüler während einer Probe auf ihrem Arbeitsplatz absetzen und kurz drücken. Mit diesem Drücken wird sozusagen die Angst (mit-)geteilt und dann abgesetzt. Dieses Bewusstmachen der Angst versetzt die Schüler in die Lage, mit ihr besser umzugehen.

Die Vorahnung

Mit der Aussage »Petra war erst einmal ziemlich überrascht, als Jens sie auf die Möglichkeit einer Probe ansprach« wird der nächste Schritt eingeleitet. Die Schüler sollen erzählen, warum Jens das schon im Voraus gewusst hat und sich deshalb so gut vorbereiten konnte. »Vielleicht kann er hellsehen oder die Lehrerin hat es ihm vorher gesagt?« Die Kinder werden beide Möglichkeiten als lächerlich ablehnen aber sicher auch die ersten Aussagen dazu machen, welche Andeutungen der Lehrerin auf eine bevorstehende Lernzielkontrolle hinwiesen.

Die oft in den Augen der Lehrerin eindeutigen Hinweise werden von vielen Kindern nur bedingt oder sogar überhaupt nicht wahrgenommen und deshalb auch nur von wenigen Schülern als Hilfestellung empfunden. Sie legen nun die Folie (M60) auf und geben zu den einzelnen Aussagen kurze Erläuterungen, wann und wofür die Hinweise zutreffen (z. B. wenn ein neues Thema in HS besprochen werden soll oder wenn in Mathematik das Addieren und Subtrahieren im Zahlenraum bis zur Million abgeschlossen ist). Natürlich hat jede Lehrerin ihre eigene Art, auf eine Probe hinzuweisen, dafür sind die leeren Sprechblasen gedacht, in welche Sie weitere Aussagen, die von den Schülern genannt wurden, eintragen.

Bevor Sie am Thema weiterarbeiten ein kleines Spiel mit den Gespenstern:

Zwischenspiel mit Waldemar

Teilen Sie die Kinder in 5er-Gruppen ein. Mit etwa einem Meter Abstand stellen sich die Kinder hintereinander auf, alle gucken nach vorne. Achten Sie darauf, dass der Abstand bei den Gruppen gleich ist. Die Gespenster der Gruppe werden hinter das letzte Kind und 5 Papierkugeln vor das erste Kind gelegt. Ziel des Spiels ist es, diese beiden Häufchen so schnell wie möglich »durchzureichen.« Dies geschieht folgendermaßen: das erste Kind gibt die Papierkugel mit der rechten Hand nach hinten. Dabei darf sich das Kind nicht umdrehen, die Übergabe muss ohne Hinschauen funktionieren. Das zweite Kind gibt die Kugel genauso weiter. Nachdem die Papierkugel beim fünften Kind angekommen ist, nimmt dieses ein Gespenst und gibt es mit links nach vorne. Auch hierbei dürfen die vorderen Kinder sich nicht umwenden.

Fällt eine Papierkugel oder ein Gespenst auf den Boden, muss diese(s) zum Startort zurückgelegt werden. Gewonnen hat die Gruppe, die den Austausch am schnellsten vollzogen hat.

Vorbereitungen für eine Probe

Nachdem die Schüler etwas darüber erfahren haben, wie sie Proben leichter vorhersehen können, soll jetzt die gezielte Vorbereitung angesprochen werden. Sie geben sich verzweifelt und fragen: »Was soll ich denn bloß machen? Wie soll ich mich denn vorbereiten?« Die Kinder geben dazu ihre Tipps ab, die in Stickpunkten an der Tafel gesammelt werden.

Sie können die Vorschläge der Kinder durch folgende Tipps ergänzen:

- Heft / Buch durchblättern – ich erfahre, was drankommt!
- Das kann ich schon!
- Schwierige Fragen für Mama!
- Ich frage noch einmal nach!
- Das muss ich mir merken!
- Jetzt bin ich fit!
- Für Proben ziehe ich meine Lieblingsklamotten an.
- Waldemar einpacken.

Gemeinsam werden die Ratschläge dann bewertet. Die Kinder sollen in diesem Gespräch erfahren, dass geplantes Vorgehen Zeit spart und Sicherheit schafft. Wenn sie damit beginnen, in ihrem Arbeitsheft oder Buch zu blättern, um herauszufinden, was als Thema drankommen kann, gewinnen sie einen Überblick und können relativ rasch Inhalte entdecken, die sie bereits beherrschen. Eine bewährtes Verfahren, Lerninhalte gut zu wiederholen, besteht darin, Fragen zusammenzustellen, die von Eltern, Geschwistern oder Freunden beantwortet werden müssen (oder: die Eltern und Freunde fragen dieses Wissen später spontan ab). Dieses Vorgehen fällt den Schülern relativ leicht, allerdings ist anfänglich noch mit Schwierigkeiten bei der Zusammenstellung der Fragen zu rechnen.

Damit die Kinder einen eigenen Vorbereitungsplan haben, den sie an ihrem Arbeitsplatz gut sichtbar anbringen sollen, tragen sie jetzt in die Wolken auf dem Arbeitsblatt (M61) die wichtigsten Schritte ein. Die Kinder wählen hierbei ihre eigenen Schwerpunkte. Es sollte jedoch darauf geachtet werden, dass »Ich verschaff mir erst einmal einen Überblick« enthalten ist.

Als Highlight fassen viele Schüler den folgenden Tipp auf: »Wenn ich mir etwas gar nicht merken kann, dann schreibe ich es auf einen Zettel und hänge den dann gegenüber von der Toilette auf.« Selbstverständlich sind hier den Fantasien der Schüler bei der Auswahl der Orte keine Grenzen gesetzt. Ausgenützt wird die Fähigkeit des Gehirns, bestimmte Sachverhalte mit Örtlichkeiten in Verbindung zu bringen. (Siehe dazu auch Einheit 8 »Merken 3!)«

Der »Ernstfall«

Nachdem die Kinder sich jetzt für die nächste Klassenarbeit fit gemacht haben, sollen sie sich über ihre eigene Arbeitsweise im Ernstfall Gedanken machen. Dazu erinnern Sie an die Anfangssituation der Einheit und stellen die Frage, wie die Schüler denn an den Fragebogen herangegangen sind. Die Kinder berichten kurz und es sind Antworten zu erwarten wie: »Ich habe eine Aufgabe nach der anderen bearbeitet«, »Ich habe erst einmal alles gelesen«, »Ich habe erst einmal nachgesehen, welche Aufgaben ich lösen kann«, »Ich habe nachgefragt, was ich nicht verstanden habe.« Es ist trotz des fortgeschrittenen Lehrganges nicht zu erwarten, dass Schüler vor Beginn der Arbeit den Start-Check durchgeführt haben. Gerade darauf beziehen Sie sich nun und stellen dar, wie sich dieser Check auch vor Beginn einer Klassenarbeit durchführen lässt. Da er relativ viel Zeit in Anspruch nimmt, stellen Sie eine verkürzte Form vor (M62) und führen ihn mit den Schülern durch. Diesen Kurz-Check können die Kinder durchführen, während die Arbeitsblätter ausgeteilt werden.

Der nächste Schritt besteht darin, eine Strategie zu entwickeln, mit der die Schüler die Bearbeitung eines Aufgabenblattes angehen. Hierbei hilft der erste Auftrag auf dem Testblatt (M56): »Lies erst einmal alle Aufgaben durch, bevor du anfängst etwas zu schreiben!« Nach der Erfahrung im Test verstehen die Kinder rasch, dass sie manchmal Zeit sparen können, wenn sie sich zu Beginn die Arbeit einmal ganz durchlesen. Das Argument, dass ein solcher Arbeitsauftrag »normalerweise« nicht gestellt wird, entkräften Sie gegebenenfalls mit der Äußerung, dass es sich um einen Methodiktest gehandelt habe.

Der zweite Tipp den Sie erläutern besteht darin, dass die Kinder die Aufgaben mit einem Smilie markieren, die sie leicht finden und leicht lösen können. Für eine solche Einschätzung ist es jedoch nötig, den ganzen Text gelesen zu haben (siehe Tipp 1, M62).

Diese Kennzeichnung ist am Anfang einer Arbeit sinnvoll, da die Schüler mit diesen Aufgaben auch beginnen sollen (Tipp 3, M62). Die Schüler wissen dann, dass sie einige Punkte sicher erreichen werden und verschaffen sich so ein Gefühl der Sicherheit.

Lassen Sie die Schüler die Blätter nun umdrehen und wiederholen Sie den Kurz-Check und die drei Einstiegsschritte für die Klassenarbeit.

Nach den leichten Aufgaben kommen die schweren und vielleicht für einige Schüler auch unlösbaren Aufgaben. Damit die Schüler durch eine solche Aufgabe nicht verunsichert werden und zu viel Zeit verlieren, stellen Sie folgende zwei Möglichkeiten vor, was in einem solchen Fall zu tun ist.

Luft holen und weiterspringen

Jetzt üben Sie mit den Schülern eine Pausentechnik ein, die (zumindest manchmal) helfen kann, wieder einen klaren Kopf zu bekommen, zumindest aber etwas innere Ruhe aufzubauen. Dazu spielen Sie zusammen mit den Kindern einen verzweifelten Schüler, der nicht mehr weiter weiß und an seinem Füller kaut.

In einer solchen festgefahrenen Situation hilft eine Unterbrechung und die kurzzeitige Konzentration auf einen anderen Bereich. Ein geeigneter Bereich ist die Atmung, da durch ein bewusstes »Durchatmen« auch Verspannungen gelöst werden können, die auf ein zusammengesunkenes und verkrampftes Sitzen zurückzuführen sind.

Für die Übung kann eine feste Kommandofolge eingeführt werden:

- Füller ablegen!
- Augen schließen!
- Zwei mal tief ein und *langsam* (evtl. bis 5 zählen) wieder ausatmen!
- Arbeit wieder aufnehmen!

Da diese kleine Übung keine Wunder vollbringen kann, ist es sicher wichtig, dass Sie die Schüler auch dazu ermuntern, eine Aufgabe, mit der sie gerade nicht weiter kommen, stehen zu lassen und erst die anderen Aufgaben zu lösen, um nicht unnötig viel Zeit zu verlieren. Das ist den Kindern sicherlich klar, es muss ihnen aber immer wieder gesagt werden, damit diese Verhaltensregel auch in der Prüfungssituation greifbar ist.

Jetzt ist es Zeit für ein Pausenspiel:

Hustende Regenwürmer

Um die Kinder wieder ein wenig in Bewegung zu versetzen, bietet es sich an, an dieser Stelle das Lied von den Regenwürmern zu singen oder zu sprechen. Dieser Sprech- oder Singvers ist eine Übung, die den Kindern zum Teil schon aus dem Kindergarten bekannt ist, ihnen aber erfahrungsgemäß viel Spaß bereitet. Als Nebeneffekt ist zu sehen, dass es sich gleichzeitig auch um eine Konzentrationsübung handelt. Alle Anwesenden sitzen im Kreis und rücken möglichst nahe zusammen. Die Lehrerin fordert die Kinder auf, gleich mitzumachen und schlägt beide Hände auf ihre Oberschenkel. Dazu sagt sie »Mitte«. Anschließend sagt sie »Rechts« und schlägt mit der rechten Hand auf den linken Oberschenkel ihres Nachbarn, mit der linken Hand auf ihren eigenen rechten Oberschenkel. Es geht über die »Mitte« zurück nach »Links«, wo sie dann mit der linken Hand auf den rechten Oberschenkel ihres anderen Nachbarn schlägt. Dieses Wechselspiel wird mehrfach wiederholt, die Kinder kommen rasch in den Rhythmus und sprechen meist auch die drei »Kommandos« mit. Jetzt fragt die Lehrerin: »Hört ihr die Regenwürmer husten?« Der nachfolgende Vers passt genau zu dem vorher geübten Rhythmus:

> Hört Ihr die Regenwürmer husten,
> hust, hust! (*zweimal laut husten!*)
> wenn sie durchs dunkle Erdreich zieh'n,
> wie sie sich winden, und dann verschwinden
> auf nimmer, nimmer Wiederseh'n.
> Und wenn sie weg sind, dann bleibt ein Loch, Loch,
> und wenn sie wiederkommen ist es immer noch!

Hier wiederholt sich die Strophe, allerdings wird das Husten durch andere Tätigkeiten ersetzt, wie klatschen, stampfen, lachen, …

Der Text lässt sich nach der Melodie »Hei, heute morgen mach ich Hochzeit!« aus My Fair Lady singen!

Sollte ein Schüler aus dem Takt kommen, ist das ein guter Anlass für einen Methodiktipp: Wenn ich nicht mehr weiter komme, lehne ich mich kurz ganz zurück, und atme langsam tief durch. Dann steige ich wieder in die Arbeit (den Rhythmus) ein.

Der »Streber«

Es ist ein bekanntes Problem, dass Schüler, die sich eifrig am Unterrichtsgeschehen beteiligen, von ihren Klassenkameraden rasch zum Streber abgestempelt werden. Dies verhindert in manchen Fällen die Aktivität während der Schulstunden, da sich der Einzelne nicht in eine Außenseiterrolle drängen lassen will.

Sie verweisen auf die eingangs gelesene Geschichte von Petra und fordern die Kinder auf, die Schülerin Sabine zu beschreiben. Die meisten ihr zugedachten Eigenschaften werden vermutlich eher negativer Art sein und Sie verlangen deshalb die gleiche Anzahl von positiven Äußerungen über Sabine. An diesen an der Tafel fixierten Eigenschaften lässt sich gut die Erklärung für das jetzt folgende Spiel ableiten:

Kündigen Sie für den Abschluss der Einheit ein Spiel an und lassen Sie drei Gruppen bilden. Anschließend zeigen Sie die Überschrift »Geopardy« der Folie (M63) und lassen die Schüler den Ablauf des Spieles erklären.

(Sollte das Spiel tatsächlich keinem der Schüler bekannt sein: Auf einer Tafel stehen verschiedene Themen mit unterschiedlichen Wertigkeiten. Die erste Gruppe wählt ein Feld aus. Die Lehrerin liest eine Antwort vor und der Auftrag an die Gruppe lautet, zu dieser Antwort die richtige Frage zu finden. Ist diese Frage falsch, ist die Antwort freigegeben und die anderen Gruppen können ihr Wissen unter Beweis stellen. Bei einer richtigen Frage erhält die Gruppe die angegebene Punktzahl gutgeschrieben und wählt die nächste Antwort aus).

Mit einem Würfel oder mit drei verschieden langen Streichhölzern wird bestimmt, welche Gruppe beginnen darf. Sieger ist die Gruppe, die am Ende die meisten Punkte gesammelt hat. (Mögliche Aussagen und Lösungen finden Sie als M64).

Mit den Eigenschaften der Schülerin Sabine werden einige Durchgänge noch ohne Wertung gespielt. Auf die Aussage: »Sabine hat in Proben meist gute Ergebnisse« könnte die Frage kommen: »Welche Noten schreibt Sabine bei Proben?« Während dieses Probedurchganges entwickelt sich ein Gespräch, wie man Fragen am geschicktesten formulieren könnte. Die Fragewörter sammelt die Lehrerin an der Tafel und es entsteht so eine Liste, die den Schülern beim anschließenden Spiel hilft, rasch passende Fragen zu finden. Den Katalog überträgt die Lehrerin später auf einen großen Plakatkarton und hängt ihn im Klassenzimmer auf. (Selbstverständlich ist das eine Arbeit, die auch von einem Schüler übernommen werden kann).

Zum Schluss erhalten die Schüler ihr Bonbon des Tages (M65) und als Hausaufgabe den Auftrag, für die nächste AG-Einheit drei Geopardy-Sätze/Begriffe samt Antwort-Frage aufzustellen, die aus dem Unterricht der Woche stammen.

Material und Vorbereitung

Grundmaterial

- Folienvorlage: Das Gespenst (M57)
- Kopie der Geschichte: Das Angstgespenst (M58)
- Arbeitsanleitung für Waldemar (M59)
- Folienvorlage: Aufgepasst! (M60)
  Folienvorlage: Mein Vorbereitungsplan (M61)
- Folienvorlage: Geopardy Spielwand (M63)
- Geopardy Lösungen und Fragen (M64)

Schülermaterial

- Lernzielkontrolle (M56)
- Plakatkarten mit den Aussagen zur LZK
- Mehrere Zettel DIN A 5 (evtl. farbig)
- rote und grüne Klebepunkte
- Stoffreste, Nähgarn, evtl. Nähnadeln
- Aufgepasst! (M60)
- pro Schüler eine Kopie: Mein Vorbereitungsplan (M61)
- pro Schüler eine Kopie: Bei der Probe daran denken (M62)
- pro Schüler ein Bonbon: »Waldemar nicht vergessen!« (M65)

Varianten

- **Das Gespenst**: Das Gespenst im Kunstunterricht oder als Poster für das Klassenzimmer malen lassen.
- **Einstieg**: Die Lehrerin informiert einen Schüler vor Unterrichtsbeginn. Dieser spielt die Lehrerin, wie sie eine Probe ankündigt. Eine interessante Variante, da sie beobachten können, wie Sie von den Schülern wahrgenommen werden.
- **Vorbereitung für eine Probe**: Die Schritte der Vorbereitung auf eine Probe werden als Karteikärtchen erstellt. Die Kinder können dann Karte für Karte beiseite legen und sowohl für sich selbst als auch für Eltern oder Lehrerin ihre Vorbereitung nachweisen.

- **Vorbereitung für eine Probe:** Die Schritte der Vorbereitung praktisch erproben. In diesem Fall ist eine Ankündigung der Lernzielkontrolle ausnahmsweise nicht zu umgehen. (Gut geeignet für eine weitere Unterrichtseinheit am Ende der AG! Siehe Vorbemerkungen!)
- **Der »Ernstfall«:** Die Lehrerin teilt Klebepunkte aus, mit denen die Kinder ihre »Favoriten«, das heißt die Aufgaben, die sie als erste bearbeiten wollen, markieren.
- **Geopardy: Verschärfung der Spielregeln:** Da sich in den Gruppen oft Redeführer herauskristallisieren, die andere nicht zu Wort kommen lassen, kann die Spielregel wie folgt abgeändert werden: Die Schüler müssen abwechselnd antworten und es darf kein Schüler ausgelassen werden.
  Diese Verschärfung ermöglicht den Hinweis auf einen Wettbewerb im laufenden Unterricht. Die Schüler bemühen sich, während des Vormittages so häufig wie möglich aufgerufen zu werden und einen Beitrag zu leisten. Darüber führen sie selbst Buch und nach dem Ablauf einer vorher vereinbarten Zeit (meist eine Woche) erhält der aktivste Schüler oder der, der die höchste Steigerungsrate aufweisen kann, einen Preis. Sinnvoll wäre hier der Erlass einer Hausaufgabe, sodass der Schüler feststellen kann, wie sich aktive Mitarbeit im Unterricht für ihn auszahlt. (Dass davon auch die Lehrerin profitieren kann, ist selbstverständlich)

Kopiervorlagen

- Test im Fach »Lernen lernen« (M56)
- Das Gespenst (M57)
- Geschichte: Das Angstgespenst (M58)
- Arbeitsanleitung für Waldemar (M59)
- Aufgepasst! (M60)
- Mein Vorbereitungsplan (M61)
- Bei der Probe daran denken (M62)
- Geopardy Spielwand (M63)
- Geopardy-Auflösung (M64)
- Bonbon: »Waldemar nicht vergessen!« (M65)

Test im Fach »Lernen lernen«

Name:____________________________________ Datum:______________

Lies bitte erst den ganzen Test durch und beginne dann erst die Aufgaben zu bearbeiten. Wenn du Fragen zu den einzelnen Aufgaben hast, dann stelle diese bevor du anfängst, etwas zu schreiben.

1. Schreibe die ersten vier Zeilen des Gedichtes »Der Sternanzünder« auf.

____

____

____

____

2. Kreuze das Richtige an:
   - ❐ Mit den Hausaufgaben sollte ich immer um 14.15 Uhr beginnen
   - ❐ Hausaufgaben sollte ich immer etwa zur gleichen Zeit beginnen
   - ❐ Hausaufgaben sollte ich immer in einem Stück fertig machen
   - ❐ Es ist vollkommen egal, wann ich meine Hausaufgaben mache

3. Nenne 5 Dinge, die du unbedingt an deinem Arbeitsplatz haben solltest.

____

____

4. Welche Möglichkeiten kennst du mit Karteikarten zu arbeiten?

____

____

5. Nenne deinen Lieblings-Methodiktipp!

____

____

Du hast jetzt das ganze Blatt ganz genau gelesen. Damit du in der vorgegebenen Zeit fertig werden kannst, brauchst du dir jetzt nur 3 Aufgaben auszuwählen und auch nur diese drei zu bearbeiten!

Viel Erfolg!

Das Gespenst

Das Angstgespenst

Es war Dienstag Morgen, Petra hatte gut gefrühstückt und machte sich auf den Weg in die Schule. Gut gelaunt bummelte sie an den Gartenzäunen in ihrer Straße entlang und freute sich auf Heimat- und Sachkunde. Zur Zeit sprachen sie über die Tiere im Teich und dafür hatte sie gestern noch eine wunderschöne Kaulquappe gezeichnet. Außerdem war sie am Weiher gewesen und hatte einige Zeit das muntere Treiben der Libellen und Wasserläufer beobachtet. Das war endlich mal ein Thema, das sie wirklich interessierte und nicht so langweilig, wie der Weg des Stromes vom Kraftwerk bis zur Steckdose! Mit ihrem großen Bruder hatte sie im Lexikon geblättert und sogar im Internet hatte er für sie nachgeschaut! Da gab es ja interessante Sachen!
Da kam auch schon Jens aus der Seitenstraße. Ganz aufgeregt fragte er sie: »Hast du auch für HS gelernt? Da gibt es heute bestimmt eine Probe! Na ja, macht ja nichts, ich habe mit meiner Mutter gestern alles noch einmal wiederholt und alles gekonnt.« Was, eine Probe? Daran hatte Petra ja nicht im Geringsten gedacht. Sie hatte sich so über ihre Kaulquappe gefreut und sich vorgenommen, ein kleines Aquarium zu bauen. Ganz plötzlich beschlich sie ein seltsames Gefühl, das sie schon kannte! Da war es wieder, dieses Angst-Gespenst, das immer dann kam, wenn sie eine Probe schreiben sollte. Sie erinnerte sich an das Ergebnis ihrer letzten Probe! Eine 4! Die Eltern hatten geschimpft, die Lehrerin war enttäuscht und Sabine hatte wieder so verächtlich zu ihr herüber geschaut. Die hatte natürlich wieder eine 1 geschrieben. Die war ja auch die Lieblingsschülerin der Lehrerin. Wie oft die sich meldete und drankam! Dabei wusste sie auch nicht immer alles. Petra hatte plötzlich keine Lust mehr, in die Schule zu gehen. »Hoffentlich geht das dieses Mal gut! Ich weiß doch eigentlich viel mehr als die Anderen!« Still ging sie neben Jens her und in Gedanken sah sie sich schon an ihrem Platz sitzen, auf dem Füller herum kauen und bei den Fragen, die sie sicher wieder nicht verstehen würde, verzweifeln. »So ein Mist!«, dachte sie, »Und dabei hatte ich mich doch so auf diese Stunde gefreut!«

Unterbrechung

Beim Auspacken des Ranzens fiel ihr Waldemar in die Hände und sie musste lächeln, denn nun war sie nicht mehr allein mit der Angst. Sie erinnerte sich an das Gespräch mit Frau Weber, mit der sie über ihr »Angst-Gespenst« gesprochen hatte. Da hatte Frau Weber eine ganz tolle Idee gehabt! Zusammen mit den anderen Kindern bastelten sie ein ganz liebes Gespenst mit dem sie ihre Angst teilen sollten. Seitdem begleitete Waldemar sie, Waldemar, diesen Namen hatte sie ihrem Gespenst gegeben, sollte heute das erste Mal zum Einsatz kommen!
In der dritten Stunde war es dann so weit: Heimat- und Sachkunde! Tatsächlich, Frau Weber teilte Blätter aus und es kam so, wie Jens gesagt hatte, sie schrieben eine Probe. Petra setzte Waldemar vor sich auf die Bank, drückte ihn kurz und los gings!

Unterbrechung

Übrigens: In dieser Probe schnitt Petra außergewöhnlich gut ab. Das lag sicher nicht nur an Waldemar, aber ein wenig hat er wohl doch geholfen!

Arbeitsanleitung für Waldemar

Ein Stoffrest wird quadratisch zugeschnitten. Seitenlänge ca. 20 cm

Ein kleines Stück Papier wird zu einer Kugel zusammengeknüllt und in die Mitte des Stoffes gelegt.

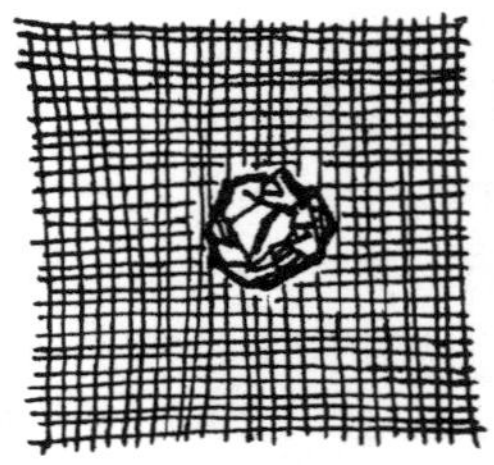

Mit einem Stück Nähgarn bindest du den Stoff unter der Kugel zusammen.

Fertig ist das kleine Gespenst!

Natürlich kannst du deinem kleinen Waldemar jetzt noch Augen oder ein Gesicht aufmalen.

Aufgepasst!

Ich glaub´ da kommt was!

Mein Vorbereitungsplan

Kurz-Check

Bei der Probe daran denken:

Wenn die Blätter verteilt werden, Kurz-Check machen!

❐ Ist mein Gespenst da?

❐ Ist mein »Werkzeug« in Ordnung?

❐ Habe ich zweimal tief durchgeatmet?

Wenn das Blatt vor mir liegt ...

1. Alles in Ruhe durchlesen!
2. Aufgaben kennzeichnen!
   (Ein ☺ für leichte Aufgaben)
3. Mit den leichten Aufgaben anfangen!

M 63 (F)

Geopardy		
Deutsch 20	Mathe 20	HuS 20
Deutsch 40	Mathe 40	HuS 40
Deutsch 60	Mathe 60	HuS 60
Deutsch 80	Mathe 80	HuS 80
Deutsch 100	Mathe 100	HuS 100

Geopardy-Auflösung

Deutsch

20	Diese Wörter bezeichnen Dinge, Tiere, Menschen.	Was sind Namenwörter?
40	Damit lässt sich eine Satzart erkennen.	Was sind Satzzeichen?
60	Er ist der Erfinder der Geschichte »Das kleine Gespenst«.	Wer ist O. Preußler?
80	Mit ihnen bestimmt man den Fall eines Namenwortes.	Wie heißen die Fragewörter?
100	Das Satzglied, das aussagt, was geschieht wird so genannt.	Was bestimmt die Satzaussage?

Mathematik

20	Dreimal das sind 45.	Was ist 15?
40	Ein Euro sind hundert davon.	Was sind Cent?
60	Die 7 geht 9 mal hinein.	Was ist 63?
80	Kurz schreibt man »sec« dafür.	Was sind Sekunden?
100	Die Seiten dieses Körpers sind alle gleich lang.	Was ist ein Würfel?

Heimat- und Sachkunde

20	Das Schmutzwasser gelangt zur Reinigung dorthin.	Was ist eine Kläranlage?
40	Dazu gehören Fichte, Tanne und Kiefer.	Was sind Nadelbäume?
60	Diese Straße darf man nur in eine Richtung befahren.	Was ist eine Einbahnstraße?
80	Dieser Mann/diese Frau vertritt unsere Stadt.	Wer ist der/die Bürgermeister/in?
100	So nennt man die Jungen der Wildschweine.	Was sind Frischlinge?

M 65

Waldemar nicht vergessen!

Waldemar nicht vergessen!

Waldemar nicht vergessen!

Waldemar nicht vergessen!

Waldemar nicht vergessen!

Waldemar nicht vergessen!

Waldemar nicht vergessen!

Waldemar nicht vergessen!

Waldemar nicht vergessen!

Waldemar nicht vergessen!

Waldemar nicht vergessen!

Waldemar nicht vergessen!

Einheit 8: Merken 3

Idee und Inhalt

In der letzten Einheit zu Merktechniken spielen die Lernkarten / Karteikarten, wie auch in der zweiten Einheit zum Gedächtnis, die wichtigste Rolle. Wie kann man mit ihnen effektiv und mit Spaß lernen? Wie kann die Raum-Umgebung den Kindern helfen, die Lerninhalte aufzunehmen und diese an Gewohntes im wahrsten Sinne des Wortes anzubinden? Antworten auf diese Fragen bietet die klassische *Loci-Technik* (lat. locus = der Ort), bei der Lerninhalte mit markanten Plätzen in einem Zimmer oder einem Raum assoziiert werden. Die Kinder werden die Lernkarten an diese Orte legen oder hängen und später »im Vorbeigehen« lernen.

Entsprechend schließt sich der *Lernspaziergang* an. Mit dieser Technik wird ein Gedicht gelernt und die in der Einstiegs-Einheit vorgestellten Möglichkeiten werden wiederholt und durch weitere Tipps ergänzt.

Eine weitere Idee ist die Verbindung des Karteikartenlernens mit kleinen sportlichen Aktivitäten. Wir stellen den *Trimm-Dich-Lern-Pfad* vor, welcher dem natürlichen Bewegungsdrang der Kinder Rechnung trägt und an die vorangegangenen beiden Ideen anknüpft.

Abgerundet wird diese Einheit mit Übungen zum Loslassen und Wiederaufgreifen von Lernstoff, um den Kindern zu zeigen, dass ein losgelassenes Problem nicht ein vergessenes Problem ist; dass sich beispielsweise eine »freigelassene«, schwer zu lernende Karteikarte fast von selbst »entschärft«.

Ablauf in Kurzform

- Loci-Technik: Das kleine Parkhaus
- Geopardy (Hausaufgaben)
- Parkhaus zu Hause
- Grimassen-Weitwurf
- Der Lernspaziergang
- Taxi-Spiel (2)
- Trimm-Dich-Lern-Pfad
- Egal, dann halt nicht!
- Zusammenfassung

Ablauf der Stunde

Loci-Technik: Das kleine Parkhaus

Beim Betreten des Raumes erhalten die Kinder jeweils eine Karte (M68, M69, M70), die sie den anderen Schülern nicht zeigen sollen. Auf dieser Karte befindet sich vorne ein Tiername, etwa »Elefant« und auf der Rückseite eine Information zu diesem Tier, z.B. »Elefanten sind große Esser und Trinker. Sie nehmen bis zu 300 kg Nahrung (Gebüsch, Baumblätter, ...) auf und trinken dazu noch 80 Liter Wasser am Tag. 80 Liter Wasser entsprechen etwa 10 Kisten Sprudel.« Wenn alle Kinder eingetroffen sind, erklären Sie den Schülern, was zu tun ist: Zuerst sollen die Kinder jeweils ihre Karte lesen. Bei Verständnisproblemen können die Schüler bei Ihnen leise nachfragen. Während solche inhaltlichen Fragen geklärt werden, können die anderen Kinder ihren Arbeitsauftrag schon ausführen. Dieser besteht darin, die Karte im Klassenzimmer zu »parken«. Hierfür sollen die Schüler einen besonderen Ort auswählen. An diesem soll die Karte gut zu sehen und zu erreichen sein. Solche Orte könnten z.B. das Pult oder die Schwammablage der Tafel sein. Erklären Sie den Schülern, warum es keinen Sinn macht, die Karten zu verstecken: wenn man ein Auto geparkt hat, möchte man es möglichst auch wieder finden. Haben alle Kinder ihre Karten geparkt, setzen sie sich an ihren Platz.

Fragen Sie jedes Kind, was für ein Tier auf seiner Karte denn gestanden hat. Obwohl Sie zuvor nur verlangt hatten, dass die Kinder ihre Karte lesen und dann ablegen, werden die Kinder den Namen und die zugehörige Besonderheit größtenteils noch wissen. Um den anderen Kindern die Spannung auf die »Neuigkeit« nicht zu nehmen, lassen Sie nur die Tiernamen nennen und klären kurz, ob auch die Information noch gewusst worden wäre. Ganz genau weiß jedes Kind jedoch den Ort, an dem es seine Karte hingelegt hat. Nach diesem Liegeplatz fragen Sie die Kinder, nachdem sie den Inhalt angesprochen haben. Dies kann durch ein kleines Spiel geschehen: »Wenn ich bis drei gezählt habe, zeigen alle ganz schnell auf ihr Kärtchen.« Jedes Kind sagt nun kurz, wo seine Karte liegt und warum es diesen Platz als besonderen Platz ausgewählt hat. So erfahren alle Kinder die Lageorte der Karten. Das nun anschließende Lesen aller Karten wird nicht durch Suchen nach den Karten in die Länge gezogen.

Jetzt bitten Sie die Kinder, durch den Raum zu gehen und sich auch alle anderen Kärtchen durchzulesen. Die Reihenfolge spielt hierbei keine Rolle. Achten Sie darauf, dass die Kinder jede Karte genau an den Ort zurücklegen, an dem sie diese gefunden haben. Sie ermuntern die Kinder, alle Karten aufzusuchen und wenn sie schon einmal alle durchlaufen haben, den Durchgang zu wiederholen. Erst wenn alle Schüler alle Karten nochmals gelesen haben, trifft sich die Gruppe wieder zum Austausch an ihren Sitzplätzen.

Anhand der Liste (M68, M69, M70) gehen Sie nun mit den Schülern alle Karten durch. Zuerst wird nach dem Ort, an dem die entsprechende Karte liegt, gefragt (ein gleichzeitiges Zeigen auf die Stelle wie oben bietet sich hier an). Dann wird nach der Antwort gefragt, schließlich nach denen gefragt, die auch die richtige Lösung gewusst hätten.

Sind alle Karten behandelt worden, wird das Fragespiel etwas schwieriger: Sie weisen nun auf eine Karte und fragen die Kinder, welches Tier und welche Eigenschaft auf dieser Karte stehen würde. Das Kind, welches die richtige Antwort nennen kann, darf auf die nächste Karte zeigen und so werden spielerisch alle Lernkarten durchgegangen und wiederholt.

Sie haben die ganze Zeit gefragt, jetzt sind die Kinder dran …

Geopardy (Hausaufgaben)

Die Kinder sollten drei Geopardy-Paare aus dem Lernstoff der vergangenen Woche bilden. Diese Paare werden nun vorgestellt und mit der passenden Frage beantwortet. Bestimmen Sie ein Kind, das anfangen soll. Der Schüler, welcher die korrekte Frage findet, darf dann eine seiner Umschreibungen vorstellen usw. Achten Sie bei den Antworten und Fragen auf Korrektheit und greifen Sie ein, wenn die Kinder sich nicht einigen können, wer die gesuchte Frage zuerst eingeworfen hat.

Parkhaus zu Hause

Nach dieser Unterbrechung stellen Sie die Kinder vor das Problem, dass sie sich eine wichtige Karteikarte nicht merken können und geben ihnen den Tipp, diese Karte zu Hause an einem Ort zu deponieren, wie sie es mit den Tierkarten schon gemacht haben.

Wie kann mit der Park-Technik gelernt werden? Was bietet sich an aktuellem Lernstoff für ein Ausprobieren dieser Methode an? Wo könnten Lernkarten in der Wohnung oder im eigenen Zimmer angebracht werden? Diese Fragen gilt es nun im Gespräch zu klären. Nachdem die Stofffrage schnell beantwortet werden kann, ist die Frage nach dem Ort für die Kinder wichtiger. Lassen Sie Möglichkeiten für Karten-Parkplätze in der Wohnung sammeln und bewerten. Warum ist ein Platz besonders geeignet und warum ein anderer nicht? Völlig ungeeingnet sind natürlich alle Arten von Verstecken oder Plätzen, die nur schwer einsehbar sind. Andere Plätze, mit denen ein Kind viel verbindet, können individuell sehr wohl geeignet sein. Sollten die Schüler nicht darauf hinweisen, dass der Parkplatz für die Karte ein Ort sein muss, der von den Schülern oft gesehen und wahrgenommen wird, müssen Sie diesen zentralen Punkt herausstellen. Gute Orte sind demnach Spiegel (etwa über dem Waschbecken an dem die Zähne geputzt werden), die Zimmertür, Poster von der Lieblingsband oder dem Lieblingsverein, Tür des Kleiderschranks (innen genauso wie außen), die Schreibtischlampe, das Telefontischchen, mitten auf dem Bildschirm (Fernseher, Rechner) usw.

Diese Überlegungen zur Praxis sollen gleich umgesetzt werden. Anhand einer Kopie (M66), die ein Kinderzimmer zeigt, sollen die Schüler den Platz markieren, an den sie die Karte hängen würden. Dies geschieht durch einen kleinen post-it-Zettel, den Sie den Kindern geben. In Partnerarbeit erklären die Kinder einander, warum sie den ausgewählten Platz für gut befunden haben. Wenn sie die Einwände des Lernpartners für schlagkräftig halten, dürfen sie ihre eigene Entscheidung nachbessern und den geklebten Zettel umsetzen. Finden sie keinen angemessenen Platz im abgebildeten Zimmer, dürfen sie eigene Gegenstände in das Zimmer einzeichnen oder an den unteren Rand des Blattes weitere aufschreiben. Haben sich die Paare geeinigt, wird ein weiterer Platz ausgesucht, der nicht im Zimmer der Kinder liegen darf. Diesmal wird ein kurzes Stichwort notiert und dann die Wahl wie oben besprochen.

Bevor mit den Kindern der Lernspaziergang besprochen wird, sollten Sie eine Pause einschieben:

Grimassen-Weitwurf

Dies ist ein einfaches und lustiges Spiel bei dem viel gelacht werden wird. Um die Kinder einzuteilen, werden sie aufgefordert im Raum herumzugehen, Richtungswechsel und Tempowechsel sind erwünscht, andere Kinder dürfen jedoch nicht angestoßen oder behindert werden, ein freundliches Ausweichen wird von allen Spaziergängern erwartet. Mit einem Klatschen stoppen Sie die Kinder, die in ihrer Bewegung einfrieren sollen und mit einem weiteren Klatschen wird die Bewegung weitergeführt. Ist eine Ihnen günstig erscheinende Konstellation erreicht, brechen Sie dieses Bewegungsspiel ab und teilen Paare ein, d.h. die zwei Kinder, die sich am nächsten stehen, bilden ein Paar.

Diese Paare verteilen sich im Raum und stellen sich mit ein bis zwei Metern Abstand voreinander hin. Ein Kind beginnt eine Grimasse zu schneiden. Dann wischt es mit der Hand über sein Gesicht und seine Grimasse verschwindet in der Hand, die zu einer Faust geballt wird. Das »Lachen« oder »Zungerausstrecken« wird aus dieser Hand dem Mitspieler zugeworfen, der die Grimasse aufnimmt und seinerseits mit der Fängerhand über sein Gesicht streicht, welches die Grimasse des anfangenden Schülers annehmen sollte. Dies klappt nie ganz, führt jedoch zu komischen Szenen, wenn die Kinder sich erklären wollen, wie sie ihren eigenen Gesichtsausdruck beim Partner gerne sehen würden. Nach einer kurzen Halteperiode streicht der Fänger ein weiteres Mal über sein Gesicht und löscht die imitierte Grimasse. Nun wechseln die Rollen und der vormalige Fänger nimmt die Rolle des Grimassenwerfers ein. (Die Idee für dieses Spiel entnahmen wir der »Fenstergeschichte« von Ilse Eichinger, die wir Ihnen zur privaten Lektüre empfehlen.)

Der Lernspaziergang

Die Loci-Technik und der Lernspaziergang unterscheiden sich in einer wichtigen Eigenschaft. Beim Lernspaziergang ist die Reihenfolge der »angelaufenen« Orte wichtig, um mit dieser Technik linear strukturierte Inhalte (etwa der Wasserkreislauf, die Stromversorgung oder Produktionsabläufe wie »Vom Weizen zum Brot«) memorieren zu können. Bei der Loci-Technik liegt der Hauptaugenmerk auf dem Ort, in welcher Reihenfolge die verschiedenen Inhalte beachtet werden spielt keine Rolle. Beim Lernspaziergang ist gerade das Erlernen der Reihenfolge ein wichtiger Bestandteil des Lernstoffs, daher ist es wichtig, die Lernorte in der richtigen Reihenfolge zu durchlaufen. Somit wird der Inhalt einer Karte nicht nur mit dem Ort verknüpft, sondern auch mit den beiden benachbarten Karten.

Um diese Technik zu üben, wird mit den Kindern ein Gedicht gelernt, das Sie zuvor zerschnitten haben (M71) und nun in der richtigen Reihenfolge im Klassenzimmer aushängen (markante Orte wählen!), so dass die Kinder die »Ausstellung« besuchen können. Die Kinder sollen nur die Texte in der vorgegebenen Reihenfolge lesen. Dass die Texte ein Gedicht ergeben, werden sie schnell merken. Fordern Sie die Kinder auf, die Gedichtzettel mit deren Parkplätzen zu verbinden und sich diese Paare zu merken.

Testen Sie, ob eines der Kinder das Gedicht nach dieser kurzen Übungsphase schon aufsagen kann. Dann wiederholen Sie mit den Kindern die Möglichkeiten des Gedichtlernens, die in der allerersten Einheit besprochen worden waren und fragen, welche weiteren Möglichkeiten es gibt, Gedichte auswendig zu lernen.

Schreiben Sie die Schülervorschläge an die Tafel und fügen Sie den Vorschlag »Gedichte marschieren« dann hinzu. Dieser Vorschlag wird gleich ausprobiert: dafür stellen sich die Kinder hintereinander und legen ihre Hände auf die Schultern des vor ihnen laufenden Schülers. Die so entstandene Polonaise marschiert nun im Takt des Gedichts durch das Klassenzimmer (über den Schulhof ...). Zuerst sprechen sie den Text entsprechend vor, dann sollen die Kinder dies übernehmen. Am Anfang wird die Kolonne andauernd ins Stocken geraten, doch dies reizt den Ehrgeiz der Kinder die Aufgabe zu bewältigen. Nach unserer Erfahrung dauert es nicht lange, bis fast alle Kinder das Gedicht auswendig können.

Sind die Schüler wieder an ihren Plätzen, wird noch die Veränderung der Lautstärke beim lauten Vorlesen ausprobiert. Zuerst leise flüsternd, dann so laut wie möglich dürfen Kinder das Gedicht vorlesen. Etwas schwieriger wird die Aufgabe dann, wenn die Kinder reihum das Gedicht zeilenweise lesen müssen und dann zwischen flüstern und schreien noch gewechselt wird. Haben die Kinder auch diese Möglichkeit ausprobiert erhalten sie die Kopie zum Thema »Merken« (M72).

Vor der letzten Variante der Loci-Technik bzw. des Lernspaziergangs sollten Sie eine kurze Spielunterbrechung einbauen.

Taxi-Spiel (2)

Nun legen Sie den Kindern den Stadtplan (M67) vor. Das Taxi kann in dieser Version auch durch das Nennen von Straßennamen »gelenkt« werden. »Das Taxi biegt in die Kräuterstraße ein und fährt dann an der nächsten Kreuzung links.« Da die Kinder dieses Spiel schon kennen, dürfen sie bei diesem Durchgang die Blätter nicht mitdrehen, d.h. eine weitere Schwierigkeit bei diesem Spiel besteht darin, die Straßennamen auch kopfüber oder schräg lesen zu müssen.

Wie bei der vorigen Version fahren Sie den gesprochenen Weg auf der Folie mit einem wasserlöslichen Stift nach, während sie die Anweisungen zur Fahrtstrecke geben.

Trimm-Dich-Lern-Pfad

Erzählen Sie den Kindern die Geschichte von Klaus und seinem Hund: »Klaus und sein Hund Rumps gehen in den Wald, Klaus muss noch ein paar englische Vokabeln lernen. Damit das nicht zu anstrengend wird, geht er mit Rumps in den Wald zum Trimm-Dich-Pfad. An jeder Station des Trimm-Dich-Pfads lernt er genau eine der mitgebrachten Karteikarten. Während er die angegebene Übung ausführt, denkt er an das, was auf der Karte steht. Erschöpft und locker läuft er den Weg zurück. Rumps ist von dem Ausflug genauso begeistert wie Klaus und springt gut gelaunt vor ihm durch das Gras. Zu Hause merkt Klaus, dass er einige der Karteikarten nicht mehr braucht, da er die Wörter unterwegs gelernt hat.«

An Stelle der Gedichtteile hängen Sie nun einige der Tierkarten (M68, M69, M70) auf. Lassen Sie sich dabei helfen, indem die Kinder die 5 schwierigsten Karten aussuchen. Unter diese Karten hängen sie 5 der Bewegungskarten (M73), die den Kindern sagen, welche Übung sie an der Station ausführen sollen. Um die Karten allen zu erklären, führen Sie an jeder Station die Bewegungen aus.

Jetzt werden die Kinder in Vierergruppen eingeteilt, die sich auf die Stationen verteilen. An jedem dieser Orte sollen die Kinder zuerst die Lernkarten durchlesen und sich diese dann während der Bewegung einprägen. Sie klatschen in die Hände, wenn die Kinder reihum die Station wechseln sollen. Pro Station sollten Sie den Kindern etwa eine halbe Minute Zeit für das Lesen des Textes, der ja bekannt ist, geben und dann auch für die Bewegungsphase eine Minute einplanen. Lese- und Bewegungsphase werden von Ihnen mit einem Signal (Klatsche, Trillerpfeife, Farbkarte…) gestartet und beendet. Die Kinder führen die Bewegungen jeweils gemeinsam aus.

Diese Verbindung von Spaziergang, Bewegung und Lernen macht den Kindern Spaß und nach Beendigung der Runde fragen Sie die Kindern nach den 5 gelernten Tierkarten.

Sicherlich fragen die Kinder nach anderen Bewegungsmöglichkeiten. Für das eigene Ausprobieren ist die Lieblingsübung jedes Kindes angebracht. Die Verbindung der eigenen Lieblingsbewegungen (Gymnastik, Tanzschritte, Gleichgewichtsübungen o.ä.) mit dem Akt des Karten-Lernens führt zu einer mehrdimensionalen Verbindung von Lerninhalten und einer konzentrierteren Aufnahme des Lernstoffes, da der eigentlich langweilige Wiederholungsvorgang durch die Bewegung unterstützt und aufgelockert wird.

Egal, dann halt nicht!

Was macht man nun mit ganz renitenten Karteikarten, die partout nicht gelernt werden »wollen?« Man lässt sie beiseite, ignoriert sie und spricht ihnen jede Wichtigkeit ab – in der Literatur wird diese Technik als paradoxe Intervention bezeichnet. Paradox ist diese Intervention deswegen, weil sie oft genau das Gegenteil bewirkt (ähnlich gilt dies für Vorhaben wie: »Ich stelle mir jetzt keine rosa Elefanten vor, die Schlittschuh laufen).

Um diese Technik ausprobieren zu können, zeigen Sie den Kindern die Gesichter-Folie (M74) und bitten sie, sich die Gesichter und Namen gut zu merken. Nach einer Minute decken Sie die Folie ab.

Führen Sie jetzt ein paar Kopfrechenübungen aus, um die Kinder etwas abzulenken. Dann decken Sie die untere Kopfleiste (andere Reihenfolge wie oben) ohne die Namen auf.

Teilen Sie den Kindern Gesichter-Kopien (M75) aus. Jedes Kind erhält einen Streifen, sodass es die 5 Bilder nur noch auseinanderschneiden muss. Nun sollen die Kinder die Namen zuordnen und lernen. Geben Sie ihnen dafür nur eine Minute Zeit, dann lassen Sie die Blättchen umdrehen und erklären die weiteren Spielregeln.

Wenn die Kinder beim abschließenden Aufdecken auf ein Bild treffen, zu dem ihnen der Name partout nicht einfallen will, sollen sie den Namen kurz auf der Folie anschauen und das Blatt dann falten und vom Tisch werfen. Begleitet wird diese Aktion von den Worten: »Du bist mir egal! Dann lerne ich dich halt nicht.« Nun werden die restlichen Karten kurz weitergelernt, bis alle Kinder eine Karte heruntergeworfen haben. Die anderen vier Karten werden wieder zugedeckt. Jetzt fordern Sie jedes Kind auf, das ärgerliche Bild auf der Folie (nun die untere Zeile, da andere Reihenfolge) zu zeigen und sich den Namen zu notieren. Haben alle Kinder ihren Papierkorb benannt, decken Sie die Namensliste auf. Verwundert werden die Kinder feststellen, dass sie das zuvor noch so unangenehme Bild jetzt benennen konnten.

Zusammenfassung

Nach dieser »Überraschung« lassen Sie die Kinder nochmals zusammenfassen, was in der Einheit alles gemacht worden ist. Anschließend erhält jeder Schüler das Bonbon »Karteikarten parken!« (M77) und außerdem eine Kopie des Gedichtes (M71). Die Kinder sollen als Hausaufgabe das Gedicht in die Streifen zerschneiden und mit der Parktechnik lernen.

Material und Vorbereitung

Grundmaterial

- zerschnittenes Gedicht
- Schilder für den Trimm-Dich-Lern-Pfad
- Folien Taxi-Spiel (2) (M67)
- Folienstifte
- Folienvorlage »Guten Tag, Herr …!« (M74)

Schülermaterial

- Arbeitsblatt: Parkplätze für Lernkarten (M66)
- Taxi-Spiel (2) (M67)
- Lernkarten – Tier und Eigenschaften (M68, M69, M70)
- post-it-Zettel
- Gedicht / Streifenvorlage (M71)
- Wie kann ich mir etwas leicht merken? (M72)
- Gesichterstreifen (M75)
- Bonbon: »Karteikarten parken!« (M77)

Varianten

Egal nochmal: Gefängnis-Umschlag

Was mache ich, wenn ich eine Karteikarte nicht lernen kann? Aufgeben ist kein akzeptabler Weg und sich in ein Problem uneffektiv zu verbeißen ist genausowenig gutzuheißen. Widerspenstige Karteikarten erfahren eine Sonderbehandlung und werden »verhaftet« bzw. »angemeckert« und »beschimpft.« Widerborstige Karten werden von den Kindern in den Gefängnis-Umschlag gesteckt. Nach einer Weile können die Kinder sich überlegen, was für eine Karte in dem Umschlag steckt, wissen sie die Lösung und verhält sich die Karte »ordentlich«, wird sie aus dem Umschlag geholt und zu den anderen Karten gelegt, im entgegengesetzten Fall wird sie kurz betrachtet und dann wieder weggesperrt.

Egal nochmal: Lern-Leine

In die gleiche Richtung zielt die Verwendung der Lern-Leine, auf der frische Karteikarten nach dem erstmaligen Lernen erst einmal »trocknen« müssen, bevor sie weiterverwendet werden können (und für ein effektives Behalten auch wiederverwendet werden müssen). Nachdem die Karten gelernt wurden, werden die Karten auf die Leine gehängt, die noch nicht richtig »trocken« sind. Diese müssen beim »Abhängen« nochmals wiederholt werden.

Wer findet sich im Flugverkehr zurecht

Statt des Taxispiels kann auch eine andere Konzentrationsübung gewählt werden. Das Rausstreichblatt für die Flieger (M76) ist hier gut geeignet. Dieses Blatt kann auch ein zweites Mal benutzt werden, geben Sie für die dann leichtere Aufgabe etwas weniger Zeit für die Bearbeitung, dann wird die Wiederholung für die Kinder nicht langweilig.

Gedichte lernen

Weitere Möglichkeiten Gedichte aufzubereiten sind: im Takt wanken oder von einem Bein auf das andere hopsen, die Wörter ausschneiden und sortieren, sich das Gedicht mit einem geschlossenen Stift in die Handinnenfläche schreiben oder das Gedicht eindosen. Eindosen meint hier das Schreiben auf ein langes schmales Papier. Diese durch Schrägstriche (= Zeilenumbrüche) unterbrochene Gedichtschnur wird zusammengerollt und in eine aufgeschnittene Photodose gesteckt. Zieht der Schüler nun am herausschauenden Ende, entrollt sich das Gedicht vor den Augen des lesenden Kindes.

Kopiervorlagen

- Kinderzimmer: Parkplätze für Lernkarten (M66)
- Taxispiel (2) (M67)
- Lernkarten Loci-Kartei (M68, M69, M70)
- Gedicht: Beide (Jürgen Spohn) (M71)
- Wie kann ich mir etwas leicht merken? (M72)
- Übungen für den Lern-Trimm-Dich-Pfad (M73)
- »Guten Tag, Herr …!« (M74)
- »Wie heißen diese Herren?« (M75)
- Wer findet sich im Flugverkehr zurecht? (M76)
- Bonbon: »Karteikarten parken!« (M77)

M 66

Parkplätze für Lernkarten

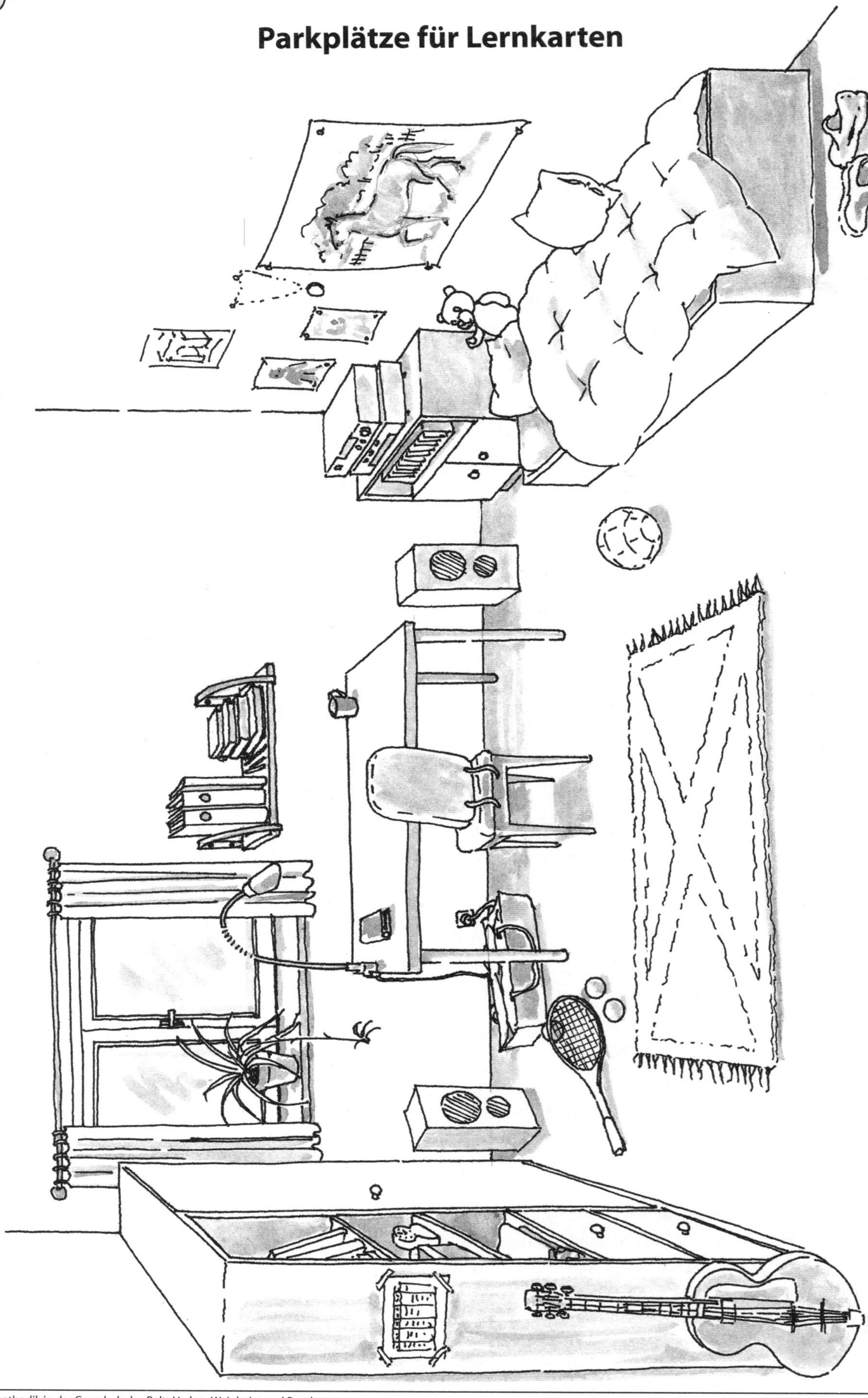

Taxi-Spiel (2)

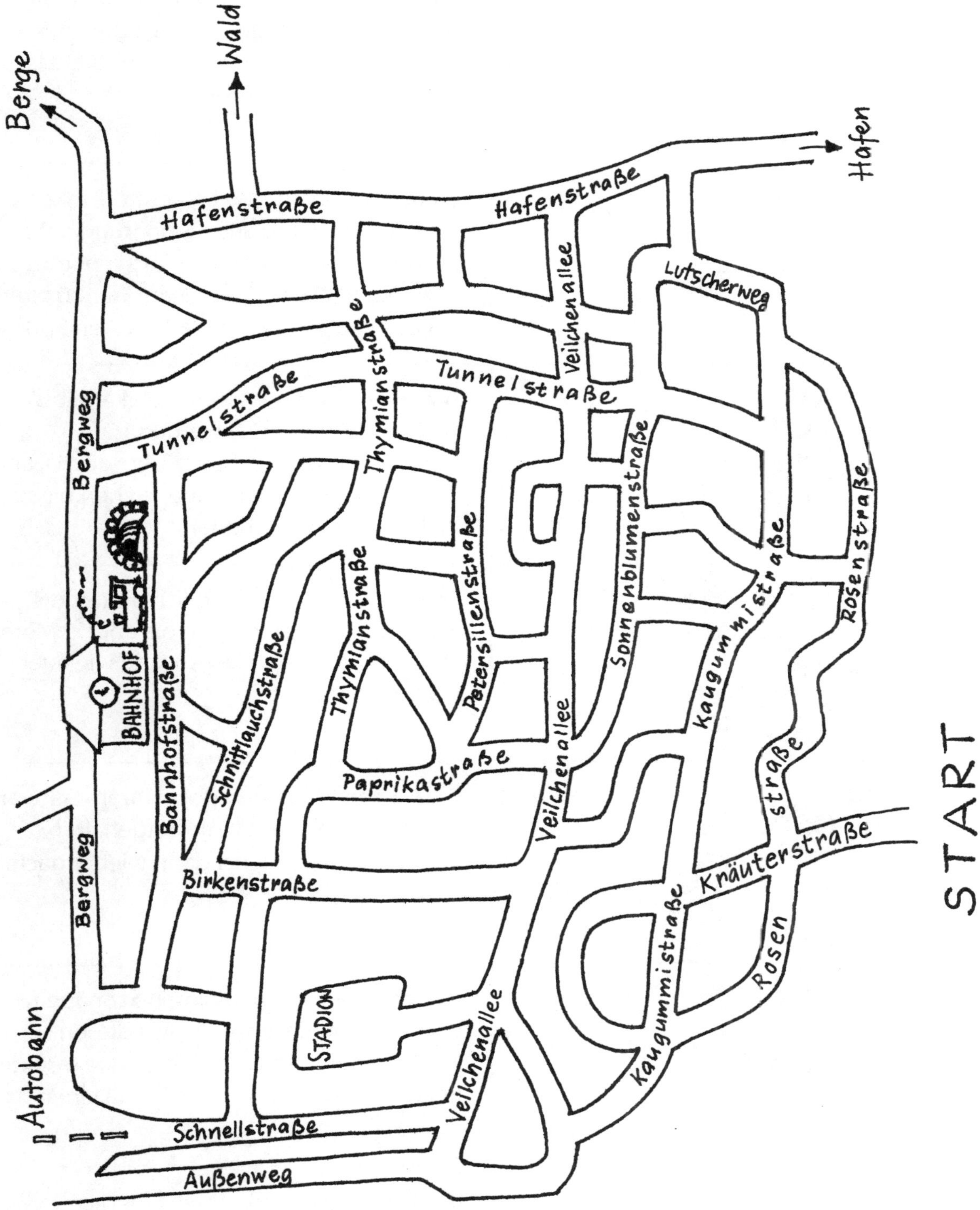
Berge
Wald
Hafen
Hafenstraße
Hafenstraße
Lutscherweg
Veilchenallee
Tunnelstraße
Thymianstraße
Tunnelstraße
Bergweg
Sonnenblumenstraße
Rosenstraße
Kaugummistraße
Petersilienstraße
Thymianstraße
Schnittlauchstraße
Bahnhofstraße
BAHNHOF
Paprikastraße
Veilchenallee
straße
Kräuterstraße
START
Birkenstraße
Bergweg
Kaugummistraße
Rosen
STADION
Autobahn
Veilchenallee
Schnellstraße
Außenweg

Loci-Kartei 1

Diese Paare sollen auf Karteikarten geklebt werden

	**Elefanten**: Trotz ihres Gewichts können die Elefanten fast geräuschlos gehen. Ihre Füße haben weiche Sohlen, die das große Gewicht abfedern.
	**Elefanten** sind große Esser und Trinker. Sie nehmen bis zu 300 kg Nahrung auf (Gebüsch, Baumblätter, ...) und trinken dazu noch 80 Liter Wasser am Tag. 80 Liter Wasser entsprechen etwa 10 Kisten Sprudel.
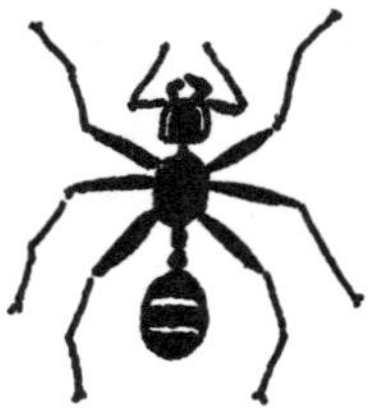	**Ameisen:** Ein Ameisenhaufen kann bis zu einem Meter hoch werden. Doch graben die fleißigen Tiere auch Gänge in den Boden hinein. Diese reichen bis zu 2 Meter tief in den Boden.
	**Schlangen**: Die größten Schlangen, die Riesenschlangen, werden bis über 9 Meter lang, sie wären also fast so lang wie euer Klassenzimmer.
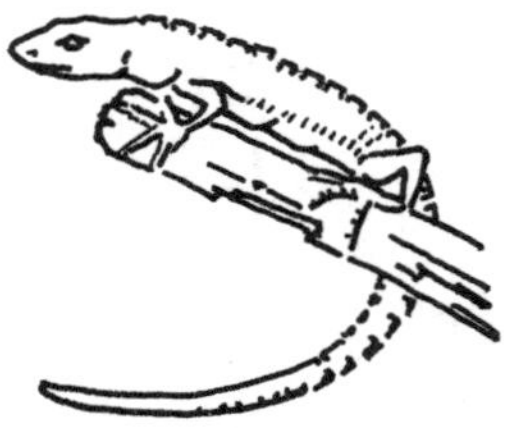	**Eidechsen** können sich von ihrem Schwanz trennen, wenn sie daran festgehalten werden. Dieser wächst dann wieder nach.
	**Spechte** hämmern mit ihren Schnäbeln Löcher in die Baumrinde. Aus diesen können sie mit ihrer langen Zunge Insekten hervorholen, die unter der Rinde leben.
	**Bäume:** Von allen Bäumen lebt die Grannenkiefer am längsten. Sie kann bis zu 5000 Jahre alt werden.

Loci-Kartei 2

	**Bäume:** Die größten Bäume sind die Mammutbäume. Sie können über 110 Meter hoch werden.
	**Giraffen**: Die Jungen der Giraffen heißen Kälber. Giraffenkälber sind bei der Geburt schon 1,70 m oder bis zu 2 m groß.
	**Kängurus:** Mit einem Sprung kann ein Känguru bis zu 9 Meter weit springen.
	**Heuler**: Junge Seehunde, die von ihrer Mutter verlassen wurden, werden Heuler genannt. Das kommt daher, dass sie auf der Suche nach der Mutter klagende Rufe ausstoßen.
	**Geparden**: Der Gepard ist das schnellste Raubtier der Welt. Er kann bis zu 110 km/h schnell laufen.
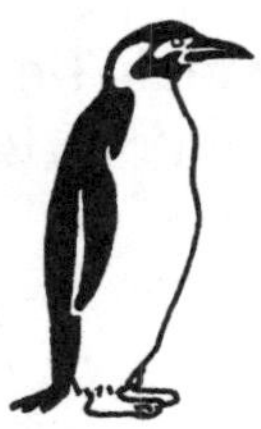	**Pinguine** ernähren sich von Fischen und anderen Meerestieren. Bei der Jagd können sie bis zu 500 m tief tauchen.
	**Flusspferde** werden 1000 bis 4500 kg schwer. Seine Zehen sind ähnlich wie bei Enten mit Schwimmhäuten verbunden.

Loci-Kartei 3

	**Kühe**: Eine gute Milchkuh gibt etwa 20 bis 25 Liter Milch am Tag.
	**Eulen**: Wenn Eulen zur Seite gucken wollen, müssen sie den ganzen Kopf drehen, da sie ihre Augen nur sehr wenig zur Seite bewegen können.
	**Wale**: Unter der Haut der Wale ist eine dicke Fettschicht, die Blubber genannt wird. Diese sorgt dafür, dass die Wale im Wasser nicht frieren. Außerdem dient der Blubber als Vorratsspeicher.
	**Spinnen**: Im Unterschied zu Insekten, die 6 Beine haben, besitzen Spinnen 8 Beine.
	**Hauskatzen**: Die Hauskatze kann ihre Ohren unabhängig voneinander bewegen und sich so auf verschiedene Geräusche konzentrieren.
	**Löwen** sind sehr faule Tiere. Sie jagen jeden Tag 2 bis 3 Stunden, den Rest der Zeit ruhen sie aus und schlafen.
	**Wildschweine**: Die Wildschweine werden unterschiedlich benannt: das Männchen heißt Keiler, das Weibchen Bache und die Jungtiere Frischlinge.

Beide

Ein Sperling
und ein Elefant

Die gingen beide
Hand in Hand

Die Leute riefen:
Seht mal her

Für den da
ist der viel zu schwer

Und als ein Jahr
vergangen war

Da war'n sie
immer noch ein Paar

Da war den Leuten
ziemlich klar

Dass das
die große Liebe war.

(Aus: Jürgen Spohn. Drunter und Drüber)

M 72

Wie kann ich mir etwas leicht merken?

Lern-Parkplatz

Parke deine Karteikarte an einem Platz in deinem Zimmer (oder in eurer Wohnung), sodass du oft an ihr vorbeikommst. Die Karte muss so geparkt sein, dass du sie nicht übersehen kannst. Merke dir dabei, was auf der Karte steht. Wenn du merkst, dass du die geparkte Karte leicht lösen kannst, legst du sie zu den anderen.

Lernspaziergang

Beim Lernspaziergang parkst du mehrere Karteikarten in deinem Zimmer. Dann gehst du von einer Karte zur nächsten und versuchst, dir die Inhalte zu merken. Wichtig ist, dass du immer die gleiche Runde gehst.

Tipps für Gedichte

Gedichte immer nur auswendig pauken ist langweilig.
Hast du schon mal probiert:

- dabei im Takt durch die Wohnung zu marschieren,
- es zu schreien,
- es ganz leise zu flüstern,
- es deinem Teddy vorzutragen,
- ein Puzzle daraus zu machen?

M 73

Übungen für den Lern-Trimm-Dich-Pfad

1 Kirschpflücker
Greife mit deinen ausgestreckten Armen nach oben, als würdest du versuchen, Kirschen zu pflücken.

2 Das Gummibein
Hüpfe auf einem Bein. Wenn dein Bein müder wird, wechselst du auf das andere Bein.

3 Kreisel
Stütze deine Hände in die Hüfte. Nun kreise mit der Hüfte erst rechts herum, dann links herum.

4 Hampelmann
Führe den Hampelmannsprung aus: Beine zusammen und Arme klatschen über dem Kopf zusammen, dann Beine spreizen und die Arme ausbreiten.

5 Der Gähner
Gähne nach Herzenslust und strecke dich dabei.

6 Der Hocker
Setze dich auf einen Stuhl, ohne dass du die Lehne berührst.
Lass die Arme baumeln und halte dich mit ihnen an der Stuhlkante fest.
Nun strecke die Beine aus und lass sie langsam wieder sinken.

7 Brotkneter
Strecke die Arme schräg vor dich hin. Knete mit den Händen in der Luft, als wolltest du den besten Brotteig der Welt kneten.

8 Armkreisel
Lass deinen rechten Arm kreisen, erst langsam dann schneller.
Nun ist der linke dran, erst langsam dann schneller.
Zuletzt mit beiden gleichzeitig. (Bitte nicht »schleudern!«)

9 Jogging
Du machst einen kleinen Waldlauf.
Dazu machst du einen Dauerlauf auf der Stelle.

10 Pendel
Stütze deine Hände seitlich in die Hüfte. Nun pendel seitlich so weit du kannst nach rechts, dann langsam rüber nach links.

M 74 (F)

Guten Tag, Herr …!

Krämer

Schmidt

Huber

Berg

Schmidt

Krämer

Berg

Meier

Meier

Huber

Wie heißen diese Herren?

Wie heißen diese Herren?

Wie heißen diese Herren?

Wie heißen diese Herren?

Wer findet sich im Flugverkehr zurecht?

Am Himmel über dem Flughafen ist ein ziemliches Durcheinander entstanden. Bitte helft dem Fluglotsen und kennzeichnet alle Flugzeuge, die von **rechts** angeflogen kommen, so wie dieses hier:

Karteikarten
parken!

Karteikarten
parken!

Karteikarten
parken!

Karteikarten
parken!

Karteikarten
parken!

Karteikarten
parken!

Karteikarten
parken!

Karteikarten
parken!

Karteikarten
parken!

Karteikarten
parken!

Karteikarten
parken!

Karteikarten
parken!

Einheit 9: Lesen 2 und Textaufgaben

Idee und Inhalt

In dieser Einheit geht es darum, die Fähigkeit zu steigern, Texte auf Inhaltsentnahme hin zu lesen. Dazu wird eine Geschichte in Teilen gelesen und ihre Fortführung jeweils von den Schülern vermutet. Im zweiten Teil werden als Vorbereitung für die nachfolgende Bearbeitung von Textaufgaben Fragen formuliert. Mit dem für viele Schüler äußerst schwierigen Umgang mit Text- bzw. Sachaufgaben befasst sich der dritte Teil der AG Einheit. Der Schwerpunkt liegt dabei auf dem Bereich der Problemfindung. Über das Formulieren von Fragen sollen die Schüler erfahren, wie sie diese Art von Aufgaben über verschiedene Zugangswege angehen und zu einer Lösung kommen können.

Ablauf in Kurzform

- Einstieg: Besprechung der Hausaufgaben
- Der Pferdedieb
- Das Pferderennen
- Das Reiterspiel
- Die Schatzsuche
- An der Bushaltestelle
- Der Rundflug
- Das Sachaufgabenspiel
- Die Jumboaufgabe

Ablauf der Einheit

Einstieg: Besprechung der Hausaufgaben

Die Kinder erzählen von ihren Erfahrungen mit der Hausaufgabe, die darin bestand, die neu erlernte Technik des Lernspazierganges auszuprobieren, einige tragen das Gedicht auswendig vor. Sie sollten dabei genau berichten, wie sie diese Methode angewendet haben und welchen Erfolg sie damit erzielen konnten. Entstandene Fragen werden gemeinsam geklärt.

Der Pferdedieb

Schon vor Unterrichtsbeginn wurden die vier Teile der Geschichte »Der Pferdedieb« (M78) im Klassenzimmer verteilt. (Die Geschichte wird an den Markierungen zerschnitten und die Teile werden eventuell eingeschweißt.) Die Klasse wird in vier Gruppen aufgeteilt und diese erhalten den Auftrag, je einen Teil der Geschichte zu suchen. Haben sie ihn gefunden, setzen sie sich zusammen und ein Schüler liest vor. Mit dieser Grundlage besprechen die Schüler in der Kleingruppe, was vorher geschehen sein könnte und stellen Vermutungen über den Fortgang an.
Anschließend treffen sich alle Kinder im Sitzkreis. Jetzt ist Gelegenheit, an den ersten Schritt des Lese-3-Sprungs zu erinnern und (wenn es die Schüler nicht von sich aus tun) dazu aufzufordern, unbekannte Begriffe zu klären. Ist das geschehen, liest jede Gruppe ihren Teil der Geschichte möglichst in der richtigen Reihenfolge vor. Da der erste Teil der Geschichte mit der Überschrift versehen ist, fällt es der Gruppe nicht schwer, den Anfang zu machen. Die übrigen Gruppen müssen herausfinden, wann sie an der Reihe sind und dann weiterlesen. So müssen die Kinder den Vorlesenden sehr genau zuhören, den Inhalt ihres eigenen Textes aufgenommen und gut in Erinnerung behalten haben, um sich an der richtigen Stelle in die Reihe der Leser einzuordnen.

Da der Text mit einer Frage endet, ergibt sich eine weitere Vermutungsphase. Einige Schüler werden eine Antwort geben, ohne sie begründen zu können. Das sollten Sie jedoch nicht zulassen, da aus dem Text zu folgern ist, dass John Brown keine Chance hat, sein bestes Pferd mit dem übriggebliebenen einzuholen. Außerdem kann er bei Einbruch der Dunkelheit (die Sonne geht bereits unter!) keine Spuren mehr verfolgen, während der böse Dieb einfach weiterreitet.

Sie lassen sich von den Kindern die wichtigsten Informationen aus der Geschichte angeben und fassen diese an der Tafel in Stichpunkten zusammen. Damit greifen sie erneut auf den Lese-3-Sprung zurück und die Kinder finden anhand dieser wichtigen Wörter rasch die Lösung. Sie setzen damit den zweiten Schritt des Lese-3-Sprungs als Notizmethode beim Zuhören und nicht als Markierungsmethode beim selbsttätigen Lesen ein. Auf diese weitere Verwendungsmöglichkeit sollten Sie die Schüler aufmerksam machen.

Im Anschluss teilen Sie den Schülern die ganze Geschichte aus und setzen ein kleines Zwischenspiel an:

Das Pferderennen

Aus der Einheit 2 kennen die Kinder bereits das Bewegungsspiel »Pferderennen«, das an dieser Stelle passend zum vorhergehenden Text mit den entsprechenden Kommandos durchgeführt wird (s. Seite 31).

Das Reiterspiel

Außerdem erhalten die Schüler das dreiteilige Puzzle (M79 a/b) mit zwei Pferden (zwei Streifen) und den beiden Reitern (ein Streifen). Diese drei Streifen müssen so zusammengesetzt werden, dass die beiden Reiter auf zwei galoppierenden Pferden sitzen. Dazu braucht man weder die Schere, noch müssen die Bildchen gefaltet werden! (Wenn Sie dieses Puzzle nicht schon kennen, sollten Sie sich erst einmal selbst daran versuchen; die Lösung finden Sie später!)

Geben Sie den Kindern die Lösung jedoch keinesfalls vor, auch wenn sie heftig darauf drängen. Sie können diese Gelegenheit nutzen, den Kindern auf einfache Weise den Begriff Motivation nahe zu bringen. Dazu ist es nicht notwendig, dieses Fremdwort den Kindern zu erklären. »Wenn man eine Frage oder ein Problem hat, will man auch eine Lösung dazu finden. Deshalb beschäftigt man sich intensiv mit diesem Problem und wenn man ein zufrieden stellendes Ergebnis erzielt, ist man stolz und macht sich mit einem guten Gefühl auch an weitere Probleme heran.« Diese Kausalkette können die Schüler nachvollziehen und eventuell kommt es an dieser Stelle sogar zu spontanen Äußerungen der Kinder, in denen sie eigene Erlebnisse dieser Art erzählen.

Die Schatzsuche

Nach der mehr oder weniger stillen Beschäftigung mit den kleinen Bildchen erhalten die Kinder jetzt einen zweiten Text (M81). Allerdings fehlt bei dieser Geschichte ein wesentlicher Teil. Die Schüler sollen in Partnerarbeit diesen fehlenden Teil ergänzen.

Dazu schreiben Sie als Impuls die W-Fragen (Wer, wo, wie, wann, was) an die Tafel und geben den Auftrag, dass jeder Schüler seinem Partner abwechselnd eine Frage stellen muss, deren Antwort helfen kann, die verloren gegangenen Zeilen zu ersetzen.

Dazu ist es ist also notwendig, die im ersten Teil gegebenen Informationen sorgfältig zu lesen und mit den nachfolgenden Inhalten abzugleichen. Die in ihren Augen richtige Ergänzung erzählen dann einige Kinder im Klassenverband. Dabei schreiben Sie nur einige Stichpunkte zu der Schülererzählung auf eine Folie. Diese legen Sie anschließend auf und die Schüler ergänzen jene fehlenden wichtigen Wörter, von denen sie denken, dass Sie sie vergessen haben. Auf diese Weise wiederholen Sie – wenn auch auf der erzählenden Ebene – mit den Kindern erneut den zweiten Schritt des Lese-3-Sprunges. (M81 a/b dient als Vorlage für Sie, damit Sie sich nicht erst eine Ergänzung ausdenken müssen.)

Nach dieser intensiven Lese- und Erzählarbeit haben sich die Schüler eine kleine Pause verdient, die mit einem stillen Spiel (S. 149) und einem lustigen und lautstarken Konzentrationsspiel ausgefüllt werden kann:

An der Bushaltestelle

Für viele Kinder ist das Warten an einer Bushaltestelle eine alltägliche Situation, mit der sie gelernt haben umzugehen. Aber auch die anderen Kinder können sich sicher gut vorstellen, was an einer Bushaltestelle alles geschieht.

Die Lehrerin liest oder erzählt eine Geschichte, zu der die Gruppenmitglieder nach vorher festgelegten Rollen Stimmen oder Geräusche machen. Eine Vorlage für die Lehrerin, die die Geschichte vorliest, finden Sie auf M82. Die Punkte geben an, wo beim Lesen eine kleine Pause gemacht werden soll, damit die Kinder die vereinbarten Geräusche machen können.

So können zum Beispiel folgende Rollen vergeben werden:

Die Schulglocke	–	ding, dong dong
Die Kinder laufen	–	trap trap trap
Sabine	–	Tschüss!
Die Busaufsicht	–	Nicht auf die Straße rennen!
Franz und Torsten	–	Hurra!
Die Kirchturmuhr	–	kling, kling
Die Autos	–	brumm, brumm
Ein Motorrad	–	römm, römm
Einige Buben	–	Er kommt!
Der Bus	–	brumm, tschsch
Die Türen	–	pfsss
Ein Fahrradfahrer	–	klingeling
Opa Meier mit Stock	–	schlurf, klock
Hund Waldi	–	wöff, wöff
Der Busfahrer	–	Einsteigen bitte!

Weitere Geräusche werden sicher von den Kindern genannt!

Es müssen auf jeden Fall so viele Rollen vergeben werden, wie Kinder anwesend sind – bei größeren Gruppen ist eine Mehrfachbesetzung verschiedener Rollen möglich.

Die Kinder wählen sich einen Platz im Klassenzimmer aus, an dem sie sich niederlassen. Die Lehrerin beginnt dann, ihre Geschichte von der Bushaltestelle zu erzählen, die Schüler hören zu und schlüpfen in ihre Rollen. Das bedeutet, dass z.B. jedesmal wenn die Lehrerin »Waldi« oder »Hund« sagt, ein Schüler laut »wöff, wöff« macht.

Die Vorlage (M82) kann variiert und erweitert werden, wichtig ist nur, dass jedes Gruppenmitglied mindestens einmal drankommt.

Nach dem Zwischenstopp an der Bushaltestelle fassen Sie das bisher Gelernte kurz zusammen. Das Lesen und Merken von Textinhalten und das logische Ergänzen einer Geschichte mit Hilfe des Lese-3-Sprungs sollte dabei den Schülern noch einmal verdeutlicht werden. Diese Technik dient auch als Grundlage für den folgenden Teil der AG-Einheit, in dem die Schüler erfahren sollen, wie wichtig sinnerfassendes Lesen bei der Bearbeitung von Sachaufgaben ist.

Der Rundflug

Die Kinder erhalten jetzt das Arbeitsmaterial (M83), das auf den ersten Blick aussieht wie eine Textaufgabe. Das Arbeitsblatt (M84) sollte auf Folie gezogen werden. Die in den Kästchen stehenden Einzelinformationen (auf dem Schülerblatt nicht enthalten) müssen vor Unterrichtsbeginn mit Klebezetteln (Note-Pads) abgedeckt werden!

Nach dem Lesen bemerken die Schüler, dass sie die Aufgabe nicht lösen können, da ihnen keine Zahlenangaben vorliegen. Wenn die Kinder nicht von selbst beginnen, Fragen zu stellen, genügt ein Hinweis auf die noch immer an der Tafel stehenden Fragewörter, um die Schüler dazu zu bewegen, sich Informationen zu besorgen. Diese befinden sich auf einzelnen Kärtchen (M85), die ungeordnet auf einem Tisch bereitliegen. (Für eine mehrfache Verwendung empfehlen wir, die Zettel einzuschweißen. Je nach Gruppengröße ist es ratsam, den Kärtchensatz zweimal zu kopieren und auf zwei Tischen zur Verfügung zu stellen.)

Stellt ein Schüler eine Frage, muss die Gruppe zuerst entscheiden, ob diese auch wichtig ist, um einer Lösung näher zu kommen. Bestätigt das die Gruppe, kann er nachsehen, ob er eine passende Information unter den Kärtchen findet. Anschließend deckt er das entsprechende Kästchen auf dem Tageslichtprojektor auf. Besonderer Wert sollte dabei auch darauf gelegt werden, dass die Verständnisfrage nach dem »Counter« von den Schülern gestellt wird, da es häufig ein Problem der Sprachkompetenz ist, wenn Kinder Sachaufgaben nicht lösen können. (Lese-3-Sprung, erster Schritt!)

Sind alle notwendigen Informationen bekannt, lässt sich die Aufgabe leicht lösen, da die mathematische Anforderung recht gering ist; wahrscheinlich erhalten Sie die Lösung sogar umgehend mündlich und müssen eine Berechnung nicht mehr in Auftrag geben. Allerdings ist es dann unerlässlich, den Rechenweg verbal darstellen oder an die Tafel schreiben zu lassen.

Im Anschluss daran spielen Sie kommentarlos die Musik »Wer, wie, was, wieso, weshalb, warum, wer nicht fragt, bleibt dumm« aus der Sendung Sesamstraße ein (Text siehe M89, Melodie bekannt). Sie können das Lied zusammen mit den Schülern auch singen.

Nach Ihrer Äußerung: »Dieses Lied stammt nicht nur aus einer Fernsehsendung, sondern sagt euch auch, wie man am besten an Sachaufgaben herangeht« bekommen die Schüler das Arbeitsblatt (M86). Der Tresor – der sich auch als Wandbild gut eignet! – benötigt mehrere Schlüssel, die in der richtigen Reihenfolge eingesetzt werden müssen. Die Kinder füllen Schlüssel 1 mit dem Merksatz: »Wer nicht fragt, bleibt dumm!« aus, Schlüssel 2 mit »Was will ich denn wissen?«, Schlüssel 3 mit »Was ist eigentlich wichtig?« und Schlüssel 4 mit »Blick ich's total?«.

Das Sachaufgabenspiel

Mit dem folgenden Spiel geben Sie den Schülern eine ganz andere Möglichkeit, Sachaufgaben anzugehen. Für ein Rollenspiel ist es unabdingbar, die übernommenen Rollen genau zu kennen. Die Kinder identifizieren sich mit den Personen und können die Situation aus der gestellten Aufgabe besser nachvollziehen.

Es werden drei Gruppen gebildet, die aus der Sammlung der Aufgaben (M87) eine ziehen und den Auftrag erhalten, diese in einem Rollenspiel den anderen Gruppen vorzuspielen. Dazu erhalten sie 3 bis 5 Minuten Zeit, dicke Filzstifte oder Wachsmalkreiden und DIN-A5-Zettel für die Vorbereitung. Es ist nicht verpflichtend, die Materialien einzusetzen, die Angaben der Aufgabe können auch verbal dargeboten werden.

Wenn die Gruppen ihre Ergebnisse den anderen Schülern vorstellen, sollen diese nicht nur die schauspielerische Leistung bewerten, sondern jeweils im Anschluss an die Darbietung auch die zur Aufgabe gehörende Frage stellen. Gelingt das nicht, muss die spielende Gruppe ihre Vorstellung entsprechend erweitern, bzw. verbessern und damit den anderen Kindern Hilfestellung beim Finden der Frage geben.

Als Tipp für die Kinder lässt sich aus diesem Spiel ableiten, dass es wichtig ist, eine Aufgabe erst ganz zu verstehen, bevor man anfängt zu rechnen. In das Tresorblatt kann also beim zweiten Schlüssel eingetragen werden: »Text ganz verstanden?« Der im Mathematikunterricht gebrauchte Begriff Rechenweg sollte dabei

zunächst nicht im Vordergrund stehen, damit die Schüler mehr Wert auf das bewusste Lesen einer solchen Aufgabe legen.
Selbstverständlich dürfen die Kinder jetzt die Aufgaben auch ausrechnen! Dabei ist das Interesse der Gruppen unterschiedlich, ob sie die eigene Aufgabe oder die der beiden anderen lösen wollen. Die Ergebnisse lauten übrigens:

Gruppe 1:	Kosten für den Verein:	1.116 Euro
Gruppe 2:	Monatliche Rate:	280 Euro
Gruppe 3:	Es bleiben noch:	200 Liter

Bewusst verzichtet wurde an dieser Stelle auf die weitere Möglichkeit, eine Sachaufgabe zeichnerisch darzustellen. Für viele Kinder ist die Anforderung, einen Sachverhalt mit einer Skizze zu verdeutlichen, eine zusätzliche, schwierige Aufgabe, die eine hohe Abstraktionsfähigkeit voraussetzt (etwa ablaufende Prozesse oder Sachbezüge zeichnerisch umzusetzen). Als Variante ist diese Art, eine Sachaufgabe zu lösen, natürlich nicht grundsätzlich abzulehnen.

Die Jumboaufgabe

Zum Schluss der AG-Einheit zeigen Sie den Kindern noch die Jumboaufgabe (M88). Schon beim Lesen werden vermutlich einige Schüler »aussteigen« und die Aufgabe als »entsetzlich« bezeichnen. Der Clou an der Sache ist, dass die eigentliche Aufgabe wieder ziemlich einfach zu berechnen ist, dass aber eine Vielzahl von unnötigen Informationen die Kinder verwirrt.

Da bei der Rechnung keine Frage angegeben ist, muss zuerst herausgefunden werden, welches Problem gelöst werden soll. Die Kinder sollen deshalb Vorschläge machen, wie der Fragesatz formuliert werden könnte. Einen geeigneten schreiben Sie dann auf die Folie. Daraus ergibt sich der nächste Eintrag auf dem Tresorblatt: »Was will ich denn wissen?« (Schlüssel 3)

In einer Art »Rausstreichspiel« dürfen die Kinder nun all die Zeilenfüller streichen, von denen sie glauben, dass sie für die Berechnung nicht nötig sind. Dazu darf jeder Schüler, der formulieren kann, warum eine Information nicht notwendig ist, zum Tageslichtprojektor kommen und dort »seinen« Teil ausstreichen. (Tipp am Rande: Stecken Sie die Folie in eine Klarsichthülle, die lässt sich später leicht wieder abwischen und Ihre Folie leidet nicht!) Übrig bleiben nur noch die für die Berechnung relevanten Teile, sodass die Schüler die Aufgabe jetzt zügig berechnen können. Als Füllung des Schlüssels auf dem Tresorblatt eignet sich der Fragesatz: »Was ist eigentlich wichtig?« (Schlüssel 4)

Die Rechnung kann an der Tafel ausgeführt werden, besonders eifrige Mathematiker dürfen sie natürlich auch in Stillarbeit vorher ausrechnen.

Damit Sie sich nicht plagen müssen! Hier die Lösung:

Frage:	Wieviel Treibstoff bleibt in den Tankfahrzeugen?
Lösung:	Der Jumbo muss 72.960 Liter tanken; es bleiben also 15.040 Liter.

(Lösungsweg:

10.000 km	$\triangleq$	91.200 l
8.000 km	=	9.120 l × 8 = 72.960 l
88.000 l – 72.960 l	=	15.040 l)

Jetzt sind die Kinder in der Lage, den Tresor zu knacken. Wenn sie das festgestellt haben, stehen sie auf und beglückwünschen sich gegenseitig zu der erbrachten Leistung, indem sie sich auf die Schultern klopfen und ein Lob aussprechen. Schließlich soll sich Arbeit ja lohnen und ein Erfolgserlebnis neue Motivation für die nächsten Arbeiten geben.

Anschließend bekommen sie ihre Hausaufgabe, die darin besteht, bis zur nächsten AG-Einheit ihren Ordner herzurichten, ihn genau durchzuschauen und alle Materialien mitzubringen. Dann nehmen sie ihre Taschen auf, bilden eine Reihe und verlassen, ausgestattet mit ihrem Bonbon (M90), das Lied aus der Sesamstraße (M89) als Polonäse singend, den Unterrichtsraum.

Material und Vorbereitung

Grundmaterial

- Einzelteile der Geschichte »Der Pferdedieb« (M78)
- Kopie: »Die Bushaltestelle« (M82)
- Folienvorlage »Der Rundflug« (M84)
- Kassettenrecorder und Kassette mit dem Lied »Wer, wie, was, wieso, weshalb, warum, wer nicht fragt, bleibt dumm« aus der Sendung »Sesamstraße« (auch gesungen von Blümchen!)
- Text und Melodie des Frage-Songs aus der Sesamstraße (M90)
- Folienvorlage »Die Jumboaufgabe« (M88)

Schülermaterial

- pro Schüler je drei Streifen für »Das Reiterspiel« (M79 a/b)
- pro Schüler eine Kopie: »Die Schatzsuche« (M81)
- pro Schüler eine Kopie: Das ist so 'ne Sache mit den Aufgaben (M86)
- drei Kopien der Aufgabensammlung (M87)
- pro Schüler eine Kopie: »Die Jumboaufgabe« (M88)
- pro Schüler ein Bonbon: »Wer? Wie? Was?« (M90)
- pro Schüler eine Kopie: »Der Rundflug« (M83)

Varianten

Das Rätsel

Alle Kinder erhalten den gesamten Text »Der Pferdedieb« und versuchen, das Rätsel zu lösen. Nach einer Vermutungsphase kommen sie über das Unterstreichen wichtiger Informationen zur Lösung.

Die Schatzsuche

- Der Text wird nur auf Folie aufgelegt. Diese Vorgehensweise eignet sich nur bei guten Lesern!
- Der Text stammt aus dem Unterricht der vorhergehenden Stunde – zum Beispiel aus dem Heimat- und Sachkundebuch oder aus dem Lesebuch. Wenn die Gelegenheit passt, kopieren Sie aus einem der genannten Bücher einen Bereich und verdecken dabei einen von Ihnen vorher ausgewählten Textabschnitt, der dann von den Kindern ergänzt werden muss.
- Der Text wird von der Lehrerin vorgelesen, was bei leseschwachen Kindern von Vorteil sein kann. Die Kinder müssen aber zumindest die letzten zehn Zeilen selbst lesen, um richtig in das Geschehen der Geschichte eintauchen zu können.

Die Bahnhofsgeschichte

Anstelle der Geschichte »An der Bushaltestelle« tritt ein anderer Ort, nämlich der Bahnhof. Diese Geschichte bietet ebenso viele Geräuschmöglichkeiten wie die Busstation. Andere Möglichkeiten wären »Das alte Ritterschloss«, »Im Kaufhaus«, »In der Pause«, »Im Freibad« oder »Vor Schulbeginn«.

Die Jumboaufgabe

Alle Kinder erhalten die Aufgabe und streichen nach ihren eigenen Vorstellungen unwichtige Informationen heraus. Ein anschließendes Gespräch klärt die Wichtigkeit der verbleibenden Aufgabenteile.

Kopiervorlagen

- Das ist so 'ne Sache mit den Aufgaben (M86)
- Text: »Der Pferdedieb« (M78)
- Das Reiterspiel (M79)
- Text: »Die Schatzsuche« (M80 a/b und M81)
- Vorlage: An der Bushaltestelle (M82)
- Der Rundflug – Schülerversion (M83)
- Der Rundflug – Folienvorlage für Lehrerin (M84)
- Der Rundflug – Informationen zur Aufgabe (M85)
- Aufgabensammlung (Niveau: Mitte der 4. Jahrgangsstufe) (M87)
- Die Jumboaufgabe (M88)
- Text und Noten zum Sesamstraßenlied (M89)
- Bonbon: Wer? Wie? Was? (M90)

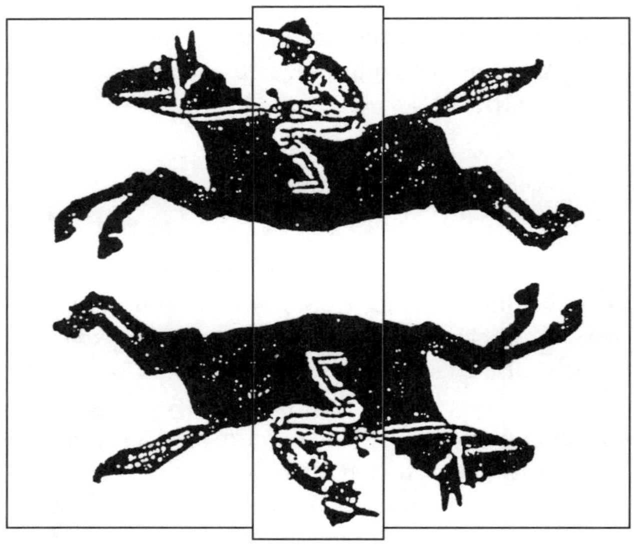

Der Pferdedieb

Im westlichen Ohio trieb jahrelang ein berüchtigter Pferdedieb sein Unwesen. Er stahl den Farmern die besten Pferde aus dem Stall und verschwand stets, ohne eine Spur zu hinterlassen. Die geschädigten Farmer taten sich zusammen, streiften die gesamte Prärie ab, aber es gelang ihnen nicht, den Dieb zu fassen. Niemand wusste, wie er aussah, denn er war noch nie auf frischer Tat ertappt worden. Obwohl er also schon lange für den Galgen reif war und die Farmer nur so darauf brannten, ihn zu hängen, wurde er immer dreister. Wie von ihm selbst entdeckte man auch von den Pferden nie mehr als eine einzige Spur. Es bildeten sich unheimliche Geschichten um den Dieb und es wurde schließlich behauptet, er sei mit dem Teufel im Bunde. Eines aber schien festzustehen: Der Dieb kam immer zu Fuß!

Als der Farmer John Brown, dessen Ranch am Rande der Prärie lag, eines Nachmittags in seinem Haus arbeitete, hörte er plötzlich in seinem Stall, der direkt neben seinem Haus stand, ein Geräusch. Da er einen scharfen Hund hatte, schöpfte er zunächst keinen Verdacht. Dann aber hörte er den Galopp eines davoneilenden Pferdes. Blitzschnell durchzuckte ihn der Gedanke an den Pferdedieb. Er griff nach der stets bereitstehenden geladenen Büchse und stürzte vor das Haus. Gedankenschnell riss er das Gewehr an die Wange und feuerte hinter dem Fliehenden her. Er dachte nicht daran, dass er sein eigenes Pferd treffen könnte und schoss mehrmals auf den Räuber. Leider verfehlten die Kugeln ihr Ziel.

Hohnlachend drehte sich der Davonjagende im Sattel um und schwenkte seinen Hut. Vor Erregung zitternd stürzte Brown in sein Haus. Schnell ergriff er seine Provianttasche und eine Getränkeflasche, zog seinen Sattel unter dem Bett hervor und rannte zum Stall. Am Eingang zum Stall stolperter er über seinen Hund, den der Räuber anscheinend vergiftet hatte. Rasch sattelte er das Pferd, das ihm noch geblieben war, schwang sich in den Sattel und sprengte in gestrecktem Galopp hinter dem Räuber her.

Eine wilde Jagd begann. Brown war überzeugt, dass er den berüchtigten Burschen vor sich hatte, der schon seit langer Zeit die Gegend unsicher machte. Er holte das Letzte aus seinem Pferd heraus, denn es war für ihn eine Ehrensache, den Schädling zu fangen und ihn seiner gerechten Strafe zuzuführen. Doch auch dieser ritt wie der Teufel, denn es ging ja um sein Leben.

So ging die Jagd in die weite Prärie hinaus. Deutlich sah Brown den Flüchtenden in der untergehenden Sonne vor sich.

Ob er den Flüchtenden ergreifen konnte?

M 79a

Das Reiterspiel (Pferde)

Der Pferdedieb

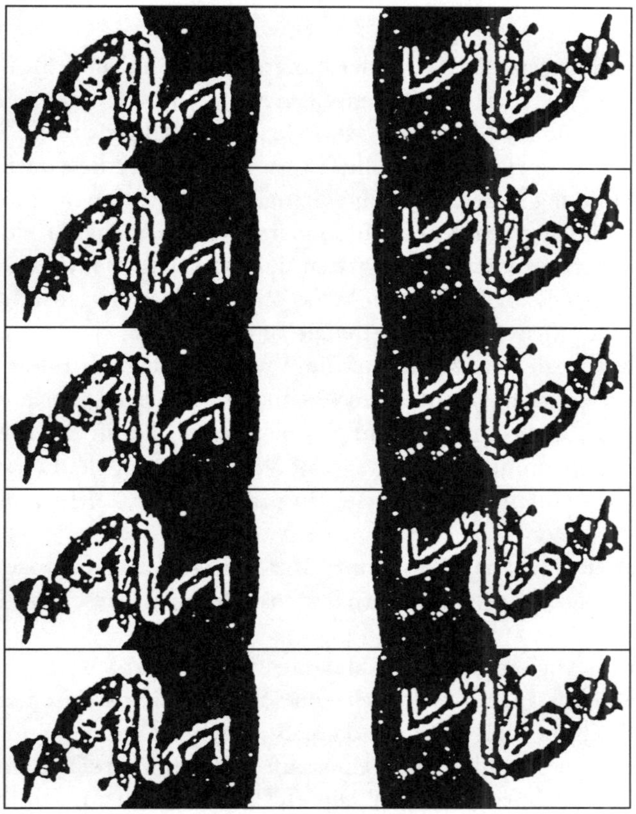

Die Schatzsuche

Endlich waren Sommerferien! Die Kinder Sandra, Ferdinand und Stefanie fuhren mit ihren Eltern für zwei Wochen nach Harthausen, einem kleinen Ort am Fuße der Alpen. Wie jedes Jahr wohnten sie dort in der alten Glücks-Mühle, die schon lange außer Betrieb war. Sie stand nahe am Waldrand und ganz in der Nähe grasten viele Kühe. Es war einfach herrlich dort: Es gab einen kleinen Bach, und wenn man ein wenig in den Wald hineinging, dann brauchte man nicht lange zu suchen, um immer neue kleine Höhlen zu entdecken. Besonders interessant aber fanden es die vier, auf dem Dachboden der Mühle herumzusuchen. Sie hatten dort schon so manch seltsames Ding entdeckt und es war dort immer so herrlich gruselig! Der Wind pfiff durch den Dachstuhl und viele merkwürdige Geräusche hatten ihnen oft so richtig Angst eingejagt.

Natürlich freuten sich die Vier schon auf die Abenteuer, die sie in diesem Jahr erleben würden und ganz aufgeregt klettern sie noch am ersten Abend die wackelige Leiter hinauf.

Ferdinand war wie immer der erste und er war es auch, der in der hintersten Ecke die Truhe entdeckte. War die schon immer dort gestanden? Warum hatten sie die noch nie gesehen? Als sie den Staub vom Deckel wischten, erkannten sie ein paar seltsame Zeichen, die sie aber nicht lesen konnten.

»Das ist bestimmt eine Schatztruhe« meinte Mark. »Komm, lass uns nachsehen, was darin ist!« Doch das war leichter gesagt als getan. Ein großes, rostiges Vorhängeschloss verhinderte, dass die Kinder den Deckel heben konnten.

»Ich weiß, wo ein Brecheisen liegt!« rief Stefanie und schon kroch sie hinter einen großen Balken und zog eine schwere Eisenstange hervor. Ächzend schleppte sie das Eisen zu der Truhe. »Lass das mich mal machen, du weißt ja doch nicht wie das geht,« meinte Ferdinand und kam sich furchtbar wichtig vor. Vorsichtig setzte er das Eisen am Schloss an und stemmte sich dann mit aller Kraft darauf. Ein lauter Schlag und das Schloss war offen! Die Vier blickten sich an, dann stürzten sie sich auf die Truhe.

Die Scharniere quietschten unheimlich, als sie vorsichtig den schweren Deckel anhoben. Im Halbdunkel des Dachbodens konnten sie zuerst fast nichts erkennen. Eine Staubwolke stieg auf, doch als diese sich verzogen hatte, fiel ihr Blick auf eine silbern glänzende Dose auf der stand:

MIR HAT ES GLÜCK GEBRACHT – DU WIRST ES ERST SUCHEN MÜSSEN!!

»Ich weiß nicht, sollen wir nicht doch lieber Mama und Papa holen?« Stefanies Stimme klang ein wenig ängstlich.

»Quatsch, was soll da schon Gefährliches drin sein?« antwortete Ferdinand, aber so ganz sicher klang das nicht, was er da sagte.

Mit zittrigen Händen hob Mark die Dose aus der Truhe. Es war nicht besonders schwierig, die mit vielen Zeichen verzierte Dose zu öffnen und Stefanie – inzwischen wieder mutiger geworden – zog ein vergilbtes Blatt Papier heraus. Langsam und vorsichtig falteten die Vier das alte Papier auseinander.

»Da ist ein Weg eingezeichnet« flüsterte Sandra.

»Dort, das muss ein Wald sein und da, sieh doch nur, das ist unsere Mühle!« Ferdinand konnte vor Aufregung kaum noch sprechen. Immer mehr Einzelheiten erkannten die Kinder auf dem Plan und sie waren sich sicher, das musste eine Landkarte von der Umgebung der Mühle sein. »Was sollen wir jetzt mit dem Fetzen machen? Lass uns lieber nachsehen, was noch in der Truhe ist!« meinte Mark, der schon wieder neben der Truhe kniete.

»Da, da steht noch etwas!« rief plötzlich Stefanie, die das Blatt umgedreht hatte. Tatsächlich in krakeliger Schrift stand da zu lesen:

»Gehe zur alten Eiche. Messe 35 m in Richtung Westen. Die Spitze des Felsens dort zeigt dir den Weg! 44 Schritte und du kannst das Geheimnis lüften! Wenn der Holunder blüht, dann sollst du an uns denken!«

»Auf was warten wir denn noch?« fragte Mark und schon machten sich die Freunde auf den Weg.

Der Bach plätscherte leise vor sich hin, als die Vier vor der Mühle standen. »Welche Eiche ist wohl gemeint?« fragte Sandra. »Du kannst vielleicht blöd fragen! Da gibt es doch nur die eine dort drüben am Waldrand. Das ist doch ein Nadelwald und die Eiche fällt direkt auf.« Ferdinand war wieder einmal der »Professor« unter den Kindern und nach seiner verständlichen Erklärung gingen die Kinder los.

»Jetzt müssen wir 35 Meter nach Westen« stellte Stefanie fest, die den Plan vor sich hielt. Das war nicht schwer, hatten sie doch in der Schule gelernt, dass dort die Sonne unterging und es war schließlich Abend. Schon standen sie vor einem Stein mit einer ganz seltsamen Spitze. »Bestimmt müssen wir in diese Richtung« meinte Ferdinand. Laut zählten sie mit, als sie die 44 Schritte machten und schließlich vor einem Holunderbusch standen, der aus einem Haufen von Steinen herauswuchs. »Und jetzt?«

Sie schauten sich um, nichts Auffälliges war mehr zu entdecken.

Enttäuscht setzten sie sich erst einmal auf den Boden. »Schade« meinte Sandra und schabte mit einem Hölzchen das Moos von einem der Steine.

»Hier, schaut mal her! Da ist etwas eingeritzt! Das sieht aus wie …«. Ferdinand deutete auf die Stelle, die Sandra gerade freigelegt hatte. Mit bloßen Händen zupften sie das Moos ab und säuberten den ganzen Stein. Ein vierblättriges Kleeblatt kam zum Vorschein. Daneben stand noch etwas, aber das konnten die Vier nicht entziffern.

Aufgeregt liefen die Vier zur Mühle zurück und erzählten ihren Eltern, was sie entdeckt hatten.

Der Vater hatte schon einmal etwas davon gehört, dass vor vielen Jahren die Müller aus ihrer Mühle vertrieben worden waren und ihr Familienwappen versteckt hatten. Sollte das etwa der Mühlstein sein?

Er hatte recht: Die Kinder hatten den alten Mühlstein entdeckt, den die ehemaligen Besitzer vor ihrer Flucht wohl noch zu retten versucht hatten.

Es gab ein großes Fest, als der Stein wieder an der ursprünglichen Stelle angebracht worden war. Der Bürgermeister und der Heimatpfleger hielten eine Rede und die Kinder mussten noch einmal ganz ausführlich erzählen, wie sie das alte Familienwappen der Glücks-Mühle entdeckt hatten. Viele Jahre lang galt es als verschwunden und niemand hatte sich den Namen der Mühle erklären können.

Als Dank erhielten die vier Abenteurer eine Urkunde und durften für den Rest ihrer Ferien kostenlos das Freibad besuchen.

M 81

Die Schatzsuche

Endlich waren Sommerferien! Die Kinder Sandra, Ferdinand und Stefanie fuhren mit ihren Eltern für zwei Wochen nach Harthausen, einem kleinen Ort am Fuße der Alpen. Wie jedes Jahr wohnten sie dort in der alten Glücks-Mühle, die schon lange außer Betrieb war. Sie stand nahe am Waldrand und ganz in der Nähe grasten viele Kühe. Es war einfach herrlich dort: Es gab einen kleinen Bach, und wenn man ein wenig in den Wald hineinging, dann brauchte man nicht lange zu suchen, um immer neue kleine Höhlen zu entdecken. Besonders interessant aber fanden es die vier, auf dem Dachboden der Mühle herumzusuchen. Sie hatten dort schon so manch seltsames Ding entdeckt und es war dort immer so herrlich gruselig! Der Wind pfiff durch den Dachstuhl und viele merkwürdige Geräusche hatten ihnen oft so richtig Angst eingejagt.
Natürlich freuten sich die Vier schon auf die Abenteuer, die sie in diesem Jahr erleben würden und ganz aufgeregt klettern sie noch am ersten Abend die wackelige Leiter hinauf.
Ferdinand war wie immer der erste und er war es auch, der in der hintersten Ecke die Truhe entdeckte. War die schon immer dort gestanden? Warum hatten sie die noch nie gesehen? Als sie den Staub vom Deckel wischten, erkannten sie ein paar seltsame Zeichen, die sie aber nicht lesen konnten.
»Das ist bestimmt eine Schatztruhe« meinte Mark. »Komm, lass uns nachsehen, was darin ist!« Doch das war leichter gesagt als getan. Ein großes, rostiges Vorhängeschloss verhinderte, dass die Kinder den Deckel heben konnten.
»Ich weiß, wo ein Brecheisen liegt!« rief Stefanie und schon kroch sie hinter einen großen Balken und zog eine schwere Eisenstange hervor. Ächzend schleppte sie das Eisen zu der Truhe. »Lass das mich mal machen, du weißt ja doch nicht wie das geht,« meinte Ferdinand und kam sich furchtbar wichtig vor. Vorsichtig setzte er das Eisen am Schloss an und stemmte sich dann mit aller Kraft darauf. Ein lauter Schlag und das Schloss war offen! Die Vier blickten sich an, dann stürzten sie sich auf die Truhe.
Die Scharniere quietschten unheimlich, als sie vorsichtig den schweren Deckel anhoben. Im Halbdunkel des Dachbodens konnten sie zuerst fast nichts erkennen. Eine Staubwolke stieg auf, doch als diese sich verzogen hatte, fiel ihr Blick auf eine silbern glänzende Dose auf der stand:
MIR HAT ES GLÜCK GEBRACHT – DU WIRST ES ERST SUCHEN MÜSSEN!!
»Ich weiß nicht, sollen wir nicht doch lieber Mama und Papa holen?« Stefanies Stimme klang ein wenig ängstlich.
»Quatsch, was soll da schon Gefährliches drin sein?« antwortete Ferdinand, aber so ganz sicher klang das nicht, was er da sagte.
Mit zittrigen Händen hob Mark die Dose aus der Truhe. Es war nicht besonders schwierig, die mit vielen Zeichen verzierte Dose zu öffnen und Stefanie – inzwischen wieder mutiger geworden – zog ein vergilbtes Blatt Papier heraus. Langsam und vorsichtig falteten die Vier das alte Papier auseinander.
»Da ist ein Weg eingezeichnet« flüsterte Sandra.
»Dort, das muss ein Wald sein und da, sieh doch nur, das ist unsere Mühle!« Ferdinand konnte vor Aufregung kaum noch sprechen. Immer mehr Einzelheiten erkannten die Kinder auf dem Plan und sie waren sich sicher, das musste eine Landkarte von der Umgebung der Mühle sein. »Was sollen wir jetzt mit dem Fetzen machen? Lass uns lieber nachsehen, was noch in der Truhe ist!« meinte Mark, der schon wieder neben der Truhe kniete.

»Da, da steht noch etwas!« rief plötzlich Stefanie, die das Blatt umgedreht hatte. Tatsächlich in krakeliger Schrift stand da zu lesen:
»Gehe zur alten Eiche. Messe 35 m in Richtung Westen. Die Spitze des Felsens dort zeigt dir den Weg! 44 Schritte und du kannst das Geheimnis lüften! Wenn der Holunder blüht, dann sollst du an uns denken!«
»Auf was warten wir denn noch?« fragte Mark und schon machten sich die Freunde auf den Weg.
Der Bach plätscherte leise vor sich hin, als die Vier vor der Mühle standen. »Welche Eiche ist wohl gemeint?« fragte Sandra. »Du kannst vielleicht blöd fragen! Da gibt es doch nur die eine dort drü…
am Waldrand. Das ist doch ein Nadelwald und die Eiche fällt direkt auf.« Ferdinand war wi…
mal der »Professor« unter den Kindern und nach seiner verständlichen Erklärung ging…
los.
»Jetzt müssen wir 35 Meter nach Westen« stellte Stefanie fe…
nicht schwer, hatten sie doch in der Schule gelernt, dass…
lich Abend. Schon standen si…
wir in diese Ri…

…as, aber das
…ihren Eltern, was sie entdeckt hatten.
…t, dass vor vielen Jahren die Müller aus ihrer Mühle
…und ihr Familienwappen versteckt hatten. Sollte das etwa der Mühlstein

Er hatte recht: Die Kinder hatten den alten Mühlstein entdeckt, den die ehemaligen Besitzer vor ihrer Flucht wohl noch zu retten versucht hatten.
Es gab ein großes Fest, als der Stein wieder an der ursprünglichen Stelle angebracht worden war. Der Bürgermeister und der Heimatpfleger hielten eine Rede und die Kinder mussten noch einmal ganz ausführlich erzählen, wie sie das alte Familienwappen der Glücks-Mühle entdeckt hatten. Viele Jahre lang galt es als verschwunden und niemand hatte sich den Namen der Mühle erklären können.
Als Dank erhielten die vier Abenteurer eine Urkunde und durften für den Rest ihrer Ferien kostenlos das Freibad besuchen.

Das Labyrinth

Findest du den Weg vom Ohr zur Pfote?

M 82

An der Bushaltestelle

Die Zeiger der Kirchturmuhr ..... gehen auf 12.15 Uhr. Die Schüler warten ungeduldig auf das Läuten der Schulglocke ..... Endlich ist es soweit! Schnell die Tasche gepackt und schon laufen die Kinder ..... die Treppe hinunter. Franz und Torsten ..... wollen wie immer die Ersten sein. Die Busaufsicht ..... hält sie gerade noch auf. Sabine ..... verabschiedet sich von ihrer Freundin. Ein Motorrad ..... fährt laut knatternd vorbei. Wo heute nur die vielen Autos ..... herkommen! Opa Meier ..... will wie immer auch mit dem Bus ..... mitfahren. Heute aber ist auch Frau Huber mit ihrem Hund Waldi ..... an der Haltestelle. Die Busaufsicht ..... muss besonders aufpassen, denn da kommt ein Fahrradfahrer ....., der auf dem Gehsteig fährt. Einige Buben ..... entdecken den Bus ..... schon von Weitem. Da hält der Bus ..... auch schon. Der Busfahrer ..... öffnet die Türen ..... und die Kinder ..... stürmen hinein. Beinahe hätten Franz und Torsten den kleinen Hund ..... übersehen, aber Opa Meier ..... fuchtelt mit seinem Stock herum, dass sich Sabine ..... erschreckt und auf Waldi ..... aufmerksam macht. Die Autos ..... müssen hinter dem Bus ..... warten, weil noch einige Kinder ..... gelaufen kommen. Der Busfahrer ..... schließt die Türen ..... und die Fahrt kann beginnen. Auch die Busaufsicht ..... kann jetzt gehen und die Autos ..... fahren vorsichtig hinter dem Bus ..... her.

Der Rundflug

In den Sommerferien will Familie Schmidbauer mit ihren Freunden einen Rundflug über ihre Heimatstadt machen.
Wenn sie mit einer Cessna fliegen, müssen sie mehr bezahlen, als wenn sie mit einer Piper fliegen.
Ein Kind zahlt nur halb so viel wie ein Erwachsener.
Der Vater zahlt am Counter vor dem Start die Tickets für alle.

Der Rundflug

In den Sommerferien will Familie Schmidbauer mit ihren Freunden einen Rundflug über ihre Heimatstadt machen.
Wenn sie mit einer Cessna fliegen, müssen sie mehr bezahlen als wenn sie mit einer Piper fliegen.
Ein Kind zahlt nur halb so viel wie ein Erwachsener.
Der Vater zahlt am Counter vor dem Start die Tickets für alle.

Was ist ein Counter?

Das ist der Schalter, an dem Flugscheine bestellt und bezahlt werden.

Was kostet ein Ticket für einen Erwachsenen?

Ein Erwachsenenticket kostet 50 Euro.

Wie viele Erwachsene fliegen mit?

Es sind fünf Erwachsene.

Wie viele Kinder fliegen mit?

Zwei Kinder fliegen mit.

Wie viel muss Herr Schmidbauer insgesamt bezahlen?

Er muss .... bezahlen.

Informationen zur Aufgabe

Ein Counter ist der Schalter, an dem Flugscheine bestellt und bezahlt werden.

Ein Erwachsenenticket kostet 50 Euro.

Es sind fünf Erwachsene.

Zwei Kinder fliegen mit.

In den Flugzeugen können jeweils acht Personen mitfliegen.

M 86

Das ist halt so ’ne Sache mit den Aufgaben!

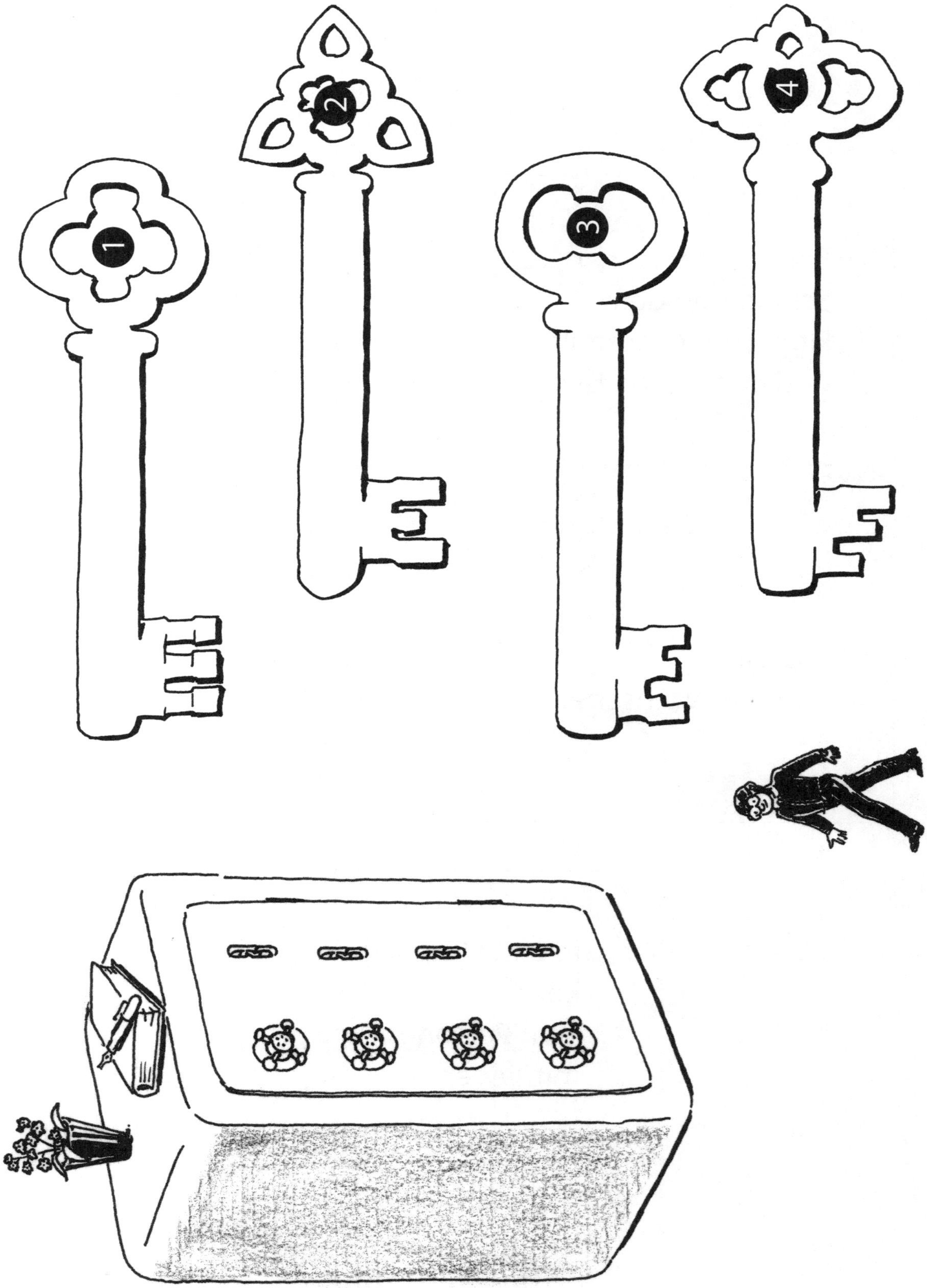

Aufgabensammlung (4. Klasse)

Gruppe 1

Der Fußballverein »Tor 05« kauft für seine Schülermannschaften neue T-Shirts und Hosen. Es gibt 4 Mannschaften mit insgesamt 36 Spielern. Ein T-Shirt kostet 15 Euro, eine Hose 16 Euro.

Gruppe 2

Frau Schott will sich ein neues Auto kaufen und hat 4.000 Euro gespart. Der Wagen soll 10.270 Euro kosten. Für ihr altes Auto bekommt Frau Schott 3.750 Euro angerechnet. Den fehlenden Betrag will sie in 9 gleichen Monatsraten bezahlen.

Gruppe 3

Herr Huber fährt mit seinem Tankwagen am Morgen mit 22.000 Liter Heizöl zu den Kunden. Bei Familie Dorn füllt er 5.400 Liter ein, bei Familie Eckart 4.900 Liter. Familie Thieme hat vier Tanks mit je 2.500 Liter Fassungsvermögen. Sie hat die Hälfte ihres Heizöles verheizt. Die Firma Schwartz hat 6.500 Liter bestellt.

Die Jumboaufgabe

Ein Jumbo, das ist eine Boeing 747, startet am Mittwoch um 12.00 Uhr mit 368 Passagieren an Bord vollgetankt in Frankfurt. Die durchschnittliche Reisegeschwindigkeit dieses Großraumflugzeuges beträgt 825 km/h.

Auf ihrer Flugstrecke überquert sie Europa und Asien. Dort muss sie jedoch nach 12 Stunden Flugzeit und einer Strecke von 10.000 km in Kuala Lumpur zwischenlanden, um 91.200 Liter Treibstoff zu tanken.
2 Stunden später dürfen die Passagiere wieder an Bord gehen, denn der Flug geht weiter. Selbstverständlich gibt es jetzt einen neuen Film zu sehen und vor allem die Kinder genießen es sehr, dass sie auf ihrem eigenen Monitor in der Rückenlehne des Vordersitzes die freie Auswahl haben.
Die Flugstrecke von Kuala Lumpur nach Sydney beträgt 8.000 km.
Weitere 10 Stunden später landet die Maschine wohlbehalten in Sydney.
Durch die Zeitverschiebung ist es dort jetzt allerdings 22.00 Uhr.
Nach der Wartung durch die Mechaniker kommen vier Tankwagen mit je 22.000 Liter Treibstoff, um den Jumbo für den Rückflug wieder vollzutanken.

Sesamstraße:
»Wer, wie, was ...«

Der, die, das
wer, wie, was,
wieso, weshalb, warum,
wer nicht fragt, bleibt dumm,
tausend kleine Sachen
gibt es überall zu seh'n,
manchmal muss man fragen,
um sie zu verstehn.

Wer,
wie,
was?

Wer,
wie,
was?

Wer,
wie,
was?

Wer,
wie,
was?

Wer,
wie,
was?

Wer,
wie,
was?

Wer,
wie,
was?

Wer,
wie,
was?

Wer,
wie,
was?

Wer,
wie,
was?

Wer,
wie,
was?

Wer,
wie,
was?

Einheit 10: Lernolympia

Idee und Inhalt

In der letzten AG-Einheit werden Sie mit den Schülern Ihre AG noch einmal Revue passieren lassen. Mit jeder Menge (Lern-)Bewegung werden Inhalte und Methoden aus den vergangenen Einheiten in einem großen Spiel wiederholt. Den Abschluss der AG bildet die Wahl des Supertipps.

Ablauf in Kurzform

- Vor der Einheit: Aufbau
- Paare einteilen
- Spiel erklären, Laufzettel austeilen
- Jetzt wird gespielt
- Spielauswertung
- Wahl des Super-Tipps

Ablauf der Einheit

Bevor der Ablauf der Einheit erläutert wird, soll das Spiel, das den Hauptteil dieser Einheit ausmachen wird, beschrieben werden:

Das Spiel

Es gibt 10 mitspielende Paare und 10 Stationen, an denen jeweils ein Auftrag zu erfüllen ist. Sollte Ihre Gruppe nicht aus 20 Schülern bestehen, können Sie die Anzahl der Stationen variieren oder größere Gruppen bilden. Wichtig hierbei für den Ablauf ist jedoch, dass die Anzahl der spielenden Gruppen mit der Anzahl der Stationen übereinstimmmt.

Jedes Paar startet an einer Station und löst den dort gestellten Auftrag. Für die Erledigung sind 4 Minuten Zeit vorgesehen. Nach Ablauf dieser Zeit geben Sie ein akustisches Signal (Gong) und die Schülerpaare bewegen sich auf dem gekennzeichneten Weg zur nächsten Station. Dabei bewegen sich alle Paare in die gleiche Richtung, es ist also immer an jeder Station ein Paar.

Die einzelnen Stationen sind an verschiedenen Plätzen im Raum verteilt, die Wege zwischen ihnen werden auf dem Boden mit Kreide oder Tesa-Krepp markiert.

Die Aufträge an den Stationen sind so formuliert, dass die Schüler sie ohne Ihre Hilfe erledigen können. Auf dem Arbeitsmaterial ist außerdem jeweils die Bewegungsart angegeben, mit der sich das Paar zur nächsten Station begeben muss. (Bei Nichtbeachtung können sie Punkte verlieren.)

Jedes Paar erhält zu Beginn einen **Laufzettel** (M91) und eine Klarsichthülle. Auf dem Zettel werden die erledigten Stationen und Lösungen eingetragen, in die Folie lassen sich fertige Puzzle u.Ä. legen. Die Spalte »Punkte« wird erst bei der gemeinsamen Auswertung des Spiels ausgefüllt.

Das ganze Spiel dauert etwa 80 Minuten.

Die Stationen im Einzelnen

① »Nicht alles ist klasse«

»Auf diesem Tisch liegen 25 Karteikarten. Ihr wisst sicher noch, wie Karteikarten geschrieben werden, was gute und was schlechte Karteikarten sind. Sortiert alle guten aus! Auf jeder Karteikarte steht unten ein Buchstabe. Wenn ihr die Buchstaben der guten Karteikarten richtig sortiert, erhaltet ihr das Lösungswort. Schreibt es auf euren Laufzettel.«

Material: eine Kopie der Anleitung (M92),
20 Karteikarten A8,
dazu Kopien der Materialien M93 und M94 (zwei Kopiervorlagen zum Bekleben der Vorder- und Rückseiten der Karteikarten),
Stifte und Papier

Lösung: »Stapelraten«

»Zur nächsten Station hüpft ihr auf einem Bein!«

② »**Alles ge-checkt!**«

»Öffnet einen der Umschläge! Ihr werdet sehen, dass hier leider unsere Checkliste durcheinander geraten ist. Bitte setzt sie wieder richtig zusammen und klebt sie auf ein weißes Blatt! Die fertige Liste steckt ihr in euere Klarsichthülle.«

Material: eine Kopie der Anleitung (M95),
10 Umschläge A6,
5 Kopien (M96) in Zeilen zerschnitten,
Kleber, Papier

Lösung: fertige Liste

»Zur nächsten Station fliegt ihr mit aufgesetzter Fliegerbrille!«

③ »**Malen nach Zahlen**«

»Erinnert ihr euch noch an unseren Zahlencode? Eure Aufgabe ist es, eine eurer Telefonnummern mit dem Code darzustellen. Das entstandene Bild steckt ihr in eure Klarsichthülle.«

Material: eine Kopie der Anleitung (M97),
10 Blätter A5,
Stifte, eine Schnur ca. 3 m lang

Lösung: fertiges Bild

»Zur nächsten Station balanciert ihr auf der ausgelegten Schnur!«

④ »**Tischlein deck'dich**«

»An einem ordentlichen Arbeitsplatz lerne ich lieber und besser! Aber dieser Tisch hier ist ganz leer. Nehmt also aus dem Umschlag die Utensilienkärtchen und klebt die für euch wichtigen an die richtige Stelle. Das fertige Blatt steckt ihr in eure Klarsichthülle.«

Material: eine Kopie der Anleitung (M98),
10 Umschläge A6,
10 Kopien der Utensilien (M99) zerschnitten,
10 Kopien des Tisches (M100),
Kleber

Lösung: fertiges Arbeitsblatt

»Zur nächsten Station geht ihr im Entengang hintereinander!«

⑤ »**Da raucht euch der Kopf**«

»Hier ist was für alle Ratefreunde! Schreibt die Lösungen auf euren Laufzettel!«

Material: eine Kopie von M101,
Stifte und Papier

Lösung: a) oben, weil »Z« keine Rundung hat;
b) der Salzstreuer

»Zur nächsten Station geht ihr rückwärts und haltet euch an den Schultern!«

⑥ »**Das gewisse Örtchen**«

»Vor ein paar Wochen habt ihr die »Loci-Technik« kennen gelernt. Erinnert ihr euch noch, woher der Name stammt? Versucht, es auf ein Bild zu malen!«

Material: eine Kopie der Anleitung (M102),
Stifte, Papier, 10 Blätter A5

Lösung: fertiges Bild

»Zur nächsten Station gelangt ihr nebeneinander im Krebsgang!«

⑦ »**Geht die Abendsonne schlafen …**«

»Kommt euch das bekannt vor? Versucht, die Lücken im Gedicht zu füllen! Den so ausgefüllten Zettel steckt ihr in die Klarsichthülle.«

Material: eine Kopie der Anleitung (M103),
5 Kopien vom Restgedicht (M104) halbiert,
Stifte

Lösung: fertiges Gedicht

»Zur nächsten Station trägt der Größere von euch den Kleineren Huckepack!«

⑧ »**Die Sprung-Grube**«

»Vor euch seht ihr eine kleine Geschichte und eine 3-Sprung-Grube. Lest zuerst bitte die Geschichte durch. Rechts neben dem Maßband liegen Karten. Auf der Vorderseite befindet sich eine Zahl, auf der Rückseite je 5 Wörter. Auf einer stehen alle Personen aus der kleinen Geschichte. Diese sollt ihr finden. Nacheinander macht nun jeder aus eurer Gruppe einen 3-Sprung. Bitte springt links entlang des ausgelegten Maßbandes.

Dort, wo ihr landet, hebt ihr die Karte auf, die euch am nächsten liegt. Lest die Wörter und entscheidet, ob ihr die passende Karte gefunden habt. Wenn ja, notiert die Zahl von der Vorderseite der Karte auf euren Laufzettel. Wenn nicht, dürft ihr weiterspringen, bis ihr erfolgreich seid, aber nur bis der Gong ertönt.

Wichtig: bitte die Zettel immer wieder an ihre Plätze zurück legen!«

Material: eine Kopie der Anleitung (M105),
Maßband,
Stifte,
eine Kopie von »Eine kleine Geschichte« (M106),
5 Karteikarten A7,
dazu: Kopien der Materialien (M107) zum Bekleben der Vorder- und Rückseiten

Lösung: 400

»Zur nächsten Station müsst ihr mit drei Hopsern gelangen!«

⑨ »Im siebten Himmel«

»Auf diesem Blatt seht ihr eine Menge Wolken, ein ganzes Wolken-Wirr-Warr sozusagen. Auch die kleine Wolke, die jedes euerer Arbeitsblätter schmückt, ist dabei. Sucht sie und zählt, wie oft ihr sie gefunden habt. Bitte nicht auf die Kopie malen!«

Material: eine Kopie von M108,
Stifte

Lösung: 27

»Zur nächsten Station geht es nun im Walzerschritt!«

⑩ »Viel hilft viel?«

»Mit Textaufgaben kennt ihr euch ja bestens aus. Hier haben wir ein ganz besonders schönes Exemplar. Lest den Text genau durch und rechnet die Aufgabe. Schreibt das Ergebnis auf euren Laufzettel.«

Material: eine Kopie von M109,
leere Zettel,
Stifte

Lösung: 2.000 DM

»Zur nächsten Station marschiert ihr im Gleichschritt!«

☺ Zusätzlich zu diesen 10 Stationen hängen Sie irgendwo im Raum, deutlich sichtbar für alle, ein Lernposter auf. Dazu kopieren Sie (M110) auf buntes Papier (A4 oder größer) oder schreiben den Text per Hand auf ein entsprechendes Blatt.

Vor der Einheit: Aufbau

Für das Spiel benötigen Sie einen zusätzlichen Raum. Das kann die Pausenhalle sein oder ein anderer Klassenraum. Entscheidend ist, dass Sie viel Platz haben. In diesem Raum bauen Sie vor Beginn der Einheit die Stationen auf und kennzeichnen die Wege. An jeder Station sollten Sie einen Zettel anbringen, auf dem die Nummer der Station groß zu sehen ist. Mit Hilfe dieser Nummernzettel finden die Schüler später ihre Startstation. Die Auftragsblätter sollten auf dem jeweiligen Tisch mit Klebeband festgeklebt werden. So verhindern Sie, dass aus Versehen ein Paar diesen Zettel einsteckt und die Nächsten nicht wissen, was zu erledigen ist. Legen Sie einen Gong (kleine Glocke, Fahrradklingel o.Ä.) und eine Uhr bereit. Der Aufbau dauert etwa eine halbe Stunde.

Paare einteilen

Die Einheit beginnt mit dem Einteilen der Gruppe in die Spielpaare. Wenn sich die Partner nicht selbst zusammenfinden, könnten Sie folgendermaßen vorgehen: Jedes Kind zieht ein Startkärtchen. Diese Kärtchen haben Sie im Vorfeld erstellt und ähnlich Lotterielosen geknifft. Auf jedem dieser Kärtchen befindet sich eine kleine Rechenaufgabe. Das Ergebnis der Rechnung ist eine Zahl zwischen 1 und 10. Dabei tritt jedes Ergebnis doppelt auf. Die Schüler mit demselben Ergebnis sind ein Spielpaar und die errechnete Zahl entspricht ihrer Startstation.

Spiel erklären, Laufzettel austeilen

Sind die Paare eingeteilt, können Sie den Schülern das Spiel und die Regeln erklären und die Laufzettel austeilen. Bitten Sie die Kinder, als erstes ihre Namen auf die Zettel zu schreiben.

Spielregeln

- Beim Gong wird die Station gewechselt, nicht früher und nicht später.
- Der Wechsel erfolgt mit der »Gangart«, die auf dem Arbeitsmaterial vorgeschrieben ist.

Jetzt wird gespielt

Zum Spielen gehen Sie mit den Schülern in den von Ihnen vorbereiteten Raum. Dort nehmen die Paare ihre Startstation ein und mit dem ersten Gong geht es los.

Haben die Paare ihre letzte Aufgabe gelöst, gehen alle zusammen zurück ins Klassenzimmer.

Spielauswertung

Die Auswertung findet wieder im »normalen« Klassenzimmer statt. Sie können entweder die einzelnen Stationen mündlich durchsprechen und mit den Kindern vergleichen, oder die Lösungen an die Tafel schreiben. Für jede richtige Lösung erhält die Gruppe jeweils 10 Punkte. Bei angefertigten Bildern o.Ä. müssen Sie sich die Ergebnisse zeigen lassen und vergeben dann die Punkte. Zehn Sonderpunkte erhalten all jene Gruppen/Paare, die aufschreiben können, was auf dem Poster (M110) stand.

Wahl des Super-Tipps

Hierzu benötigt jeder Schüler seinen AG-Hefter. Sie fordern die Schüler auf, den Hefter noch einmal durchzusehen, die Tipps zu wiederholen und sich ihren persönlichen Lieblingstipp auszuwählen. Nun erhält jeder ein Blatt Papier (Größe A4). Darauf schreibt er seinen Lieblingstipp. Dann faltet er aus diesem Lieblingstipp ein Papierflugzeug.

Die Schüler packen nun ihre Sachen zusammen, nur der Papierflieger bleibt in der Hand. Jetzt gehen Sie gemeinsam mit den Kindern auf den Pausenhof. Dort stellen sich alle Kinder in einer Reihe nebeneinander auf und lassen ihr Flugzeug fliegen. Der Lieblingstipp, der am weitesten geflogen ist, wird zum Super-Tipp dieser AG erklärt.

Material und Vorbereitung

Grundmaterial

- pro Station einen Nummernzettel
- pro Station ein Auftragsblatt (M92, 95, 97, 98, 101, 102, 103, 105, 108, 109)
- Gong o.Ä., Uhr o.Ä., Schnur, Maßband
- Stifte, Zettel, Karteikarten, Kleber (siehe oben)

Schülermaterial

- 10 Laufzettel (M91)
- 10 Klarsichthüllen
- diverse Kopien und Materialien (siehe oben)

Kopiervorlagen

- Laufzettel (M91)
- Nicht alles ist klasse! (M92)
- Vorderseiten (M93)
- Rückseiten (M94)
- Alles ge-checkt! (M95)
- Checkliste zum Ausschneiden (M96)
- Malen nach Zahlen (M97)
- Tischlein deck' dich! (M98)
- Utensilien (M99)
- Blanko-Tische (M100)
- Da raucht euch der Kopf! (M101)
- Das gewisse Örtchen (M102)
- Geht die Abendsonne schlafen … (M103)
- Lückengedicht (M104)
- Die Sprung-Grube (M105)
- Eine kleine Geschichte (M106)
- Spring-Karten (M107)
- Im siebten Himmel (M108)
- Viel hilft viel? (M109)
- Bitte nicht hinsehen! (M110)

M 91

Laufzettel

Nummer	Lösung	Punkte

①

Nicht alles ist Klasse!

Auf diesem Tisch liegen 25 Karteikarten. Ihr wisst sicher noch, wie Karteikarten geschrieben werden, was gute und was schlechte Karteikarten sind. Sortiert alle guten aus! Auf jeder Karteikarte steht unten ein Buchstabe. Wenn ihr die Buchstaben der guten Karteikarten richtig sortiert, erhaltet ihr das Lösungswort. Schreibt es auf euren Laufzettel!

Zur nächsten Station
hüpft ihr auf einem Bein!

Vorderseiten	fahren A	117 x 5 E
Elefant F	Was ist schwarz-gelb, fliegt durch die Luft und macht »MUS, MUS«? H	420 : 7 S
Laubbäume F	gehen L	1 Euro W
Wildschwein T	Teekanne M	Was produziert das Schaf? T
Frühblüher U	Jahreszeiten Ö	Nadelbäume A
ich bin E	Fußball G	mehr K
100 cm N	12 x 12 R	Schwimmen P

M 94

85	Ich fahre ich fuhr ich bin gefahren A	**Rückseiten** E
60 F	Eine Hummel im Rückwärtsgang! H	Elefant S
100 Cent F	Der Gang ich ging der Geher L	Nadelbäume W
Wolle Fleisch Milch T	Teetasse M	Frischlinge T
Fichte, Tanne, Kiefer, Lärche U	Tageszeiten Ö	Nachttiere A
Meer E	Find ich toll G	Du bist er ist sie sind K
Ich schwimme, ich schwamm, ich bin geschwommen N	144 R	1 m P

②

Alles ge-checkt!

Öffnet einen der Umschläge! Ihr werdet sehen, dass hier leider unsere Checkliste durcheinander geraten ist. Bitte setzt sie wieder richtig zusammen und klebt sie auf ein weißes Blatt! Die fertige Liste steckt ihr in eure Klarsichthülle.

Zur nächsten Station

fliegt ihr mit aufgesetzter Fliegerbrille!

M 96

Checkliste zum Ausschneiden

Im Flugzeug	Am Schreibtisch
Geräusche?	Lärm abgestellt?
Startbahn frei?	Tisch aufgeräumt?
Passagiere an Bord?	Bücher griffbereit?
Flügel, Fahrgestell okay?	Stuhl bequem
Tank gefüllt?	Füller voll, Stifte gespitzt?
Landkarte dabei?	Hausaufgabenheft offen?
Flugroute eingezeichnet?	Reihenfolge festgelegt?
Begrüßung und Start	

③

Malen nach Zahlen

Erinnert ihr euch noch an unseren Zahlencode? Eure Aufgabe ist es, eine eurer Telefonnummern mit dem Code darzustellen. Das entstandene Bild steckt ihr in eure Klarsichthülle!

Zur nächsten Station

balanciert ihr auf der ausgelegten Schnur!

④

Tischlein deck' dich!

An einem ordentlichen Arbeitsplatz lerne ich lieber und besser! Aber dieser Tisch hier ist ganz leer. Nehmt also einen Tisch und die Kärtchen aus einem Umschlag und klebt die für euch wichtigen Utensilien an die richtige Stelle. Das fertige Bild steckt ihr in die Klarsichthülle.

Zur nächsten Station

<u>geht ihr im Entengang hintereinander!</u>

Utensilien			
Tasse	Blumentopf	Karteikasten	Wecker
Hausschuhe	Schere	Schokoriegel	Taschen-rechner
Vogelfutter	Ball	Klebstoff	Schulhefte
Regenschirm	Spielkarten	Feder-mäppchen	Wörterbuch
Radiergummi	Locher	Mathebuch	Füller
Duden	Lineal	Schreibtisch-lampe	Kalender
Tintenfass	Bleistiftspitzer	Buntstifte	Geodreieck
Teddybär	Spielzeug-auto	Foto aus Urlaub	Notizblock

M 100

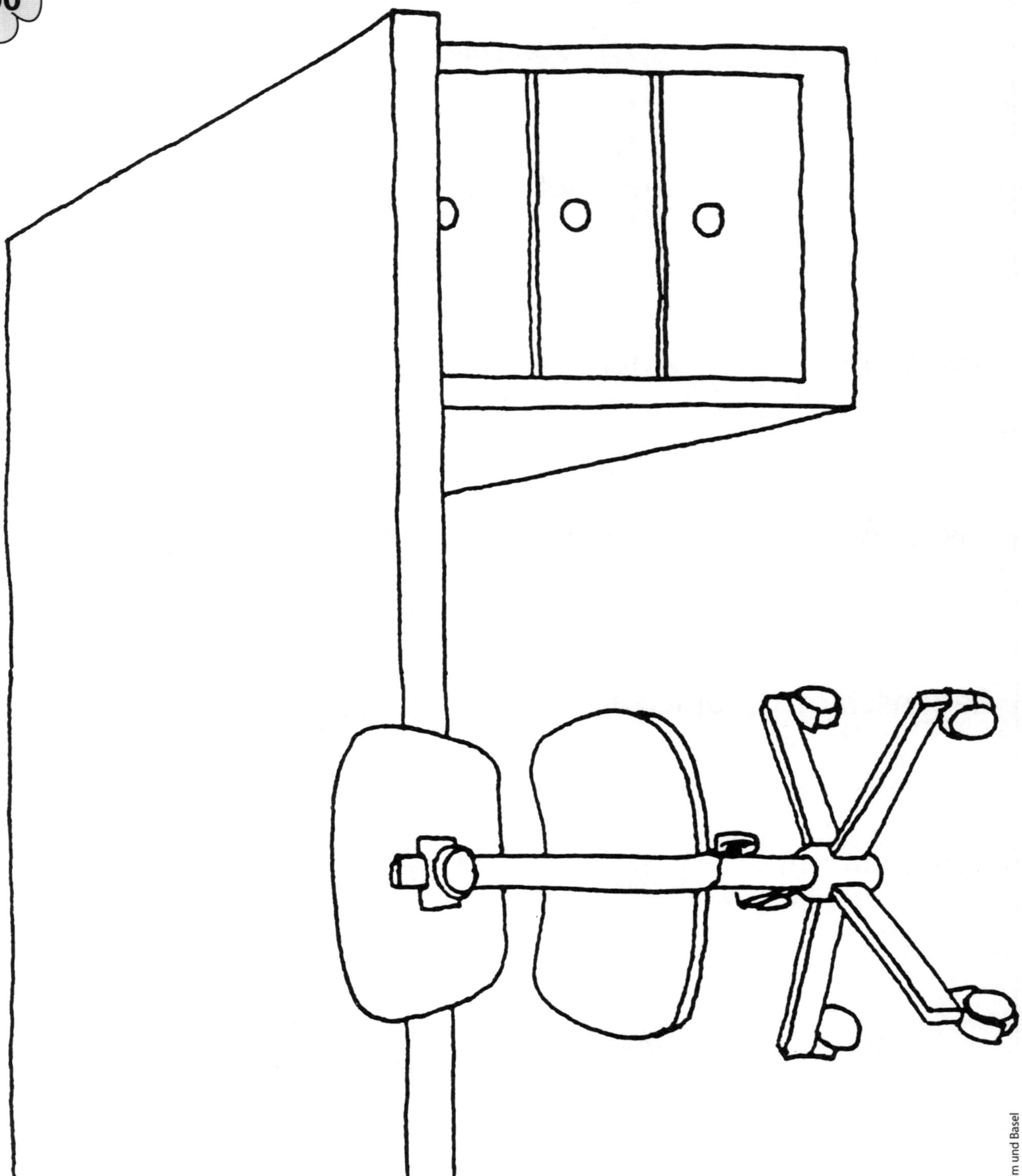

⑤

Da raucht euch der Kopf!

Hier ist was für alle Ratefreunde!

a)

Auf der Linie:	A				E	F		H	I		K	L	M	N						T		V	W	X	Y
Unter der Linie:		B	C	D			G			J					O	P	Q	R	S		U				

Wo kommt das »Z« hin? Auf oder unter die Linie?

b) Rätsel
(von Jürgen Spohn)

Ich habe oben
Loch an Loch
und meinen Kopfstand
mag der Koch
Was ist das?

Schreibt die Lösungen auf euren Laufzettel!

Zur nächsten Station
geht ihr rückwärts und haltet euch an den Schultern!

⑥

Das gewisse Örtchen

Vor ein paar Wochen habt ihr die »Loci-Technik« kennen gelernt.
Erinnert ihr euch noch, woher der Name stammt? Versucht, es auf ein Bild zu malen!

Zur nächsten Station
<u>gelangt ihr nebeneinander im Krebsgang!</u>

⑦

Geht die Abendsonne schlafen …

Kommt euch das bekannt vor? Versucht, die Lücken im Gedicht zu füllen! Den so ausgefüllten Zettel steckt ihr in die Klarsichthülle!

Zur nächsten Station

<u>trägt der Größere von euch den Kleineren Huckepack!</u>

Der ____________________

Geht die Abendsonne schlafen,

Kommt der ______________.

Und der _____ ___ _____ Sterne

Hoch am ______ _______ an.

_____ _____ dem andern flammt

Silberhell ____ ______ Samt.

Und inmitten ___ ___ ______

______ er an die ______________.

(Mascha Kaleko)

Der ____________________

Geht die Abendsonne schlafen,

Kommt der ______________.

Und der _____ ___ _____ Sterne

Hoch am ______ _______ an.

_____ _____ dem andern flammt

Silberhell ____ ______ Samt.

Und inmitten ___ ___ ______

______ er an die ______________.

(Mascha Kaleko)

8

Die Sprung-Grube

Vor euch seht ihr eine kleine Geschichte und eine 3-Sprung-Grube. Lest zuerst bitte die Geschichte durch. Rechts neben dem Maßband liegen Karten. Auf der Vorderseite befindet sich eine Zahl, auf der Rückseite je 5 Wörter. Auf einer stehen alle Personen aus der kleinen Geschichte. Diese sollt ihr finden! Nacheinander macht nun jeder von euch einen 3-Sprung. Bitte springt links entlang. Dort, wo ihr landet, hebt ihr die Karte auf, die am nächsten bei euch liegt. Lest die Wörter und entscheidet, ob ihr die richtige Karte gefunden habt. Wenn die richtige gefunden ist, schreibt die Zahl von der Vorderseite der Karte auf euren Laufzettel!
Wichtig: bitte die Karten immer gleich wieder an ihre Plätze zurücklegen!

Zur nächsten Station

<u>müsst ihr mit drei Hopsern gelangen!</u>

Eine kleine Geschichte

Eines schönen Tages ging die Maus schon früh aus dem Haus, um den Igel zu besuchen. Der Igel war ihr bester Freund und sie wollten zusammen spielen. Auf dem Weg zum Igel traf die Maus den Hasen. Dem Hasen war langweilig und so ging er mit, um den Igel zu besuchen.

Der Igel wartete schon, aber er war nicht allein: Bei ihm war die Ente. Die beiden spielten Versteck im Garten. Das gefiel der Maus und dem Hasen so gut, dass sie gleich mitmachen wollten. Da rief es vom Dach herunter: »Ich will mich auch verstecken!« Das war das Eichhörnchen.

Die fünf Freunde spielten und spielten, bis die Sonne schon unterging. Dann verabschiedeten sie sich und verabredeten sich für den nächsten Tag zum Angeln.

Vorderseite	Rückseite
250	Maus Igel Schaf Hase Eichhörnchen
300	Igel Hund Hase Ente Maus
350	Vogel Hase Igel Maus Ente
400	Igel Maus Hase Eichhörnchen Ente
450	Eichhörnchen Katze Igel Maus Ente

9

Im siebten Himmel

Auf diesem Blatt seht ihr eine Menge Wolken, ein ganzes Wolken-Wirr-Warr sozusagen. Auch die kleine Wolke , die jedes Arbeitsblatt der AG geschmückt hat, ist dabei. Sucht sie und zählt, wie oft ihr sie gefunden habt.

Bitte nicht auf die Kopie malen!

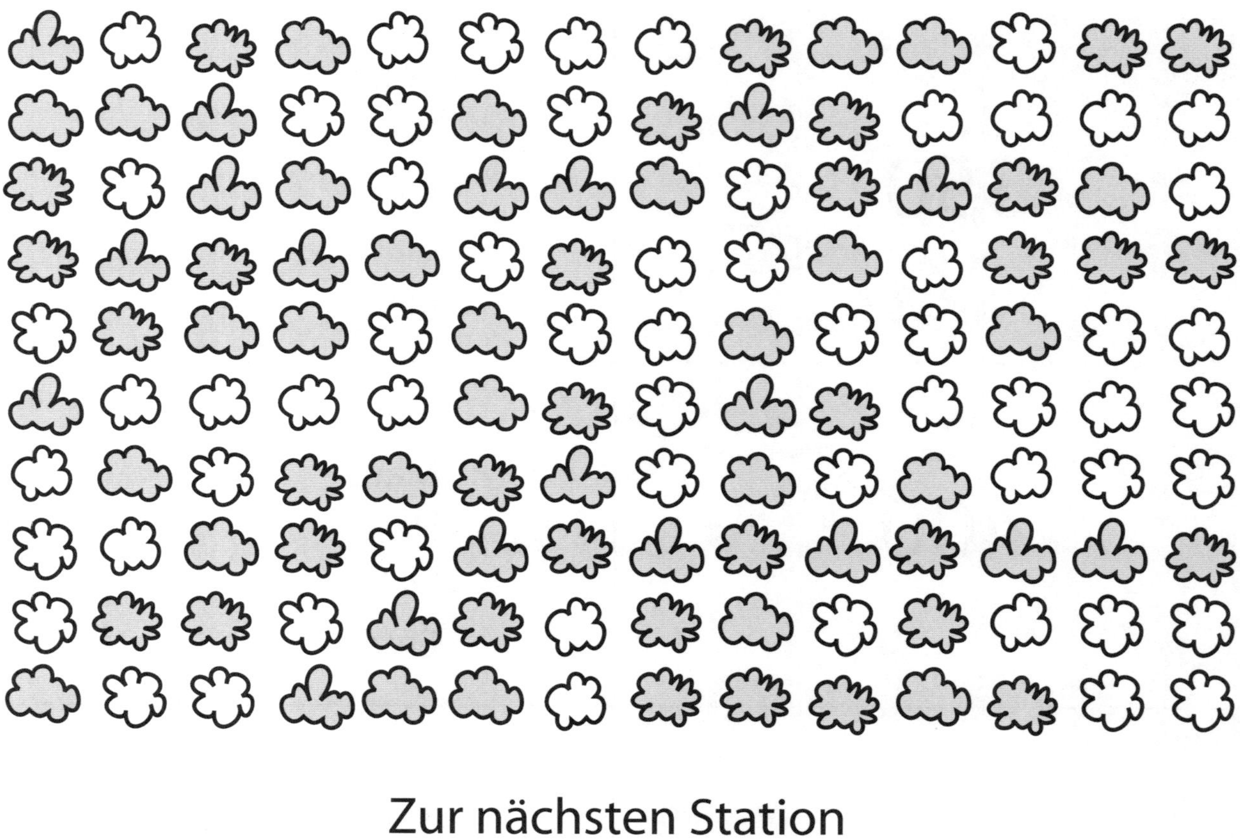

Zur nächsten Station

<u>geht es nun im Walzerschritt!</u>

10

Viel hilft viel?

Mit Textaufgaben kennt ihr euch ja bestens aus. Hier haben wir ein ganz besonders schönes Exemplar. Lest den Text genau durch und rechnet die Aufgabe. Schreibt das Ergebnis auf euren Laufzettel!

Familie Meyer fliegt in den Urlaub. Leider kann der jüngste Sohn Tobias (er ist 7 Jahre alt) nicht dabei sein: er hat die Grippe. Dafür nimmt die Tochter ihre beste Freundin mit. Die beiden kennen sich seit 5 Jahren. Vater Meyer hat alles organisiert für die fünf Mitreisenden. Den größten Koffer hat Frau Meyer dabei, er wiegt 17 kg. Stefan braucht nur eine Sporttasche (6 kg), schließlich ist ja Sommer. Zum Flughafen fährt sie ein Taxi der Firma »Ruck-Zuck«. Der Taxifahrer verdient an diesem Tag 234 Euro. Fürs Einchecken haben alle zusammen genau noch 20 Minuten Zeit. Beim Betrachten der Tickets sieht Stefan, dass jedes Flugticket 400 Euro gekostet hat. Frau Meyer fällt ein, dass sie ihr Lieblingskleid vergessen hat: es wurde in letzter Minute gewaschen und hängt noch auf der Wäscheleine. Kurz vor der Landung fragt Katrin ihren Vater: Wie viel hast du eigentlich für alle Flugtickets bezahlt?

Zur nächsten Station

<u>marschiert ihr im Gleichschritt!</u>

Bitte nicht hinsehen!

Garomag
kaut auf einem
Kleeblatt!

Lehrplan für die AG »Lernen lernen«

Zielsetzung

Das Ziel dieser AG ist es, die Kinder mit grundlegenden Lerntechniken und Arbeitsmethoden vertraut zu machen und diese durch Übungen und stundenverbindende Hausaufgaben zu trainieren. Ohne in abstrakte Überlegungen, die dem Alter der Kinder nicht angemessen wären, abzuschweifen, wird das Lernen zum Thema. »Wie lerne ich und wie kann ich dieses Tun selbstständig variieren und für mich verbessern?« ist die Frage, die in unterschiedlicher Form immer wieder auftauchen wird.

Aufbau und Ablauf

Die AG findet wöchentlich in Blockstunden zu je 90 Minuten statt. Der Zeitraum ist auf 12 Wochen ausgelegt, sodass im Laufe des Schuljahres 3 Schülergruppen unterrichtet werden können. Auf eine Angabe des Monats wird deshalb verzichtet. Erfahrungsgemäß fallen eine oder zwei Unterrichtseinheiten am Nachmittag aus; trotzdem kann der Lehrgang mit 10 Einheiten als abgeschlossen betrachtet werden. Aus diesem Grund sind die Einheiten 11 und 12 als Wiederholungs- beziehungsweise »Varianten-Einheiten« geplant und haben demzufolge auch keinen eigenen Titel.

UE	Lernziele	Lerninhalte	Lernhilfen
1 **Einstiegsstunde**	Einblick in die Themen der Lernmethodik erhalten. Bewusst machen von Vorlieben und Abneigungen im schulischen Bereich	Lernen eines Gedichtes »Der Sternanzünder«	Smilies Bild
2 **Hausaufgaben I**	Kenntnis von Vorbedingungen bei Arbeiten Erfahren, dass Hausaufgaben möglichst zu gleichmäßigen Zeiten erledigt werden sollten Erfahren, dass durch Erklären Inhalte gut gemerkt werden	Eine Checkliste vor Arbeitsbeginn abhaken	Wochenplan Checkliste
3 **Hausaufgaben II Lesen I**	Kennenlernen und Anwenden einer Lesetechnik Einen Text auf Wesentliches reduzieren können. Kernwörter (Signalwörter) aus einem Text herausfinden.	Der Lese-3-Sprung	Text: Ludgers Lesegeschichte Aufmerksame Kinder
4 **Merken I**	Merken von Begriffen über Bildassoziationen kennen lernen Zahlencode als Lernhilfe erkennen und anwenden Erfahren, dass bildliche Darstellung eines Lerninhaltes das Behalten verstärkt	Merktechnik in Verbindung mit Bildassoziationen Einen Zahlencode erfinden Bilder selbst gestalten	Geburtstagsgalerie Montagsmaler – Ratekarten
5 **Arbeitsplatz und Fehlerwahrnehmung**	Notwendige Arbeitsvoraussetzungen kennen Einen Arbeitsplatz richtig gestalten können Fehler als Möglichkeit erkennen, sich zu verbessern	Einen unordentlichen Schreibtisch aufräumen Fehler entdecken und bewusst machen	Vergiss-mein-nicht-Schachtel Fehler-Marktplatz

UE	Lernziele	Lerninhalte	Lernhilfen
6 **Merken II**	Erfahren, dass Zuordnungen Merkhilfen sind Den Karteikasten als Lernhilfe kennen lernen Karteikarten beschriften können	Karteikärtchen beschriften: Frage vorne – Antwort hinten	Karteikasten und Kärtchen Spiele (Memory, Quartett)
7 **Probearbeiten und mündliche Mitarbeit**	Die eigene Angst vor Probearbeiten wahrnehmen Lernen, mit der Angst umzugehen Die eigene Mitarbeit steigern können	Eine angebliche Probe bearbeiten Rollenspiel zu Probensituation	Testblatt Figur »Waldemar«
8 **Merken III**	Kennenlernen der Locitechnik Kennenlernen und Anwenden von paradoxer Intervention	Merken von Informationen an Hand von platzierten Kärtchen	Karteikarten Lernspaziergang aufbauen
9 **Lesen II und Textaufgaben**	Lesetechnik bei Sachaufgaben anwenden können Informationen bewerten können Informationen in Handlung umsetzen können	Eine Sachaufgabe mit dem Lese-3-Sprung erschließen Informationen durch Rückschlüsse herausfinden Eine Sachaufgabe darstellen Überflüssige Informationen herausfiltern	Die Schatzsuche Jumboaufgabe
10 **Lernolympia**	Wiederholung der wesentlichen erlernten Techniken und Methoden.	Lernolympia durchführen (Wettspiel zwischen Gruppen)	
11	Wiederholung einzelner Lernstrategien Persönliche Anwendungen besprechen.	Varianten aus den vorherigen Lerneinheiten	Spiele für das Lernen modifizieren
12	Vorlieben hinterfragen und bewerten können Informationen an Dritte weitergeben können	Sammeln und Weitergeben von Informationen zur Lernmethodik	Plakat zur Lernmethodik gestalten

Wir haben uns eine Pause verdient – finden Sie nicht auch?

Mandelkekse
Cantuccini
Toscana, Umbrien

Während der Arbeit haben wir diese köstlichen Kekse genießen können. Für uns die "perfekten" Pausenfüller. Nachdem Sie nun den AG-Teil durchgearbeitet haben, ist diese Ablenkung mehr als angebracht (hmmm).

Für etwa 650 g Kekse:

175 g Mandeln
250 g Mehl
180 g Zucker
1 TL Backpulver
2 Päckchen Vanillezucker
½ kleine Flasche Bittermandelaroma
Salz
25 g Butter (zimmerwarm)
2 Eier (Gew. - Kl. 2)

Mandeln kurz in kochendes Wasser geben, in ein Sieb schütten, kalt abbrausen und häuten. Mandeln auf einem Tuch ausbreiten und über Nacht trocknen lassen.

Für den Teig Mehl, Zucker, Backpulver, Vanillezucker, Bittermandelaroma und Salz auf die Arbeitsfläche häufen. In die Mitte eine Mulde eindrücken, Butter und Eier hineingeben. Alle Zutaten mit einem Spatel zu einem Teig verarbeiten. Die Mandeln unterkneten. Den Teig mit etwas Mehl in 6 Teile schneiden. Aus jedem Teil eine 25 cm lange Rolle formen.

Ein Backblech mit Backtrennpapier auslegen. Die Rollen im Abstand von 8 cm voneinander darauflegen. Im vorgeheizten Backofen (200 Grad, Gas Stufe 3) 10–15 Minuten vorbacken, kalt werden lassen und dann schräg in etwa 1 cm dicke Scheiben schneiden. Kekse mit einer Schnittfläche auf das Backblech legen und noch einmal 8–10 Minuten rösten (200 Grad, Gas Stufe 3). Die Cantuccini müssen zum Schluss goldbraun sein.

Die Kekse auskühlen lassen und dann erst in einer geschlossenen Blechdose aufbewahren.

Guten Appetit!

Lernmethodik: Elemente für den Unterricht

Einleitung

Zielsetzung

Die Durchführung einer AG ist, wie Sie im ersten Teil feststellen konnten, eine aufregende und für alle Beteiligten interessante Sache. Wie wir schon in der Einleitung festhielten, sollte sich das Einüben von Strategien aber nicht auf eine AG beschränken, oder gar gänzlich entfallen, wenn zum Beispiel die Realisierung einer solchen Lerngruppe aus organisatorischen Gründen noch nicht möglich ist.

Methodik im Unterricht, das sind gezielte Maßnahmen, also das Einschieben von zusätzlichen kurzen Einheiten im Unterrichtsgeschehen. Die allseits bekannte Zeitknappheit kann in diesem Fall nicht als Gegenargument akzeptiert werden, da wir durch eine Verbesserung der Arbeitsweise und Änderung der Einstellung Zeit einsparen möchten. Ein wenig paradox ist das Vorgehen also schon: Sie investieren Zeit, um Zeit zu sparen!

Selbstverständlich tun *Sie* das schon seit eh und je – uns liegt daran, Ihnen noch weitere Möglichkeiten hierfür aufzuzeigen. Sollte Ihnen dabei das Eine oder Andere schon bekannt vorkommen, dann spricht das für Sie. Vielleicht aber lassen sich die Methodiklerninhalte den Schülern noch etwas bewusster machen?

Das Ziel dieses zweiten Teils besteht somit darin, Ihnen methodische Formen anzubieten, die Sie auf recht einfache oder wenig aufwändige Art in Ihrem Unterricht umsetzen können und die exemplarisch verdeutlichen sollen, dass Lernmethodik kein eigenes Fach ist, sondern in jedem Fach Gewinn bringend eingesetzt werden kann und eingesetzt werden sollte.

Methodik im Klassenzimmer

Ein Tipp, bevor Sie mit dem Lesen dieses zweiten Teiles des Buches beginnen: Es gibt Teilbereiche der Lernmethodik, die Sie den Kindern gegenüber nicht besonders verbalisieren, sondern die Sie im Klassenzimmer institutionalisieren müssen.

Dies könnte beispielsweise realisiert werden, indem Sie im Zimmer eine Methodikecke einrichten. In diesem Bereich des Klassenzimmers finden sich dann Spiele, Informationen und auch eine Posterfläche, die nur für Lernmethodiktipps verwendet werden darf. Sie werden sich wundern, wie schnell sich Ihre Schüler dort wohl fühlen und sie selbst mit Leben füllen. Viele der Spiele, die Sie oder Ihre Kinder zu Hause in irgendwelchen Schränken »versteckt« haben, eignen sich für ein Konzentrationstraining (Tangram, Packesel), für die Förderung der Merkfähigkeit (Memory, Wettflug), zur Verbesserung der Ausdrucksfähigkeit (Scrabble, Worttüftel) … .

Ein entscheidendes Medium in dieser Methodikecke ist im Lernplakat zu sehen. Hierzu dient ein Poster, das zum Beispiel eine von Ihren Schülern geschätzte Musikgruppe oder einen Sportler zeigt. Wenn dann eines Tages unkommentiert eine Sprechblase dieses Poster ziert, auf dem z. B.: AZ = LZ + P steht, können Sie die Fragen der Kinder dazu als Gesprächsanlass nutzen und im vorliegenden Fall erzählen, wie wichtig die Pausen beim Arbeiten sind (Arbeitszeit = Lernzeit + Pausen). Weitere Gedanken dazu sind, dass bei der Lernplanung außer der reinen Lernzeit auch die Pausen mit eingeplant werden müssen und dass auch Sie selbst manchmal Pausen machen, wenn Sie Hefte korrigieren. (Übrigens: eine Sprechblase aus einem Post-it Zettel ausgeschnitten lässt sich leicht entfernen und ersetzen!)

Fordern Sie Ihre Schüler einfach auf, die Methoden, die sie selbst anwenden, an dieser Wand den anderen zu verraten oder selbst ein Lernposter zu gestalten!

Besonders gerne führen die Kinder ein Interview durch, in dem sie alle möglichen Mitmenschen nach Methoden befragen. Es ist erstaunlich, welche tollen Tipps hierbei zusammengetragen werden und wie eifrig die Schüler auf der Suche sind! Natürlich sollte das Lernposter stets so gestaltet sein, dass es das Interesse der Schüler weckt, sodass sie immer wieder angeregt werden, nachzusehen, ob Sie oder ein Mitschüler vielleicht wieder etwas Neues dort aufgehängt haben.

Als besonderes Bonbon kann folgender Tipp gesehen werden: Schreiben Sie einen Hinweis oder eine Merkhilfe auf das Lernplakat und »verlangen« Sie von Ihren Schülern, sich diesen auf gar keinen Fall zu merken. Übertreiben Sie dabei ruhig und entfernen Sie Ihren Tipp mehr oder wenig theatralisch mit der dringenden Aufforderung, den Inhalt ja nicht zu behalten! Diese bereits anfangs angesprochene paradoxe Intervention hilft dann vielleicht, dass die Kinder gerade eben diesen Tipp nicht mehr vergessen können.

Aufbau

Für die weitere Umsetzung von Möglichkeiten, die Lernmethodik in verstärktem Maße in den Unterricht einfließen zu lassen, gibt es einige Ideen, von denen wir im nachfolgenden Teil eine kleine Auswahl vorstellen. Wir haben dazu eine Unterteilung nach Kategorien vorgenommen, die Ihnen das Auffinden nach Interessengebieten erleichtern soll:

- Zeitmanagement
- Merktechniken
- Lesen und Textaufgaben
- Konzentration
- Entspannung
- Fragen stellen und Fehler wahrnehmen
- Bewegung, Lieder, Tänze

Diese Unterteilung kann Ihnen als Raster dienen, in welches Sie Ihre eigenen Ideen einfügen. Wir haben zwar für jede Kategorie einige exemplarische Beispiele aufgeführt, doch erhebt diese Zusammenstellung keineswegs den Anspruch darauf, umfassend oder gar vollständig zu sein. Daher betrachten wir diesen zweiten Teil als eine Art Baustelle, die wir vor Ihnen betreten und schon etwas bearbeitet haben, deren Ausgestaltung jedoch Ihnen überlassen bleibt.

Zu Beginn jeder Kategorie befinden sich Hinweise auf die folgenden Aufgaben und Übungen (zum Teil mit Querverweisen auf die Lernmethoden, die der Kategorie entsprechen und im AG-Teil ausführlich beschrieben wurden). Es kann erforderlich sein, dass Sie eine kleine Transferleistung erbringen müssen, um diese Tipps in Ihren Schulalltag einbauen zu können, doch sehen wir darin keine großen Schwierigkeiten.

Wir hoffen, dass Ihnen der zweite Teil des Buches genauso viel Freude bereiten wird wie der erste. Vor Allem aber hoffen wir, dass die Lektüre Ihrer Arbeit mit den Kindern weitere Impulse verleihen kann! Wir wünschen Ihnen auf jeden Fall viel Lust zum und viel Spaß beim Ausprobieren ☺

Zeitmanagement

Aufgaben und Übungen

- Wochenplan (Hausaufgaben 1, S. 33)
- Start: Checkliste (Hausaufgaben 1, S. 35)
- Das Hausaufgaben-Merkblatt (Hausaufgaben 1, S. 39)
- Galerie der Hausaufgabentipps (Hausaufgaben 1, S. 38)
- Der Klassen-Kurzzeit-Wecker
- Die Hausaufgabentafel
- Die Minute
- Das Pause-Spiel

Der Klassen-Kurzzeit-Wecker

Idee und Zielsetzung

Die Schüler sollen lernen, bestimmte Arbeiten in einem festgelegten Zeitrahmen zu erledigen. Um das Zeitgefühl zu schulen und um mit Zeitdruck umgehen zu lernen, werden für feste Aufgaben klare Zeitvorgaben festgelegt (etwa für das Lesen eines Textes).

Beschreibung und Ablauf

Sie geben den Schülern für eine anstehende Arbeit beispielsweise 5 Minuten Zeit. Damit die Zeit erkennbar wird, stellen Sie eine Eieruhr oder einen Wecker so auf das Pult, dass die Schüler die Uhr sehen und das Klingeln nach Ablauf der festgesetzten Zeit hören können. Mit dem Signal ist die Arbeitsphase beendet.

Diejenigen, die in der Zeit nicht mit der gestellten Aufgabe fertig geworden sind, erhalten noch die erforderlichen Minuten, ihre Bearbeitung abzuschließen, oder den Auftrag, dies zu Hause zu tun.

Abhängig von der gestellten Aufgabe kann auf eine Fertigstellung verzichtet werden (etwa bei Rausstreichübungen, Mengen von Rechenaufgaben o.Ä.).

> *Beispiel:* Die Schüler sollen so viele Aufgaben wie möglich aus einer von Ihnen vorgelegten Liste (z.B. entnommen aus dem benutzten Mathebuch) rechnen. Dabei sollen die Aufgaben in der angegebenen Reihenfolge gelöst werden.

Variationsmöglichkeiten

- Mehrfache Wiederholung der Übung in Intervallen, d.h. die Hälfte der Schüler bearbeitet für 1 Minute die gestellte Aufgabe (die andere Hälfte der Schüler dreht das Blatt um und muss warten), dann wechseln die beiden Gruppen.
- Dieses Intervalltraining verdeutlicht den Schülern den Sinn von Pausen und zeigt die Möglichkeit auf, dass in kurzen und intensiv-konzentrierten Zeitphasen sehr viel erreicht werden kann.
- An einem Tag werden 5 Minuten am Stück gearbeitet und an einem darauf folgenden Tag 5 Abschnitte zu je 1 Minute. Dann können die Resultate miteinander verglichen und die besseren Ergebnisse der Intervalle gemeinsam interpretiert werden.

Die Hausaufgabentafel

Idee und Zielsetzung

Häufig klagen Eltern, aber auch Schüler darüber, dass für die Erledigung der Hausaufgaben sehr viel Zeit investiert wird. Das führt nicht selten zu Unlust bei den Kindern, aber auch zu Spannungen in der Familie. Die Ursachen dafür werden fast nie erforscht, da die Lehrerin als angebliche Schuldige ziemlich schnell feststeht. Sowohl als Absicherung für Sie, aber auch als Lerneffekt für die Kinder und als Kontrollinstrument für die Eltern eignen sich folgende methodische Maßnahmen:

- Die Schüler trainieren, ihre Leistungsfähigkeit und ihre Arbeitstempo einzuschätzen.
- Die Schüler können Zeitvorgaben besser einschätzen, was sich auch bei Probearbeiten vorteilhaft bemerkbar macht.
- Lehrerinnen, die außer Ihnen auch in der Klasse unterrichten, sehen an der Tafel, wie stark die Schüler bereits belastet sind und können ihr Hausaufgabenpensum angleichen.
- Eltern können das Leistungsvermögen ihres Kindes in Bezug auf die gestellten Anforderungen einschätzen.

- Bei einem Elternabend ist dies ein willkommener Anlass für ein Gespräch über Hausaufgaben oder auch über Lernmethodik im Allgemeinen.

Beschreibung und Ablauf

Hinter jede Hausaufgabe, die an der Wandtafel festgehalten wird, schreiben Sie eine Zeitvorgabe. Das heißt, Sie geben den Kindern einen Zeitwert vor, innnerhalb dessen die Hausaufgabe bei normalem Arbeitstempo erledigt werden kann.

Nach einiger Zeit können Sie diese Angabe mit den Kindern in der Klasse absprechen, d.h. die Kinder sagen, wie hoch sie den Zeitbedarf einschätzen.

Ziel ist es, die Schüler dazu zu bewegen, sich grundsätzlich vor Arbeitsbeginn Gedanken darüber zu machen, wie lange sie für die Erledigung einer Aufgabe brauchen werden.

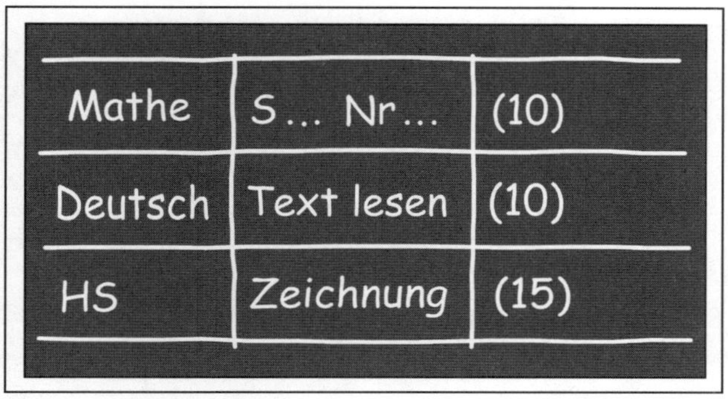

Kleines Schaubild zur Tafelanschrift

Variationsmöglichkeiten

Wenn Sie mit Ihren Schülern vereinbaren, dass sie die tatsächlich aufgewendete Zeit unter die Arbeit schreiben, erhalten auch Sie einen Überblick über die Arbeitshaltung oder Leistungsfähigkeit Ihrer Klasse.

Die Minute

Idee und Zielsetzung

Die Schüler sollen die kurze Zeitspanne von 60 Sekunden bewusst erfahren und lernen, sie einzuschätzen. Dies dient auch als Grundlage für ein Zeittraining im Zusammenhang mit Klassenarbeiten und Hausaufgaben. Die Schüler erfahren, dass eine Minute sehr lang sein kann, argumentativ ist das leicht in Arbeiten aufzugreifen, wenn in den letzten 5 Minuten eine »Zeitpanik« auszubrechen droht.

Diese Übung sorgt kurzfristig auch für eine Beruhigung im Klassenzimmer und kann als Ritual zum Sammeln vor Klassenarbeiten eingesetzt werden. Die Wiederholung der Übung in unregelmäßigen Abständen führt nicht zu einer Minderung der Qualität der Ergebnisse.

Machen Sie bei der dritten oder vierten Durchführung der Übung ruhig auch selbst mit! Vielleicht tut ja auch Ihnen die plötzlich auftretende Stille im Klassenzimmer ganz gut? Und wie steht es mit Ihrer eigenen Zeiteinschätzung?

Beschreibung und Ablauf

Die Schüler stehen auf. Dabei achten Sie bitte darauf, dass die Waden der stehenden Kinder den Stuhl berühren. Dies gibt ihnen Sicherheit, wenn sie dann die Augen schließen. Der Auftrag für die Übung lautet: »Schließe die Augen und setze dich nach einer Minute ganz still auf deinen Stuhl, ohne dass es dein Nachbar bemerkt und öffne dann die Augen.«

Die Schüler, die bereits sitzen, verharren still, bis sich auch der Letzte gesetzt hat.

Nachdem alle Schüler sitzen, sollten Sie den Kindern die Möglichkeit geben, ihre unterschiedlichen (subjektiven) Empfindungen während der Minute zu verbalisieren.

Wenn bei der ersten Durchführung ganz flinke Schüler ihre Armband-Stoppuhr einstellen, ohne dass Sie das bemerken, ist das nicht schlimm! Das anschließende Gespräch darüber, wie sie die Zeit selbst eingeschätzt haben, ist ebenso ertragreich wie das vorher Angesprochene.

Variationsmöglichkeiten

Wenn Sie Konzentrationsübungen in Ihre tägliche Unterrichtsarbeit einbauen wollen, sollten Sie daran denken, dass die Trainingseinheiten die Zeitdauer von einer Minute nicht überschreiten sollen. Erst im Laufe der Zeit werden die Übungen auf zwei oder drei Minuten ausgedehnt.

Da die Kinder gerne erfahren, wie nah sie an die Minutengrenze herangekommen sind, können Sie vor der Durchführung die Zahlenreihe 40, 45, …., 75, 80 untereinander an die Tafel schreiben. Wenn sich ein Kind setzt, deuten Sie auf die entsprechende Sekundenzahl.

Die Zeitspanne wird auf 2 Minuten ausgedehnt und jeder Schüler schreibt sich zuerst eine Zielzahl auf, welche er »treffen« möchte. Die Sekunden-Liste muss dann entsprechend ausgeweitet werden.

Das Pause-Spiel

Idee und Zielsetzung

Die Wichtigkeit des Pausierens soll besprochen werden. Startpunkt hierbei ist das Wort »Pause« und seine Bedeutung bzw. die Bilder und Gedanken, die Kinder damit verbinden.

Mit einer Assoziationsübung steigen Sie ein, um diese Bilder und Ideen der Kinder zu erfahren. Diese bilden dann die Grundlage für ein gemeinsames Gespräch über den Sinn und das Ausfüllen von Pausen.

Methodisch eignet sich diese Assoziationsübung auch für andere Themeneinstiege und kann dort analog verwandt werden.

Beschreibung und Ablauf

Sie schreiben das Wort PAUSE an die Tafel und fordern die Kinder auf, sich dieses Wort abzuschreiben und zu jedem Buchstaben Wörter zu finden, die auch mit diesem beginnen.

Beispiel:
P: Pausenbrot, Picknick, plaudern, pusten, pinkeln, …
A: aufstehen, ächzen, aufatmen, angeln, …
U: und, Uhu, Unterhose, unterbrechen, Unterbrechung, …
S: strecken, stampfen, springen, …
E: essen, Ei, Esel, Eis, …

Sind einige Begriffe genannt, so werden die Wörter ausgewählt, die für die Pause wichtig sind. Anschließend sollen die Schüler positive Verhaltensweisen für die Pause nennen, die neben den anderen Notizen (siehe Beispiel) angeschrieben werden.

Variationsmöglichkeiten

Eine leichtere Variante ist die Scrabblemethode, d.h. es sind nicht die Anfangsbuchstaben gesucht, sondern zu jedem Buchstaben wird ein Wort gesucht, das diesen Buchstaben auch enthält. Dieses Wort wird dann senkrecht über Pause geschrieben. Durch die Verwendung verschiedener Farben können die gefundenen Wörter unterschieden werden.

Beispiel:

A	L	R	E	L
P	A	U	S	E
F	U	H	S	S
E	F	E	E	E
L	E	N	N	N
	N			

Benötigte Materialien und Vorbereitung

Grundmaterial

- Tafel, Kreis

Schülermaterial

- ohne

Merktechniken

Aufgaben und Übungen

- Lernspaziergang (Merken 3, S. 123)
- Loci-Technik (Merken 3, S. 121)
- Marktplatz der Tipps (Hausaufgaben 1, S. 37)
- Gedicht lernen (Einstiegsstunde, S. 17ff.)
- Bilder blitzen (Merken 1, S. 58ff.)
- Karteikarten (Merken 2, S. 85ff.)
- Karteikasten
- Transparentes Lernen von Gedichten
- Das Lern-Plakat
- Blitzgucken

Der Karteikasten

Idee und Zielsetzung

Die Schüler erlernen den sinnvollen Umgang mit einem Karteikasten und erkennen die Einsetzbarkeit dieses Mediums.

In vielen Bereichen des Unterrichtes ist ein Karteikasten ein sinnvolles Instrument, um Schüler zu selbstständigem Lernen anzuregen. Sowohl für Stillarbeit als auch für Gruppen- oder Partnerarbeit bietet der Karteikasten eine geschickte Ergänzung zu den bekannten Unterrichtsmaterialien.

Mit Hilfe eines Karteikastens zu lernen, wird von vielen Fachleuten als eine der effektivsten Methoden bezeichnet. Besonders empfohlen wird ein Kasten mit 5 Fächern, der eine mehrfache Wiederholung ermöglicht und dabei das Aussondern von noch nicht behaltenem Lernstoff erleichtert.

Die Idee ist hierbei folgende: am ersten Tag werden die Karten aus dem ersten Fach bearbeitet. Alle Karten, die richtig gewusst wurden, wandern in das zweite Fach, die anderen Karten verbleiben in Fach 1. Bei der Bearbeitung der verschiedenen Fächer gilt: Gewusstes ein Fach weiter nach hinten, Nicht-Gewusstes zurück nach Fach 1 (ausführliche Beschreibungen finden sich etwa im »Lerntrainer Methodik« von Schmidt-Hartmann).

Es ist sicherlich eine Frage der persönlichen Einstellung, aber auch des Platzangebotes im Klassenzimmer, für welche Größe man sich entscheidet. In den meisten Fällen genügt aber bereits ein Kasten mit einer Zettelgröße DIN A8. Vor allem bietet diese Größe den Vorteil, dass kein besonders hartes Papier verwendet werden muss, sondern einfaches Kopierpapier über ausreichende Steifheit verfügt. Ein DIN-A4-Blatt ergibt durch Faltvorgänge 16 Karteikärtchen und nach einer kurzen Übungsphase können die Kinder diese selbst leicht herstellen.

Beispiele für den Einsatz des Karteikastens sind:

- Deutsch: Kartei mit den Fällen
- Deutsch: Kartei mit Satzgliedern
- Deutsch: Kartei mit Wort- oder Satzarten
- Mathematik: Einmaleinsreihen
- Heimat- und Sachkunde: Themenspezifische Informationen

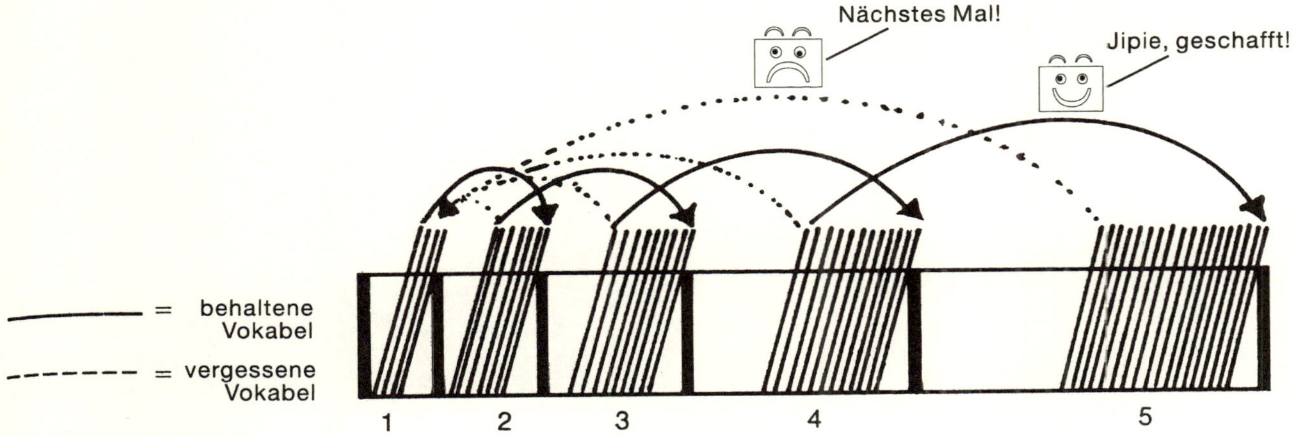

Beschreibung und Ablauf

Deutsch:
Kartei mit Lernwörtern als Alternative zum Heft
Die Kärtchen werden blanko ausgegeben, die Schüler schreiben je ein Lernwort in der Grundform auf eine Karte und stecken sie in das erste Fach des Karteikastens (den jeder Schüler für sich besitzt).

Als Hausaufgabe erhalten die Schüler den Auftrag, die Lernwörter im Wörterbuch nachzuschlagen und die entsprechende Seitenzahl auf dem Kärtchen zu notieren und im ersten Fach zu deponieren.

Am darauf folgenden Tag schreiben die Kinder eine Ableitung zu dem Wort (Mehrzahl, Zusammensetzung, Zeitform) auf und stecken es in das zweite Fach des Karteikastens. Ein weiterer Auftrag besteht darin, die neuen Wörter nach dem Alphabet zu sortieren (in das dritte Fach) und mit der von Ihnen festgelegten Farbe für die entsprechende Wortart zu kennzeichnen (nun in das vierte Fach stecken). Der letzte Schritt besteht darin, die Karten aus Fach 4 in den vorhandenen Stapel in Fach 5 alphabetisch einzusortieren. Hierin ist ein großer Vorteil gegenüber einem herkömmlichen Wörterheft zu sehen, da die Sortierung immer »stimmt«.

Spielformen für die Lernwortkartei:

- **Lernwort-Memory:** Zwei Schüler legen ihre aktuellen Kärtchen mit der Schrift nach unten auf der Bank aus und suchen dann gleiche Paare. Dadurch erfolgt auch eine gegenseitige Kontrolle der Schreibweise.
- **Wörter-Rallye:** Ein Schüler wählt 10 Wörter aus. Wenn er eines vorliest, suchen die Mitschüler dieses in ihren Karteikästen. Wer das Kärtchen zuerst (oder innerhalb eines vorgegebenen Zeitraums) gefunden hat, hält es hoch und bekommt einen Punkt.
- **Lernwörter-Quartett:** Vier Schüler halten ihre aktuellen Lernwörter wie Spielkarten. Durch abwechselndes Ziehen versuchen die Schüler vier gleiche Kärtchen zu sammeln und abzulegen.

Durch das handelnde Umgehen mit den Kärtchen bleibt bei vielen Schülern die Motivation für die Rechtschreibarbeit erhalten.

Die Nutzung des Karteikastens als Lernkartei (Heimat- und Sachkunde):
Die bekannte Verwendung des Karteikastens ist die als Wiederholungs- und Lerninstrument. Für den Sachkundeunterricht eignen sich Karteikarten, auf deren Vorderseite eine Frage und auf der Rückseite die entsprechende Antwort geschrieben wurden.

Wenn Sie mit den Kindern am Ende jeder Stunde eine Frage entwickeln und diese samt Antwort auf eine Karteikarte schreiben, entsteht ein Katalog an Fragen, der nicht nur den Unterricht widerspiegelt, sondern auch die Möglichkeit bietet, verschiedene Spielvarianten mit den Kindern durchzuführen (etwa: Wissens-Quiz u.Ä.).

Natürlich lernen die Kinder mit ihren Karteien entsprechend der oben genannten 5-Fächer-Methode.

Damit die Kinder nicht mehrere Karteikästen benötigen, werden für die verschiedenen Unterrichtsfächer farbige Karteikarten benutzt (etwa: rot = Mathe, grün = HS, ...).

Variationsmöglichkeiten

- Ein großer A5-Karteikasten (der des Lehrers), der eine Kopie der Schülerkarteikästen ist. Dieser dient als Korrekturkasten, d.h. bei Fragen können die Schüler in diesem die richtigen Lernwörter finden (auch geeignet für die Einzelarbeit mit besonders schwachen Schülern). Die großen Karteikarten eignen sich auch für den Unterricht, etwa Tafelaushang oder für Spiele wie die Wörter-Rallye.
- Ein großer Karteikasten für die Klasse, etwa eine Tierkartei oder eine Fragen- und Antwortkartei usw.

Transparentes Lernen von Gedichten

Idee und Zielsetzung

Die Schüler sollen ein Gedicht oder einige Fakten auswendig lernen. Um diese Arbeit spielerisch und unterhaltsam zu gestalten, kann die Idee des transparenten Lernens verwandt werden. Einerseits verlangt sie ein hohes Maß an Konzentration beim Bearbeiten des Textes und zum andern erlaubt sie ein Verlassen des gewohnten Arbeitsplatzes.

Beschreibung und Ablauf

Ein zu lernendes Gedicht (M111) wird mit einem dicken Stift auf ein weißes liniertes Blatt geschrieben.

Danach wird das Blatt umgedreht und an ein Fenster gehängt, sodass die Schrift durchscheint (M112). Natürlich ist die Schrift nun spiegelverkehrt und das Entziffern der Wörter ist nicht leicht.

Das Gedicht wird in zwei Schritten gelernt, dabei arbeiten jeweils zwei Schüler zusammen. Im ersten Schritt besteht die Aufgabe für die Schüler darin, den Text möglichst flüssig zu lesen. Dann wird das Gedicht zeilenweise auswendig gelernt. Dazu wird ein dickeres, nicht transparentes Blatt so über das erste gehängt, dass es die erste / dann die beiden ersten / dann die ersten drei … Zeile(n) verdeckt. Kann das lernende der beiden Kinder das Gedicht bis zur noch offenen Zeile wiederholen, schiebt der andere Schüler das Deckblatt weiter.

Mit dieser Methode werden die verdeckten Zeilen wiederholt aufgesagt und die noch nicht gekonnten Zeilen werden lesend wiederholt, bis der Text beherrscht wird. Nach dem Rollenwechsel werden die Kinder feststellen, dass das zweite Kind aufgrund seines Mitlernens vergleichsweise rasch den Text wiedergeben kann.

Variationsmöglichkeiten

- Der normale Text wird auf dem Kopf stehend aufgehängt, die Vorgehensweise bleibt wie vorher beschrieben.
- Die Schüler machen sich die Arbeit, die Zeilen statt von links nach rechts von rechts nach links zu schreiben. Die verschärfte Variante besteht darin, auch die Reihenfolge noch umzukehren (M113).

Das Lernplakat

Idee und Zielsetzung

Auf dem zu erstellenden Lernplakat befinden sich wichtige Sachverhalte aus dem Fachunterricht oder Lerntipps. Die Idee, ein Plakat zu verwenden, beruht darauf, dass sich Lernstoffe, die Aufmerksamkeit auf sich ziehen, fast automatisch einprägen. Zugleich dient ein Lernplakat der Zusammenfassung und Visualisierung für die Schüler und kann von Ihnen für einen direkten (Hinweis auf das Plakat und seinen Inhalt, »Ihr seht, dass …«) oder auch stummen Impuls (neben dem Plakat stehen) genutzt werden.

Das Aufhängen eines solchen Plakats reicht allein jedoch nicht aus; ohne einen überlegten Einsatz im Unterricht wird das Plakat im »Wald« der Bilder etc., welche an der Wand hängen, untergehen und unbemerkt bleiben.

Beschreibung und Ablauf

Sie lassen sich von den Kindern das Plakat einer ihrer Lieblingsbands oder Lieblingssportler mitbringen. Dieses Plakat hängen Sie gut sichtbar zum Beispiel an der Tür auf. Wenn sich im Stoff ein zentraler Inhalt ergeben hat, der festgehalten und gelernt werden soll, wird dieser in eine Sprechblase geschrieben, die den Stars »in den Mund gelegt« wird.

Diese Sprechblase darf nur zeitlich begrenzt hängen bleiben, damit sich kein Gewöhnungseffekt ergibt, der dazu führen würde, dass neue Sprechblaseninhalte nicht mehr wahrgenommen werden. Daher sollte das Plakat auch nicht andauernd mit Merksprüchen oder Inhalten belegt werden. Für die Kinder muss eine aufgeklebte Sprechblase etwas Besonderes darstellen und wird damit ihre Aufmerksamkeit auf sich ziehen.

Variationsmöglichkeiten

- Anstelle eines Plakats können Sie auch einen Teddybären o.Ä. aufhängen, der in seiner Hand dann besonders wichtige Lernzettel hält.
- Sie können den Kindern den Auftrag geben, ein solches Plakat auch zu Hause zu verwenden, d.h. auf das jeweilige Lieblingsposter heften die Kinder parallel zur Schule den aktuellen Lernzettel. Vereinbaren Sie mit den Schülern, diese Merkzettel zu sammeln und dann wieder aufzuhängen, wenn sie im Unterricht gemerkt haben, dass ihnen das darauf notierte Wissen entfallen ist. Auch hier ist darauf zu achten, dass das Plakat genug »Freizeit« hat und nicht per Gewohnheit zugepflastert wird.

Blitzgucken

Idee und Zielsetzung

Im Verlaufe des Schulalltages fällt häufig auf, dass die Schüler relativ ungenau beobachten und sich Einzelheiten nur bedingt merken. Eine Möglichkeit, sowohl das genaue Hinsehen als auch die Merkfähigkeit zu trainieren, besteht darin, die Kinder kurz mit Gegenständen oder Bildern zu konfrontieren, um sie dann das Gesehene wiedergeben zu lassen.

Diese Übung ist auch eine hervorragende Konzentrationsübung, die wenig Zeit in Anspruch nimmt und den Kindern durch ihren Variantenreichtum fast immer viel Spaß macht.

Beschreibung und Ablauf

Die Schüler legen sich ein Blatt und einen Bleistift zurecht. Auf dem Tageslichtprojektor legen Sie ein paar Kleinigkeiten wie Büroklammer, Tintenpatrone, Radiergummi, Reißzwecke, Spitzer, ... auf und schalten das Gerät für 10 Sekunden an. Wenn Sie das Gerät abgeschaltet haben, schreiben die Kinder auf, was sie gesehen haben (schreibschwache Schüler zeichnen die gesehenen Gegenstände).

Die Schüler erfahren so, dass sie in kurzer Zeit viele Dinge nicht nur wahrnehmen, sondern auch behalten können.

Variationsmöglichkeiten

- Sie richten Gegenstände auf einer Bank her und verdecken diese mit einem großen Tuch. Dies hat den Vorteil, dass die Kinder keine Schattenbilder identifizieren müssen, sondern reale Dinge wahrnehmen.
- Sie stellen nach dem Abdecken (oder Ausschalten) die Frage nach der Anzahl der erkannten Gegenstände.
- Sie blenden den Tageslichtprojektor ein zweites Mal auf, verändern aber etwas an der Zusammenstellung (durch Umlegen oder Entfernen). Die Kinder sollen die Veränderungen erkennen.
- Sie verwenden die beiliegende Kopiervorlage (M114)und decken immer nur ein Bild auf, das nachgezeichnet werden soll. So ist es möglich, den Schwierigkeitsgrad innerhalb eines Bildes zu erhöhen oder beim Wechsel des Komplexitätsgrads auch den Bildinhalt zu wechseln. Es ist möglich, diese Übung in einer Stunde bis zu vier Mal hintereinander durchzuführen oder auch auf mehrere Tage zu verteilen.

Windgedicht

Ein Pubs
ist ein Wind
mein Kind
der schwer aus dem Bauche find
und darum
knallt oder knattert –
was alle andern verdattert.

(Peter Härtling)

Windgedicht

Ein Pubs
ist ein Wind
mein Kind
der schwer aus dem Bauche find
und darum
knallt oder knattert –
was alle andern verdattert.

(Peter Härtling)

thcidegdniW

sbuP niE
dniW nie tsi
dniK niem
dnif ehcuaB med sua rewhcs red
murad dnu
– trettank redo tllank
.trettadrev nredna ella saw

(gnilträH reteP)

Windgedicht

Pubs Ein
Wind ein ist
Kind mein
find Bauche dem aus schwer der
darum und
– knattert oder knallt
.verdattert andern alle was

(Härtling Peter)

Blitzgucken

Lesen und Textaufgaben

Aufgaben und Übungen

- Lese-3-Sprung (Hausaufgaben 2, S. 44)
- Die Schatzsuche (Lesen 2 und Textaufgaben, S. 139)
- Der Rundflug (Lesen 2 und Textaufgaben, S. 140)
- Die Jumboaufgabe (Lesen 2 und Textaufgaben, S. 141)
- Fragenfinder
- Holzwegaufgaben
- Fragespiel für Lektüren

Fragenfinder

Idee und Zielsetzung

Dies ist die Umkehrung der »normalen« schulischen Textbearbeitung, in der ein Text gelesen wird und die Schüler dann Fragen zu beantworten haben. In diesem Fall lesen die Schüler den Text und erhalten die Aufgabe, selbst Fragen aufzustellen, deren Beantwortung durch den Text möglich ist.

Dies soll jedoch keinesfalls als Argument gegen die anleitende und die Kinder anregende Lehrerfrage verstanden werden; die hier vorgestellte Methode ist eine Hilfe für den Verstehensprozess beim Lesen, die weitere Bearbeitung ist davon nicht betroffen.

Beschreibung und Ablauf

Sie teilen den Kindern einen Text aus, den sie in Stillarbeit lesen sollen. Die Aufgabe besteht darin, drei Fragen zum Inhalt des Textes zu stellen. Dadurch werden die Textinhalte deutlich intensiver aufgenommen als durch das Lesen allein und das Durchsuchen des Textes nach Antworten auf gestellte Fragen. Gemeinsam werden dann die erarbeiteten Fragen samt Antworten besprochen. Die weitere Textarbeit kann sich an den Fragen der Kinder orientieren bzw. auf diese zurückgreifen.

Variationsmöglichkeiten

- Zwei Teams erhalten zwei unterschiedliche Texte, die zuerst gelesen und mit Fragen versehen werden. Dann werden die Texte ausgetauscht und die Gruppen erhalten 10 Minuten Zeit, den neuen Text aufmerksam zu lesen. Anschließend werden die Texte weggelegt und die Gruppe 1 wird von Gruppe 2 zu dem Text befragt (3 Fragen), den sie gerade gelesen hat.
- Es gewinnt die Mannschaft mit den aufmerksamsten Lesern und den geschicktesten Fragestellern.
- Sammeln Sie die gefundenen Fragen auf Zetteln, die Sie an die Tafel heften. Nun lassen Sie die Kinder die Fragen in Gruppen ordnen. Auf diese Weise werden die Kinder die Fragen in spezifische Sachfragen und Fragen, »die nicht so einfach zu beantworten sind«, ordnen. Die Einsicht, dass Fragen unterschiedliche Qualitäten besitzen, wird somit vermittelt.

Holzwegaufgaben

Idee und Zielsetzung

Mathematikstunden beginnen häufig mit einer Kopfrechenübung oder einer ausgeklügelten Einstiegsphase, welche die Schüler an den zu erwartenden Lerninhalt hinführen soll. Genau an dieser Stelle ist es möglich, eine besondere Art von Aufgabe einzusetzen, die dazu dient, die Schüler zum genauen Hinsehen oder -hören zu animieren und außerdem auch Spaß bereitet. Ein weiterer Effekt einer solchen Aufgabe liegt darin, dass Kinder lernen, eine Aufgabenstellung stets erst ganz zu hören bzw. zu lesen, um nicht in eine (meist nicht wirklich vorhandene) Falle zu geraten.

Eine Holzwegaufgabe ist so zusammengestellt, dass sie die Schüler auf eine falsche Spur lockt und sie somit dazu verleitet, voreilig mit den angegebenen Zahlen zu rechnen. Es ist ganz natürlich, wenn dann das Wesentliche aus dem Blickfeld gerät.

Beschreibung und Ablauf

Sie geben vor, eine besonders schwierige Sachaufgabe stellen zu wollen und fordern die Kinder auf, gut zuzuhören, damit sie die Lösung auch finden können. Jetzt erzählen Sie die Aufgabe (M115). Mit großer Wahrscheinlichkeit werden die meisten Schüler gleich von Beginn an »mitrechnen«. Wenn Sie dann am Schluss die Frage stellen, bemerken die Schüler, dass sie in eine falsche Richtung gearbeitet haben und sind wahrscheinlich enttäuscht oder sogar verärgert. Hier ist ein Ansatzpunkt, um die Notwendigkeit anzusprechen, eine Aufgabe im Ganzen anzusehen, die Fragestellung abzuwarten oder zu formulieren und dann erst zu rechnen.

Die Schüler müssen nun erst zusammentragen, wie viele Kinder abgegeben haben, um schließlich zu berechnen, dass 32 Kinder in der 4a sind. Wahrscheinlich haben sich die Kinder auf die Summen gestürzt und so nicht mitgezählt, wie groß die Klasse insgesamt ist.

Variationsmöglichkeiten

- Die Kinder entwerfen selbst eine solche Aufgabe und stellen sie entweder der gesamten Klasse oder ihrem Banknachbarn.
- Der Aufgabe fehlen wichtige Angaben – zum Beispiel sind überhaupt keine Mengen angegeben – und die Kinder müssen entscheidende Informationen durch gezieltes Nachfragen herausbekommen. Erst wenn die Schüler gezielte Fragen stellen, ist die eigentliche Problemstellung der Aufgabe zu erkennen und somit auch eine Lösung möglich. (Die bekannteste dieser Aufgaben ist jene, bei der nach dem Alter des Zugführers gefragt wird, nachdem alle möglichen Informationen über Bahnhöfe, Zeiten und Fahrgäste gegeben wurden.)

Fragespiel für Lektüren

Idee und Zielsetzung

Ähnlich wie beim Fragenfinder werden die Kinder hier zu eigenen Fragen an die Lektüre angeregt. Diesmal ist der Raum der erlaubten Fragen etwas größer und das Ziel ist, für eine Lektüre eine Sammlung von Fragekarten zu erstellen, mit der verschiedene Spielvarianten zur Wiederholung des Lektüreinhalts möglich sind.

Beschreibung und Ablauf

Wenn Sie eine Lektüre beginnen, bringen Sie einen Karteikasten mit. Nachdem ein Kapitel des Buches gelesen wurde, teilen Sie den Kindern Karteikarten aus, auf denen sie Fragen aufschreiben sollen. Neben Fragen, die mit Hilfe des Textes geklärt werden können, sind nun auch Verständnisfragen erlaubt, die dann im Unterrichtsgespräch beantwortet werden. Die Klasse entscheidet, nachdem die Fragekarten besprochen wurden, welche der Karten in die Lektürekartei übernommen werden, da sie als wichtig eingestuft werden.

Neben der »klärbaren« Frage können Sie den Kanon erweitern, indem Sie auch Aussagesätze erlauben, bei denen der Leser aufgefordert wird, zu entscheiden, ob diese Aussage zutrifft oder nicht (Entscheidungs-Aussagen). Möglich sind auch Fragen, zu denen schon mehrere Antworten vorgegeben werden und der Leser entscheiden muss, welche dieser angebotenen Lösungen richtig ist (Multiple-Choice-Fragen).

Am Ende eines Kapitels oder auch am Ende des Buchs können diese Karteikarten als Fragekarten für ein Brettspiel dienen. Dazu kann schon das gebräuchliche Mensch-ärgere-dich-nicht dienen, indem man die Regeln etwas erweitert: Treffen zwei Figuren auf einem Feld zusammen, muss nicht das getroffene Männchen zurückgestellt werden, sondern ein dritter Mitspieler holt eine Fragekarte vom Stapel und stellt den beiden Spielern die darauf befindliche Frage. Wer die Antwort zuerst nennen kann, darf nun den anderen werfen. Weiß keiner die Antwort, so wird diese vorgelesen und eine neue Karte wird geholt. Wenn die beiden auch bei dieser Karte die Antwort nicht nennen können, müssen beide ihre Figuren auf die Startposition zurückstellen. Führt man die Regel des Schlagzwangs (wer schlagen kann, der muss dies tun) ein, werden im Verlauf eines Spiels sehr viele Fragen nochmals durchgesprochen.

Variationsmöglichkeiten

- Spiel zweier Teams gegeneinander, d.h. jede Gruppe hat 1 Minute Zeit, möglichst viele Fragen zu beantworten, die das andere Team gestellt hat. Gewonnen hat das Team mit mehr richtigen Antworten in dieser Zeit.
- Nach dem Vorbild »Der große Preis« wird eine TLP-Folie gezeichnet, die nur Überschriften und Gewinnpunkte enthält (M116). Die Überschriften entsprechen den Kapitelüberschriften. Sie suchen leichte und schwerere Fragen zu diesen Kapiteln heraus und ordnen sie den einzelnen Punktfächern zu. Zwei Mannschaften spielen gegeneinander. Eine Mannschaft beginnt und nennt etwa »Kapitel 2–40«, dann stellen Sie die entsprechende Frage und streichen das genannte Fach auf der Folie durch. Ist die Antwort korrekt, erhält die Gruppe, die sich zuerst für eine Antwort gemeldet hat, die zugehörigen Punkte, ansonsten kann die andere Gruppe eine Antwort versuchen. Das nächste »Fragefach« wählt die Gruppe, welche die Punkte bekommen hat, aus. Gewonnen hat die Gruppe, welche die meisten Punkte gesammelt hat, wenn alle Fragefächer »geöffnet« wurden.

Holzwegaufgabe

Die Kinder der Klasse 4a sammeln für das Schulfest. Insgesamt haben schon 21 Kinder ihre Spenden bei der Lehrerin abgegeben. Heute kommen noch Susanne, die auf ihrem Zettel 11 € stehen hat und Karl, der 17 € zusammenbrachte. Claudia, Jasmin und Thorsten haben zusammen 4 € mehr als die beiden ersten Kinder gesammelt. Stefanie bekam von ihrem Onkel 50 € für die Sammlung und Marc konnte von seinem Opa 12 € bei der Lehrerin einzahlen. Jetzt fehlen noch 4 Kinder auf der Sammelliste.

Frage: Wie viele Kinder sind in der Klasse?

M 116 (F)

Ratewand

20	20	20
40	40	40
60	60	60
80	80	80

Konzentration

Aufgaben und Übungen

- Kinderkram? Konzentration bitte! (Hausaufgaben 2 und Lesen 1, S. 45)
- Genau hingeguckt! (Merken 1, S. 58ff.)
- Taxispiel 1 (Merken 2, S. 99)
- Taxispiel 2 (Merken 3, S. 123)
- Wer findet sich im Luftverkehr zurecht? (Merken 3, S. 125)
- Die Vergiss-mein-nicht-Schachtel (Arbeitsplatz und Fehlerwahrnehmung, S. 76)
- Fisch-ABC
- Alphabet-Wörter und Buchstabenaddition
- Buchstabenwirrwarr
- Straßenplanung

Fisch-ABC

Idee und Zielsetzung

Diese Konzentrationsübung eignet sich für den Stundeneinstieg oder für das Sammeln der Gruppe nach einer bewegten Pause. Die Vorlagen (M117; M118) werden auf zwei Folien kopiert und das Fischbild an die Wand projiziert.

Beschreibung und Ablauf

Aufgabe der Kinder ist es, entsprechend dem ABC die Buchstaben in den Blasen zu suchen und dann zum nächsten Buchstaben überzugehen. Dafür erhalten die Kinder zwei Minuten Zeit. Bei einer Wiederholung können die Kinder wahrscheinlich feststellen, dass sie bei der Suche schneller werden, da sie den »Weg« schon kennen. Bei der Durchführung weisen Sie die Kinder darauf hin, dass sie ihre Nachbarn nicht durch »Mitmurmeln« stören sollen. Diejenigen, die einen Durchgang beendet haben, werden aufgefordert, den Weg nun rückwärts zu gehen.

Variationsmöglichkeiten

Mit der Gitterfolie (M117), die über die ABC-Folie (M118) gelegt wird, kann aus der Konzentrationsübung ein Wettspiel zweier Mannschaften werden. Sie nennen einen Buchstaben und die Kinder suchen diesen in den Blasen. Haben sie ihn gefunden, müssen sie die Spaltenzahl und die Reihenzahl miteinander addieren und erhalten so die Lösungszahl. Die Mannschaft erhält einen Punkt, die diese Lösungszahl zuerst genannt hat. Buchstaben, die auf Grenzen zwischen zwei Feldern zu liegen kommen, haben zwei Lösungszahlen.

Alphabet-Wörter und Buchstabenaddition

Situation

Dies ist eine Konzentrationsübung, die sich gut für den Deutschunterricht eignet. Spielerisch werden darin das ABC und zugleich das Kopfrechnen geübt.

Zusätzlich ist es möglich, wichtige Lernwörter in diese Konzentrationsübung einzubauen. Die Schüler lernen die entsprechenden Wortbilder »nebenbei«, da die eigentliche Aufgabe, die sie bearbeiten, das Auflösen dieser »Geheimsprache« ist.

Beschreibung und Ablauf

Sie schreiben eine Zahlenreihe an die Tafel, welche die Schüler »übersetzen« müssen, d.h. für jede Zahl muss der Buchstabe mit der entsprechenden Nummer im Alphabet eingesetzt werden. Diese Aufgabe kann sowohl als Stillarbeit (auch für einen Merksatz) verwandt werden als auch als Spiel, bei dem zwei Gruppen gegeneinander antreten und jeweils eine Liste bearbeiten. Bei dieser Variante gewinnt meist die Gruppe, die eine Teamarbeit beginnt und die einzelnen Buchstaben auf die Gruppenmitglieder verteilt.

1	2	3	4	5	6	7	8	9	10	11	12	13
a	b	c	d	e	f	g	h	i	j	k	l	m
14	15	16	17	18	19	20	21	22	23	24	25	26
n	o	p	q	r	s	t	u	v	w	x	y	z

Beispiele:
16 6 1 14 14 11 21 3 8 5 14 = Pfannkuchen
23 21 18 19 20 = Wurst

Buchstabenwirrwarr

Idee und Zielsetzung

Diese Übung dient dazu, Wörter, die im Unterricht als wichtig herausgearbeitet wurden, zu wiederholen und als Gesprächsanlass einzusetzen. Dabei ist sie als Konzentrationsübung angelegt und kann als Abschluss oder Einstieg einer Unterrichtsstunde verwendet werden.

Beschreibung und Ablauf

Die von Ihnen festgelegten Begriffe tragen Sie in einer Tabelle kreuz und quer ein. Dabei liegt es an Ihnen, in welcher Richtung die Wörter zu lesen sind. Anschließend füllen Sie die Tabelle mit weiteren Buchstaben auf und erhalten so ein Arbeitsblatt, mit dem Sie Ihre Schüler zu intensivem Hinschauen und zum Wiederholen der Wörter anregen. Die Kinder sollen die Wörter dann einkreisen und auf einem Block niederschreiben.

Beispiel: Sie haben die Wörter »Helm, Glocke, Frontrückstrahler, Rücklicht, Bremsen, Katzenauge, Beleuchtung« aus dem Fachgebiet der Verkehrserziehung gewählt. Das Ergebnis Ihrer ersten Arbeit sieht dann etwa so aus:

											F								
				H							R								
					E		G				O								
						L					N								
					O		M				T								
				C							R								
			K								Ü								
		E									C								
											K								
	R	Ü	C	K	L	I	C	H	T		S								
											T								
						N					R								
							E	E	G	U	A	N	E	Z	T	A	K		
								S			H								
									M		L								
										E	E								
											R								
												B							

Jetzt müssen Sie nur noch die verbleibenden Kästchen mit allen möglichen Buchstaben auffüllen und schon haben Sie das »Buchstabenwirrwarr« fertig! Auf einem karierten Blatt ist dies schnell zu erstellen, noch etwas leichter ist es, wenn Sie die Kästchenvorlage mit einem Textverarbeitungsprogramm etwas größer gestalten.

Variationsmöglichkeiten

- Die Kinder arbeiten im Wettbewerb – wer als erster alle Wörter gefunden hat, ist Sieger!
- Der Schwierigkeitsgrad lässt sich variieren, wenn Sie die Lösungswörter (oder die ersten Buchstaben) vorgeben und so das Blatt als reine Konzentrationsübung einsetzen.
- Die Kinder sollen als Hausaufgabe selbst einen solchen Buchstabensalat entwickeln und geben ihn dann an den Nachbarn weiter.

Straßenplanung

Situation

Die Schüler sollen mit einer Konzentrationsübung allein oder in Partnerarbeit beschäftigt werden.

Beschreibung und Ablauf

Das Blatt (M119) wird ausgegeben und die Schüler werden darauf hingewiesen, dass diejenigen, die eine Lösung gefunden haben, diese den noch Arbeitenden nicht verraten dürfen. Es ist bei solchen Knobelaufgaben sehr schwierig für die Kinder, ihr Wissen nicht mitzuteilen, da die Freude, eine Lösung gefunden zu haben, natürlich groß ist. Doch genau diese Freude sollten sie auch den anderen lassen – eine verratene Lösung ist nur noch ärgerlich.

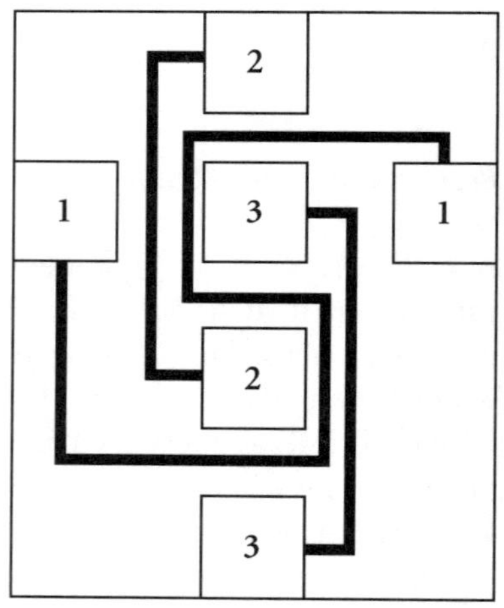

Variationsmöglichkeiten

Legen Sie das Blatt jeweils einer Gruppe von 3 Kindern vor. Jedes Kind ist für die Verbindung zweier Häuser verantwortlich, darf also genau eine Straße planen. Nun sollen die Kinder gemeinsam eine Lösung finden. Eine Straße darf aber erst »gebaut« werden, wenn die beiden anderen Kinder einverstanden sind.

M 117 (F)

Das Fisch-ABC

	10	20	30	40	50
1					
2					
3					
4					
5					
6					

Das Fisch-ABC

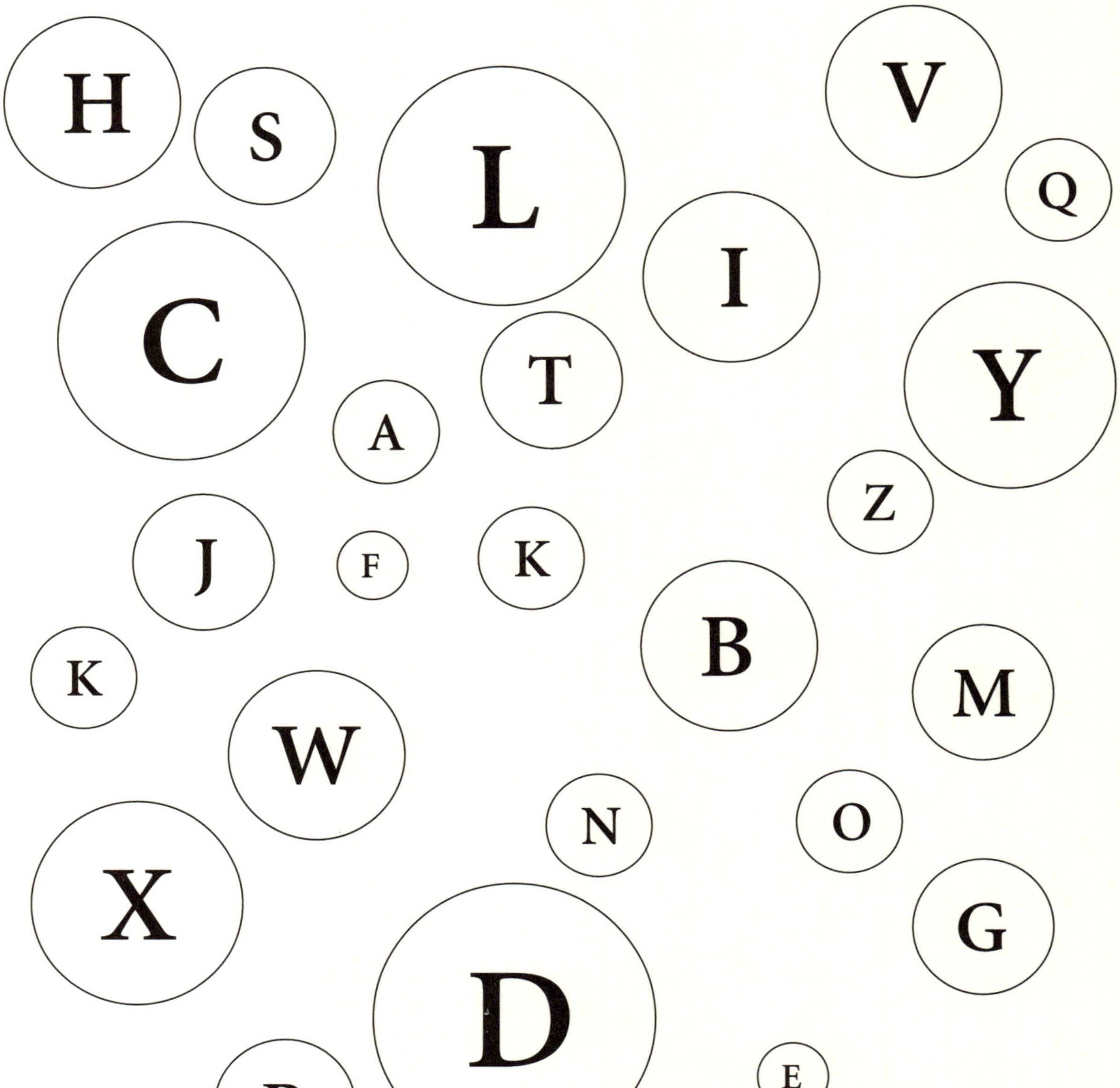

»Straßenplanung« zum Knobeln

Aufgabe: Verbinde die Häuser, welche die gleiche Nummer haben, jeweils mit einer Straße. Gesucht ist eine Lösung, bei der keine Kreuzungen, Unterführungen oder Brücken gebaut werden müssen. Die Straßen dürfen dabei nur innerhalb des Kastens verlaufen.

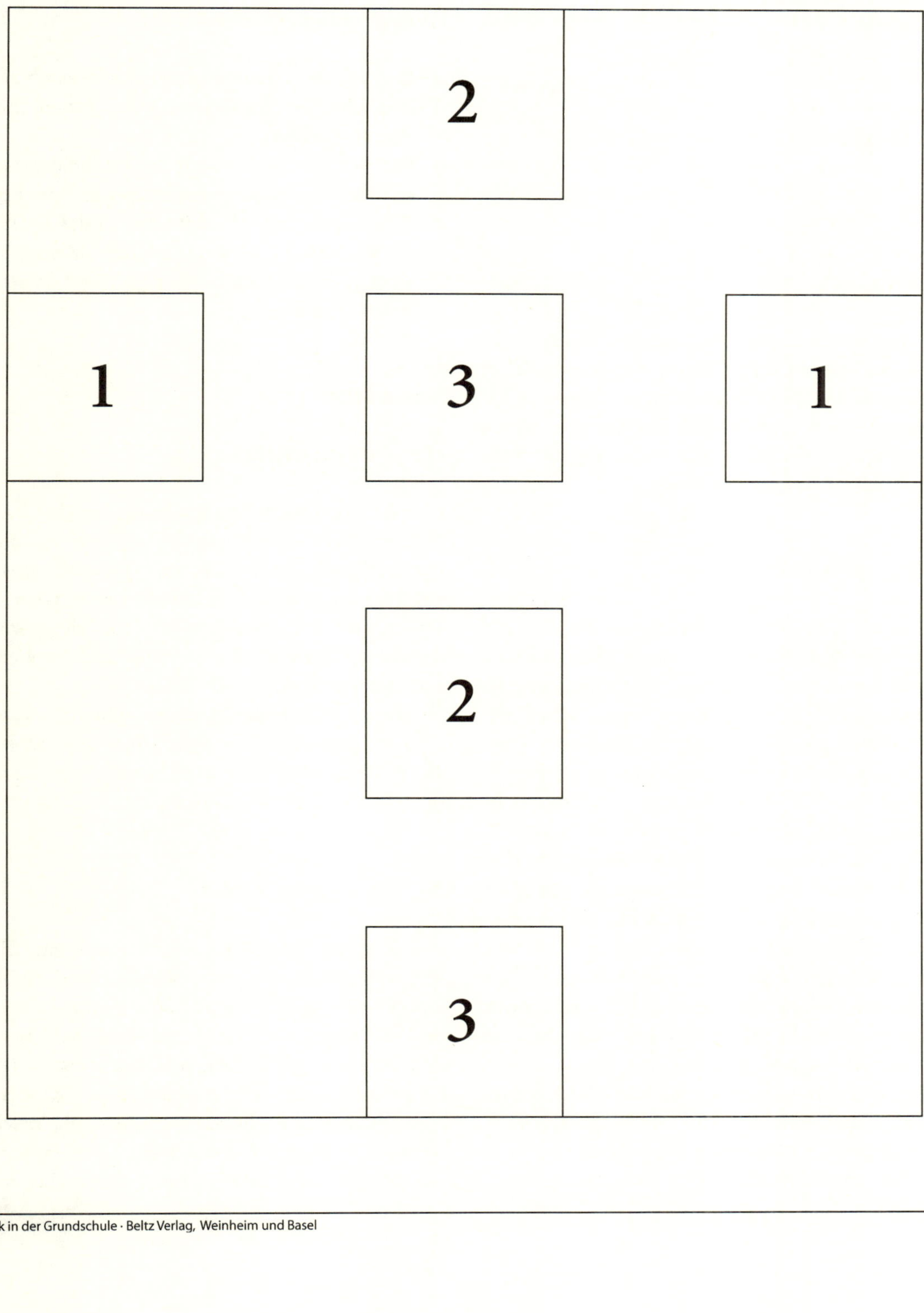

Entspannung

Aufgaben und Übungen

- Das Gespenst Waldemar (Probearbeit und mündliche Mitarbeit, S. 107)
- Fantasiereise (Merken 1, S. 61)
- Luft holen und weiterspringen (Proben und mündliche Mitarbeit, S. 108)
- Mandala
- Pizzabäcker
- Fantasiereise
- Musikschleichen

Mandala

Idee und Zielsetzung

Mandalas auszumalen macht den meisten Kindern viel Spaß und kann eine unruhige Klasse, wenn es nicht zu häufig eingesetzt wird, zur Ruhe bringen. Die Kreativität der Kinder kommt zum Tragen und das Arbeiten an den Mustern kann als Training zur Steigerung der Konzentrationsfähigkeit eingesetzt werden.

Beschreibung und Ablauf

Vor allem nach Situationen, in denen die Schüler viel sprechen sollten, können Sie ein Mandalabild zur »Erholung« und Beruhigung einsetzen. Dazu besorgen Sie sich im Buchhandel eine Sammlung von solchen Bildern (gibt es auch auf CD-ROM), die Ihrem persönlichen Geschmack entsprechen. Nachfolgend finden Sie zwei Vorlagen (M120). Wenn Sie von den Bildern jeweils nur einige Kopien erstellen und sie in Klarsichthüllen an der Wand befestigen, stellen Sie sicher, dass die Kinder die Bilder ausmalen, die ihnen auch gefallen. Außerdem trainieren die Kinder, sich für eine Vorlage zu entscheiden. Die im Kreis angeordneten, sich wiederholenden Motive werden je nach Stimmung der Schüler angemalt, wobei sich besonders Holzfarbstifte eignen, da eine farbliche Abstufung mit Filzstiften für die Kinder nur sehr schwer möglich ist.

Es ist bei jedem Einsatz eines solchen Bildes besonders wichtig, sowohl eine Zeit für die Bearbeitung im Voraus festzulegen (Empfehlung: 5 Minuten) als auch die Schüler immer wieder darauf hinzuweisen, dass keinesfalls Geschwindigkeit im Vordergrund stehen darf. Zwischendurch können Sie auch eine Meditationsmusik parallel laufen lassen (dies empfinden aber nicht alle Schüler als angenehm).

Variationsmöglichkeiten

- Die Schüler können immer dann, wenn sie eine Arbeit schneller als andere erledigt haben, ihr Mandala vervollständigen.
- Die Schüler finden sich zu »Mandalagruppen« zusammen und malen gemeinsam an einem Bild.
- Die Schüler malen in Partner- oder Gruppenarbeit an Mandalas. Allerdings reichen sie nach jedem Anmalen eines Teilmotives das Blatt zum nächsten Schüler weiter.

Pizzabäcker

Idee und Zielsetzung

Dies ist eine Entspannungsübung, bei der die Kinder in Partnerarbeit sowohl einen aktiven »kümmernden« Part als auch einen passiven »genießenden« Part der »Massage« im Wechsel übernehmen. Genau diese zwei Rollen sind es auch, die neben dem Entspannungseffekt das soziale Lernen und einen rücksichtsvollen Umgang mit anderen Kindern fördern.

Durch leichte Berührungen wird den Kindern, die sich beispielsweise von einem Bewegungsspiel oder einer anstrengenden Lerneinheit erholen sollen, ein Körpergefühl der Ruhe und Entspannung vermittelt.

Beschreibung und Ablauf

Zuerst teilen Sie die Kinder in Paare ein, die sich im Raum verteilen. Das eine Kind lässt den Oberkörper locker nach vorne hängen, die Arme baumeln herab und die Augen werden geschlossen. Nun beginnen Sie den Text von M121 langsam vorzutragen. Die »Pizzabäcker« berühren die aushängenden Kinder entsprechend den gesprochenen Vorgaben. Es macht nichts, wenn es zu Beginn dieser Übung etwas lauter wird und sich etwa Kinder darüber beschweren, dass sie von ihrem Pizzabäcker gekitzelt werden. Das ist meist keine Absicht und nach wenigen Sätzen sind die Paare konzentriert mit der Umsetzung Ihrer Erzählung beschäftigt. Umsetzung ist der passende Begriff, da sie den Kinder nicht explizit sagen »Jetzt poche mit den Fingerkuppen auf den Rücken« o.Ä., sondern eine Geschichte vortragen, deren Bewegungen und Ereignisse von den Kindern in Berührungen verschiedenster Art umgesetzt werden.

Dann werden die Rollen gewechselt. Beim Belag der Pizza sind der Fantasie keine Grenzen gesetzt, man kann auch Möhren auf die Pizza stellen oder Erbsen einzeln auf die Pizza werfen oder ein Spiegelei auf die Pizza klatschen oder ... Sind die Kinder mit dieser Übung vertraut, kann auch ein Schüler die Anweisungen übernehmen. Sie sollten dann jedoch darauf achten, dass der Schüler nicht zu schnell vorangeht, jegliche Hektik kann den Spaß und die Ruhe zerstören.

Variationsmöglichkeiten

- **Der kleine Bär**
  Bei dieser Variante (M122) kann das »genießende« Kind an seinem Platz sitzen bleiben und den Kopf in die Arme legen. Die Geschichte behandelt das Dösen eines kleinen Bären vor seiner Höhle.
- **Waschanlage**
  Diese Variante wird nicht in Paaren, sondern in der Gruppe durchgeführt. Hierfür knien sich alle Kinder in zwei Reihen zueinander gewandt auf den Boden. Zwischen den Reihen sollte gerade ein Kind auf allen Vieren hindurchpassen. Ein Kind nach dem anderen wird nun durch die Waschanlage geschleust, d.h. es krabbelt ganz langsam durch das entstandene Spalier. Währenddessen »waschen« und »schrubben« die anderen Schüler mit verschiedenen Handbewegungen (kreisen, kneten, drücken ...) das »Auto«. Sie müssen zuvor den Schülern verständlich machen, dass Kitzeln und Kneifen für niemanden sehr angenehm sind und daher verboten werden. Je nach Intention Ihrerseits kann die Waschanlage lustiger oder ernster betrieben werden.

Fantasiereise

Idee und Zielsetzung

Wenn Kinder eine Fantasiereise machen, bedeutet das, dass sie sich Dinge vorstellen und sie vor ihrem geistigen Auge geschehen lassen. Eine solche Übung dient nicht nur der Entspannung, sondern fördert das ganzheitliche Vorstellungsvermögen der Kinder. Alle Menschen haben sich schon einmal Luftschlösser gebaut, und genau das geschieht bei einer Fantasiereise. Das besondere Merkmal bei einer geleiteten Reise, wie wir sie hier vorschlagen, liegt dabei darin, dass die Schüler von Ihnen den Weg praktisch vorgegeben bekommen, indem Sie entweder einen Text frei erzählen oder eine Geschichte vorlesen.

Beschreibung und Ablauf

Wählen Sie für die erste Fantasiereise Ihrer Schüler am besten den Beginn einer Kunststunde und nutzen Sie die Geschichte für den Einstieg. Lassen Sie zunächst die Malsachen an jedem Arbeitsplatz vorbereiten. Dann legen die Kinder ihren Kopf auf die auf dem Tisch liegenden verschränkten Arme und schließen eventuell die Augen. Ein Schlag auf eine Triangel oder ein anderes melodisches Geräusch startet die Reise. Erzählen Sie jetzt die Geschichte (M123) und vergessen Sie dabei nicht, immer wieder Sprechpausen zu machen, damit in den Köpfen der Kinder Bilder entstehen können. Am Ende der Geschichte führen Sie die Kinder wieder zurück in die Realität und lassen sie sich strecken und räkeln. Anschließend dürfen die Schüler erzählen, wie sie diese Übung erfahren haben, oder legen gleich los mit dem Malen.

Variationsmöglichkeiten

- Beginnen Sie die Fantasiereise mit einer Meditationsmusik, die Sie während des Erzählens leise im Hintergrund laufen lassen. Wenn die Schüler dann malen, können Sie die Musik erneut abspielen; dies ruft bei vielen Kindern die Bilder wieder in Erinnerung.
- Die Schüler entwerfen selbst eine Geschichte, die Sie dann vorlesen. Das Vorlesen durch die Kinder ist wegen der einzulegenden Sprechpausen normalerweise nicht empfehlenswert.
- Die Fantasiereise als Abschluss einer Lektüre: Sie erzählen eine von der Klasse gelesene Lektüre in Kurzfassung und wiederholen so noch einmal den Inhalt.

Musikschleichen

Idee und Zielsetzung

Bewegungen im Zeitlupentempo führen bei Kindern im Zusammenspiel mit Musik oft zur Beruhigung und wirken entspannend, wenn Sie entsprechende Anweisungen und Rahmenbedingungen vorgeben und das »Spiel« anleiten.

Beschreibung und Ablauf

Sie legen eine ruhige Musik ein und die Kinder laufen normal im Raum herum; kreuz und quer, jedoch ohne sich zu berühren und auch ohne zu sprechen. Nun weisen Sie die Kinder an, langsamer zu gehen und dabei auf das Abrollen der Füße zu achten. Dann fordern Sie die Kinder auf, so langsam wie möglich zu gehen, alle Bewegungen sollen »in Zeitlupe« ausgeführt werden. Haben die Kinder das verstanden, nennen Sie einige Handlungen, welche nun in diesem Tempo von den Kindern ausgeführt werden sollen (eine Blume pflücken, ein Glas Wasser trinken, einen Freund pantomimisch begrüßen und ihm die Hand schütteln, einem Schmetterling beim Flug zuschauen, eine Kastanie so weit wie möglich werfen etc.).

Am Ende der Übung lassen Sie die Kinder an ihre Plätze gehen und schließen die Übung ab, indem Sie die Kinder sich hinsetzen, die Augen schließen und mit einem Schnippen Ihrer Finger die Augen wieder öffnen lassen.

Variationsmöglichkeiten

- Die Kinder verlangsamen ihr Bewegungstempo, wenn Sie die Musik leiser drehen, werden aber auch entsprechend schneller, wenn die Musik lauter wird.
- Wenn die Musik abgestellt wird, erstarren die Kinder in der gerade durchgeführten Bewegung.
- Die Kinder begrüßen sich, geben sich die Hände, haken sich mit den Armen unter und kreisen umeinander, d.h. sie erlauben den Kindern, miteinander in Kontakt zu kommen. Eine schöne Variante dieser kommunikativen Form ist auch das Nachspielen oder Folgen. Ein Kind wird bestimmt, dem alle anderen auf dem gleichen Weg folgen müssen oder die alle Bewegungen des »Leiters« nachmachen müssen.

Der Pizzabäcker

- *schüttet Mehl in eine Schüssel*
  (Kinder häufen pantomimisch Mehl auf den Rücken des Partners),
- *gießt Wasser dazu*
  (vom Mehlberg aus breitet sich eine kleine Flut über den Rücken aus),
- *streut Salz zum Teig*
  (leichtes Fingerspitzenpicken auf den Rücken),
- *beginnt den Teig mit den Händen zu mischen*
  (flache Hände fahren großräumig über den Rücken),
- *knetet den Teig etwas fester*
  (nun wird der Rücken leicht durchgeknetet),
- *rollt den Teig aus*
  (mit den Fäusten wird der Rücken von unten nach oben fest abgefahren).
- *Nun beginnt er, die Pizza zu belegen:*
- *zuerst mit Tomatenmark, das er verstreicht,*
- *dann Zwiebelringe, Pilze, ein paar Scheiben Käse, ...*
- *dann streut er noch feine Kräuter über die Pizza,*
- *zum Schluss noch ein bisschen geriebenen Käse.*

(Kurze Pause zum Ausklingen)

»Die Kinder, die die Augen geschlossen haben, ballen kurz ihre Fäuste, lassen wieder locker und öffnen nun ihre Augen. Jetzt streckt ihr euch noch einmal richtig nach oben.«

In Klammern sind für die ersten Erzählschritte mögliche Bewegungen der Kinder angegeben. Sie können bei der ersten Durchführung diese ansprechen oder den Pizzabäckern durch eigene Handbewegungen während des Sprechens vorschlagen.

Der kleine Bär

»Der kleine Bär genießt den leichten Wind, der über seinen Rücken streicht. Immer wieder bläst er ihm leicht über den Rücken und zerzaust sein weiches Fell. Die um die Lichtung stehenden Bäume rauschen leise. Seine Mutter kommt aus der Höhle und mit ihren weichen Tatzen knetet sie den Rücken des kleinen Bären. Schwer streichen die Tatzen über den Rücken. Dann muss sie losziehen, um noch etwas zum Fressen zu holen. Der kleine Bär bleibt ruhig liegen, die Sonne wärmt seinen Rücken und nun spürt er wieder die Windböen, die über die Wiese und seinen Rücken streichen. Da kommt ein kleiner Vogel angeflogen, der sich auf seinen Rücken setzt und im Fell leicht hin und her springt, um kleine Fellflocken, die sich aus dem Fell des kleinen Bären gelöst haben, abzuzupfen ...«

(Weitere Möglichkeiten: leichter Regen, Hagel, sein Freund, das Eichhörnchen, rollt einen Tannenzapfen seinen Rücken hinunter, ein Ast des nahen Baumes wird vom Wind heruntergedrückt und streicht über seinen Rücken, Blätter fallen auf seinen Rücken ...)

M 123

Mein Garten

(❍ = Sprechpause)

Es ist ein wunderschöner Mittag und du gehst aus der Schule nach Hause. Als du aus dem Schultor hinaustrittst, empfangen dich warme Sonnenstrahlen und du musst ein wenig blinzeln. Du freust dich auf den Nachmittag, wenn du in eurem Garten in der Sonne liegen willst. Nur wenige Minuten und du stehst vor dem Gartentürchen. Du öffnest, legst deine Schultasche auf einen Gartenstuhl und setzt dich erst einmal unter deinen Kirschbaum. In dem Beet neben der Hecke blühen die Rosen. ❍ Wie es hier wieder riecht! ❍ Tief atmest du ein paar Mal langsam ein und aus und genießt den Duft der Rosen. ❍ Das satte Grün der Wiese lädt dich ein, dich auf den Boden zu legen. Du spürst das weiche Gras unter dir und als du so nach oben blickst, siehst du die vielen Blüten am Kirschbaum. ❍ Dazwischen schimmert immer wieder ein wenig vom Blau des Himmels durch und du bemerkst wie die hellgrünen Blätter leise im leichten Wind hin und her schaukeln. ❍ Da brummt eine Biene an deinem Ohr vorbei, ❍ ein Vogel landet auf einem Zweig. ❍ Du hörst ihm gebannt zu, als er beginnt, sein Liedchen zu pfeifen. Da kitzelt dich etwas am Ohr – ein Grashalm, der sich im leichten Wind bewegt. ❍
Du stehst jetzt auf. Ein Blick noch in die weite Runde des Gartens, es ist einfach herrlich, die vielen Farben der verschiedenen Blüten zu sehen! ❍ Nun nimmst du deine Schultasche wieder auf und gehst ins Haus.

Bitte fügen Sie an Ihre Geschichte *immer* eine Bemerkung an, mit der Sie die Kinder wieder ins Klassenzimmer zurückholen:

Beispiel: Du bist jetzt wieder im Klassenzimmer, du öffnest langsam die Augen und streckst und räkelst dich.

Fragen stellen und Fehler wahrnehmen

Aufgaben und Übungen

- Marktplatz der Tipps (Hausaufgaben 1, S. 31)
- Fehler-Marktplatz (Arbeitsplatz und Fehlerwahrnehmung, S. 77)
- Merkbrief (Merken 2, S. 92)
- Der Rundflug (Lernen 2 und Textaufgaben, S. 140)
- Geopardy (Probearbeiten und mündliche Mitarbeit, S. 109)
- Mein komischer Fehler (Arbeitsplatz und Fehlerwahrnehmung, S. 77)
- Auf den Punkt gebracht
- Scrabbelino
- Fehler-Wahrnehmungs-Ritual
- Fragetafel

Auf den Punkt gebracht

Idee und Zielsetzung

Mit dieser Übung soll die Fähigkeit der Schüler, gezielte Fragen zu stellen, geschult werden. Durch die Überlegung, ob die Frage sinnvoll und hilfreich ist, wird die Eigenkontrolle gefordert und ein zielloses Fragen um der Frage willen wird unterbunden.

Zugleich werden sowohl das logische Folgern als auch das Kombinieren gefördert, wenn die Schüler sich überlegen müssen, was sie aus den bisher erhaltenen Antworten erschließen können und was sie noch nicht wissen.

Beschreibung und Ablauf

Sie haben einen Stapel Karten vorbereitet, auf denen verschiedene Dinge stehen (Auto, Hut, Friseur, Kamel, Lakritze, Fußball, Mücke, Blitz, Turm, …). Die Klasse wird in zwei Gruppen aufgeteilt, jede der beiden Gruppen erhält die Hälfte des zuvor gemischten Stapels.

Die startende Gruppe muss durch geschicktes Fragen erraten, welcher Begriff auf der obersten Karte der anderen Gruppe steht. Ihre Fragen darf die andere Gruppe nur mit einem »ja«, einem »nein« oder dem Hinweis, dass die Frage nicht klar genug formuliert sei, wahrheitsgemäß beantworten. Jede Frage kostet einen Punkt und diese Punkte werden der fragenden Gruppe von ihrem Konto abgezogen (Startkapital: 100 Punkte). Die Grundmenge an Punkten scheint recht viel zu sein, doch nimmt sie recht schnell ab.

Hat die erste Gruppe das Wort erraten, wechseln die Rollen und die zweite Gruppe beginnt zu fragen. Hat eine Gruppe keine Punkte mehr, kann sie nicht mehr weiterspielen, da auch die Behauptung »Euer Wort heißt: …« natürlich einen Punkt kostet. Gewonnen hat die Gruppe, die mit ihren Punkten die meisten Worte der anderen Mannschaft geknackt hat.

Variationsmöglichkeiten

- Möchten Sie dieses Spiel für die Wiederholung im Fachunterricht anwenden, beschreiben Sie die Karten mit entsprechenden Fachwörtern. Da diese eingeschränkte Variante meist leichter zu lösen ist, müssen Sie das Startkapital verringern.
- Hier kann auch vereinbart werden, dass jede Gruppe mit 20 Punkten beginnt und pro erratenem Wort 5 Punkte gutgeschrieben bekommt.
- Sie können das Spiel auch mit Jokern spielen, d.h. jede Mannschaft erhält zwei Joker, die sie einsetzen kann, um zu erfahren, wie lang das Wort ist oder mit welchem Buchstaben es beginnt oder …
- Um dieses Spiel zu üben, kann es als Partnerspiel durchgeführt werden; dabei ist es erlaubt, die eigenen Fragen und die erhaltenen Antworten zu notieren.

Scrabbellino

Situation

Die Schüler sollen eine behandelte Einheit wiederholen. In dieser sind einige neue Begriffe eingeführt worden, die es nun zu lernen gilt. Um zugleich die entsprechenden Fragen und damit den Sinn des Gelernten greifen zu können, erhalten die Schüler die Aufgabe, ein eigenes Kreuzworträtsel zu erstellen, d.h. Fragen und Antworten werden gezielt nochmals miteinander verknüpft.

Beschreibung und Ablauf

Die Schüler erhalten die Aufgabe, sich ihre Hefteinträge anzusehen und wichtige Wörter herauszuschreiben. In einem ersten Schritt sollen sie diese so auf ein kariertes Papier schreiben, dass jedes Wort mindestens mit einem weiteren Wort verbunden ist. Diese Vorgehensweise ist manchen Schülern wahrscheinlich aus dem Spiel »Scrabble« oder »Junior Scrabble« bekannt.

Beispiel:

			2						
		3	B	L	Ä	T	T	E	R
			A			**4**			
	1	W	U	R	Z	E	L	N	
			M			I			
						C			
						H	**6**		
	5	W	A	S	S	E	R		
							E		
							H		

Der zweite Schritt besteht darin, Fragen zu den einzelnen Wörtern zu finden (etwa: Womit nimmt der Baum Wasser aus dem Boden auf? ⇒ Wurzeln). Diese Fragen werden durchnummeriert und die entsprechenden Zahlen werden an den Wortanfang geschrieben, was leicht möglich ist, da die Wörter mindestens ein Kästchen Abstand voneinander haben müssen.

Nun wird das Raster ohne die Wörter aufgezeichnet und mit den Fragen an einen Mitschüler weitergegeben, der das Kreuzworträtsel lösen soll.

Diese Aufgabenstellung eignet sich auch gut für eine Gruppenarbeit.

Variationsmöglichkeiten

- Die vorab beschriebene Übung kann auch sehr gut beim Training von neuen Lernwörtern eingesetzt werden; der Verlauf ist gleich, gerade das Stellen von Fragen lässt viele dieser Wörter einen »merkwürdigeren« Sinn bekommen.
- Sind die Schüler mit der Methode des direkten Nachfragens vertraut, kann man wie bei normalen Kreuzworträtseln zu etwas verschlüsselteren Fragen übergehen oder Fragen stellen, die nicht mit der »Hauptinformation« zum angestrebten Wort arbeiten (etwa: Welches ist der Teil des Baumes, der die Sonne nicht kennt?« ⇒ Wurzel). Durch den Widerspruch und das Erstaunen der Schüler, die dieses Rätsel nun lösen sollen, wird nicht nur die erwartete und eingeforderte Hauptinformation behandelt, sondern es werden auch weitere Aspekte bzw. Blickwinkel angesprochen, die helfen, den Lernstoff mehrdimensional abzuspeichern und greifbar zu machen.

Fehlerwahrnehmung – ein Ritual

Situation

Es gibt Schüler, die Probleme haben, aus ihren Fehlern zu lernen, da sie es nicht schaffen, den Fehlern genug Aufmerksamkeit zu schenken. Um diese Strategie des Ignorierens und Wegschiebens zu durchbrechen, wird mit den Schülern eine »Spezialbehandlung« der aufgetretenen Fehler vereinbart. Wie diese dann vom einzelnen Schüler ausgestaltet und variiert wird, können Sie offen lassen, eine Kontrolle, ob die Vereinbarung eingehalten worden ist, sollte jedoch erfolgen. Nach der nächsten Arbeit kann dann der Erfolg dieses Vorgehens besprochen werden.

Beschreibung und Ablauf

Bei Diktaten tritt bei einem Schüler gehäuft die Auslassung des Dehnungs-h's auf. Der Schüler nimmt sich diese falsch geschriebenen Wörter nun einzeln vor.

Eine Möglichkeit ist das Spiel »Der Wortdoktor«, d.h. der Schüler nimmt das falsch geschriebene Wort und horcht dieses pantomimisch ab, um dann zur Analyse zu kommen: »So Herr ›wärend‹, das ist ganz klar, was Ihnen fehlt, ich muss Ihnen ein ›h‹ verschreiben. Wenn Sie das an der richtigen Stelle geschluckt haben, nämlich nach dem ›ä‹, werden Sie wieder gesund. Dann nehmen Sie das doch gleich ein.« Nach diesem »Patientengespräch« wird das korrekte Wort aufgeschrieben und »entlassen«, der nächste »Patient« wird hereingebeten. Die so entstandene Patientenkartei guckt sich der Wortdoktor natürlich ab und zu an. Wenn diese Wörter noch in einer entsprechend bemalten Kartei aufbewahrt werden, ist der spielerische Reiz dieser Karteikarten groß.

Variationsmöglichkeiten

- Die Wörter werden richtig geschrieben, wobei die Fehlerstelle farbig markiert wird (nicht rot). Dann werden die so notierten Wörter auseinandergeschnitten, sodass die Fehlerstellen und die weiteren Wortbestandteile getrennt sind. Dieses Puzzle muss der Schüler dann wieder zusammensetzen.
- Sich ärgern und entschuldigen. »Du blöder Fehler hast mir das Diktat versaut. Nur wegen dir habe ich einen roten Fleck im Heft. Dafür bestrafe ich dich und verbiete dir, nochmal vorbeizukommen. Es ist doch klar, dass man ›immer‹ mit zwei ›m‹ schreibt.« Nach diesem Ausschimpfen des Fehlers wird nun das Wort richtig aufgeschrieben. »Geschrieben i – zwei m – e – r. Entschuldige ›immer‹, ich werde dich das nächste Mal sicher nicht falsch schreiben. Den Fehler habe ich in die Wüste geschickt.«

Die Fragetafel

Situation

Schüler haben oft Fragen, die sich aus ihrem Alltag ergeben oder aus Gesprächen resultieren, die sie »aufschnappen«. Diese Neugier und die daraus resultierenden Fragen sollten aufgenommen und in der Schule nach Möglichkeit geklärt werden. Da das im Unterricht nicht immer möglich ist, bietet sich die Einrichtung einer Fragetafel an.

Beschreibung und Ablauf

Ein Schüler formuliert seine Frage, schreibt sie auf und hängt das Blatt an die Fragetafel. Als Medium reicht ein farbiges A3-Blatt aus, Magnettafeln oder Pinnwände sind genauso möglich. Die Fragen werden einige Zeit gesammelt und andere Schüler können die Antworten auf die Frage geben bzw. dem Fragenden entsprechendes Material mitbringen (Bücher, Zeitschriften etc.). Spätestens nach einer Woche sollten Sie diese Fragen beantworten. Neben der Fragetafel sollte ein Plakat aufgehängt werden, auf die die gelösten Probleme geheftet werden, d.h. hier hängen Frage und Antwort nebeneinander.

Wenn sich während eines Schuljahres einige dieser Paare ergeben haben, richten Sie einen Fragenordner ein, in dem die Fragen und Antworten eingeheftet werden. Kindern, die sich für diese Dinge interessieren, kopieren Sie die entsprechenden Seiten, damit sie diese mit nach Hause nehmen können.

Dieses direkte Eingehen auf die Interessen der Kinder kann Sie auch vor unlösbare Aufgaben stellen (bzgl. des eigenen Wissens, aber auch bzgl. der Komplexität der aufgeworfenen Probleme). Es ist dann aber wichtig, den Kindern zu erklären, dass sie ein wichtiges Problem angeschnitten haben, dieses aber erst wegen fehlender Grundlagen später verstehen werden.

Für den Einstieg in diese Methode sollten Sie die Fragetafel erklären und einige Fragen anheften, welche die Kinder teilweise beantworten können.

Variationsmöglichkeiten

Die Fragen können auch so aufgenommen werden, dass sie alle zwei bis drei Wochen eine oder mehrere Stunden für die Besprechung dieser Fragen freihalten. Der direkte Bezug zur eigenen Umwelt und die Aufnahme der selbst gestellten Fragen sind für die Kinder sehr motivierend und das gemeinsame Suchen nach Lösungen oder lösbaren Teilfragen und Teilaspekten bringt ihnen schon früh ein forschendes Denken bei.

Bewegung, Lieder, Tänze

Aufgaben und Übungen

- Spiegeln (Hausaufgaben 1, S. 30)
- Pferderennen (Hausaufgaben 1, S. 31)
- Der kleine Adler (Merken 2, S. 87)
- An der Bushaltestelle (Lesen 2 und Textaufgaben, S. 139)
- Der Roboter (Arbeitsplatz und Fehlerwahrnehmung, S. 76)
- Der Dracula-Tanz
- Der Kaugummi
- LRBK-Gymnastik

Der Dracula-Tanz

Idee und Zielsetzung

Die Kinder benötigen in der Grundschule ca. alle 20 Minuten eine Pause, in der sie sich bewegen sollten. Gerade in der dritten und vierten Jahrgangsstufe eignet sich hier ein Tanz, da die Animositäten gegen diese Bewegungsform bei den Schülern noch nicht allzu groß sind und ein Rhythmusgefühl bei den meisten Kindern vorhanden ist. Mit einem Lied, das den Kindern viel Spaß bereitet, lassen sich die Kinder gerne zu einer Pause anregen.

Beschreibung und Ablauf

Wenn sich Ihre Schüler einmal richtig austoben sollen, dann bringen Sie ihnen »einfach« einen Grundschritt des Rock'n Roll bei. Dazu lassen Sie die Kinder zunächst aus ihren Bänken treten und abwechselnd auf dem rechten und linken Bein zweimal hüpfen (also rechts, zwei, links, zwei). Wenn das schon gut klappt – die Kinder schaffen das meist unglaublich schnell – bitten Sie die Schüler, das jeweils hoch gehaltene Bein während des Sprunges nach vorne zu strecken. Das klingt kompliziert, ist aber wirklich sehr einfach und lässt ganz schnell Stimmung im Klassenzimmer aufkommen. Wenn Sie jetzt noch eine CD (Kassette) mit einem Rock'n Roll dazu laufen lassen, kommen die Kinder schnell in den Rhythmus.

Die Melodie des Dracula Rocks (M124) ist leicht zu spielen, vielleicht haben Sie eine Kollegin, die Ihnen das Stück auf Kassette aufnimmt.

Der Beginn des Liedes mit der Frage: »Wer hat Angst vor Dracula?« wird als Signal gesetzt und Ihre Schüler wissen sofort, dass sie jetzt tanzen und mitsingen dürfen. Insgesamt dauert das Stück etwa 5 Minuten, kann aber durchaus auch ausgedehnt werden (siehe Variationen).

Es ist erstaunlich, wie sehr sich einzelne Schüler bei diesem Lied körperlich verausgaben. Deshalb ist eine kurze Ruhephase nach dem Einnehmen der Plätze anzuraten.

Variationsmöglichkeiten

- Die Kinder entwickeln zu dem Text des Liedes ein pantomimisches Spiel, das dann ohne Gesang während des Abspielens der Melodie durchgeführt wird.
- Während einige Kinder singen und tanzen, spielen andere den Text.
- Schüler, die ein Musikinstrument spielen, begleiten die Kinder beim Tanz.
- Wenn Ihre Schüler richtig fit sind, laden Sie andere Klassen zum Tanz zwischen zwei Stunden ein und bringen ihnen den Rock bei.

Der Kaugummi

Idee und Zielsetzung

Vorstellungskraft und pantomimische Umsetzung in Bewegungen sollen geübt werden. Dies ist ein Pausenspiel, bei dem die Kinder die Plätze verlassen und sich etwas bewegen müssen.

Beschreibung und Ablauf

Alle Kinder erheben sich von ihren Plätzen und stellen sich so auf, dass sie Sie beobachten können. Sie spielen das Geschehen vor: ein ganz normaler Spaziergang, die Sonne ist schön, man grüßt sich und wandelt so vor sich hin. Während Sie herumlaufen und diese Szenerie den Kinder beschreiben, sollen diese sich Ihnen anschließen und ebenfalls herumspazieren. Dann das Missgeschick! Sie treten in einen Kaugummi und bleiben mit einem Fuß an der Stelle kleben. Nur widerspenstig lässt sich der Fuß vom Fleck bewegen und so humpeln Sie weiter (dies passiert gleichzeitig allen Kindern). Wenn Sie möchten, können Sie auch den Schuh ausziehen, da er festgeklebt ist und versuchen, mit den Armen den Schuh vom Asphalt zu lösen. Das führt zu einem gewissen Durcheinander bei den Kindern, doch wenn alle ihren Schuh ausgezogen haben und an ihm herumzerren, ist das äußerst amüsant.

Einige gehumpelte Schritte weiter geschieht dann das Unglaubliche, mit dem »freien« Fuß treten Sie in einen zweiten Kaugummi und nun ist die mit den Armen rudernde Fortbewegung noch beschwerlicher.

Haben Sie und die Kinder genug, können Sie den Kaugummi am Randstein abstreifen oder in einem sandigen Wegstück abtreten und dann in einen Papierkorb werfen.

Variationsmöglichkeiten

Ein ganz normaler Spaziergang durch eine kleine Stadt, nun aber auf den Wegen der Stadtwichtel. »Wir gehen nun den Stadtwichtelweg entlang. Zuerst müssen wir mit einem großen Schritt über den Bach und dann steil ein paar Treppen hinauf. Mit den Armen ziehen wir uns eine Mauer empor, von der wir weit über den Marktplatz gucken können. Vorsichtig balancieren wir entlang der Mauerkrone. Am Ende angekommen, müssen wir ein Zaungitter hinunterklettern und dann noch ein Stück in den Hof der Firma Krops springen. Der Wachhund ist nicht sehr begeistert und bellt wild. Da gehen wir doch lieber durch den Lattenzaun (die dritte Latte von rechts kann man leicht zur Seite schieben) und kommen fast an der Stadtbibliothek heraus ...« Während Sie diese Geschichte erzählen, führen Sie entsprechende Bewegungen pantomimisch aus. Zwischendurch kann man auch die Kinder fragen, wo es denn nun weitergehen soll oder wo sie hin möchten.

LRBK

Idee und Zielsetzung

Dies ist ein kurzes Bewegungsspiel, bei dem sich die Kinder austoben können und das trotz / wegen seiner Einfachheit auf erstaunliche Resonanz trifft.

Beschreibung und Ablauf

Alle Kinder müssen sich so im Raum hinstellen, dass sie genug Platz haben, einige Bewegungen auszuführen. Dann schreiben Sie die vier Buchstaben groß an die Tafel und stellen sich zwischen diese. Den Kindern wird erklärt, was die Buchstaben bedeuten: L = links, d.h. der linke Arm wird gehoben, R = rechts entsprechend, B = beide Arme heben, K = in die Knie gehen. Mit einem Zeigestock, einer Luftpumpe oder Ähnlichem zeigen Sie auf den Buchstaben und sprechen die jeweilige Anweisung laut aus: »Links, ..., rechts, ..., Knie, Knie, beide, links, links, rechts, beide, ...«. Nach einer ersten gemütlichen Phase zum Eingewöhnen können Sie das Tempo verschärfen, bis die Kinder fast nicht mehr mitkommen.

	L	R	
	B	K	

Wenige Minuten dieser Gymnastik reichen aus, um alle Beteiligten gehörig ins Schwitzen zu bringen. Da sich bei dem Tempo immer einige Schüler in die falsche Richtung bewegen bzw. den falschen Arm heben, ist die Veranstaltung ein riesiger Spaß für die Kinder.

Variationsmöglichkeiten

- Die Kinder legen eigene vier Buchstaben und die zugehörigen Bewegungen fest. Dann kann auch ein Schüler versuchen, den Dirigierstab zu übernehmen.
- Pro Buchstaben können auch komplexere Bewegungsabläufe, etwa Rap-Tanzschritt, eingeübt und wiederholt werden. Wenn dazu dann auch die passende Musik läuft, ist die Begeisterung groß.

Dracula-Rock

2. Er hat die Ringelsocken an
und tanzt so schaurig schön, der Mann.
Die Fledermäuse wundern sich.
So kennen sie ihr Herrchen nicht.

Refrain:
Bei Nacht, bei Nacht, bei Nacht,
bei Nacht, im Schi-Scha-
Schubidupp Mondenschein

3. Nur einmal ist er so geschafft.
Er trinkt statt Blut nur Traubensaft.
Dann springt er wieder auf wie toll.
Wer ist der King beim Rock'n Roll?
Herr Dracula, Herr Dracula;
im Schi-Scha-Schubidupp Mondenschein.

4. Und vor dem ersten Morgenrot
ißt Dracula sein Blutwurstbrot.
Da staunt der Friedhofswärter sehr.
Wo kommt denn nur das Schmatzen her?
(Refrain)

5. Doch da bricht der Morgen an,
was Dracula nicht leiden kann.
Er macht den letzten Überschlag
in seinen alten Eichensarg.
(Refrain)

Literaturauswahl

Wir verweisen an dieser Stelle auf eine kurze Liste von Büchern, die wir für den Methodikunterricht mit Schülern der Sekundarstufe I verwendet haben. Wir sind der Ansicht, dass die angeführten Methodik-Bücher nicht für die Grundschule konzipiert wurden und bis auf einige Passagen für die Grundschule auch ungeeignet sind. Trotzdem enthalten sie viele Anregungen und Ideen, die bei entsprechender Adaptation auch im Grundschulunterricht verwendet werden können. Wenn Sie Lust haben, sollten Sie also auf dem Gebiet der Methodik und des Lerntrainings weiterschmökern und entsprechende Transformationen für die Grundschule vornehmen. Daraus resultierende Anregungen Ihrerseits nehmen wir jederzeit gerne auf (siehe den folgenden Fragebogen).

Buzan, T.: Kopftraining – Anleitungen zum kreativen Denken. Goldmann, München 1993.

Edelmann, W.: Lernpsychologie. Psychologie Verlags Union, Weinheim ^{5}1996.

Endres, W. u.a.: Lernen mit Kniff und Pfiff: Kleine Lernmethodik, 9–13 Jahre. Beltz, Weinheim und Basel ^{7}1995.

Endres, W.: 99 starke Lerntipps. 6.–10. Klasse. Beltz, Weinheim und Basel ^{3}2000.

Endres, W./Althoff, D.: Das Anti-Pauk-Buch. Lerntipps und -tricks für Schüler und Schülerinnen. Beltz, Weinheim und Basel ^{6}1997.

Endres, W./Bernard, E.: So ist Lernen klasse. Kösel, München ^{2}1992.

Endres, W./Bernard, E.: Voll bei der Sache. Das Konzentrationsprogramm für Kinder. Kösel, München 1994.

Endres, W. u.a.: Mündlich: gut. Die Lernmethodik zur mündlichen Mitarbeit. Beltz, Weinheim und Basel 1991.

Endres, W. u.a.: Werkstatt: Lernen. Unterrichtsmaterialien und Arbeitsblätter. Beltz, Weinheim und Basel 1994.

Faust-Siehl, G./Bauer, E./Baur, W./Wallascheck, U.: Mit Kindern Stille entdecken. Diesterweg, Frankfurt a.M. ^{5}1995.

Fölling-Albers, M.: Schulkinder heute. Beltz, Weinheim und Basel ^{2}1995.

Heckhausen, H.: Motive und ihre Entstehung. In: Weinert, F.E./Graumann, C.F./Heckhausen, H./Hofer, M. u.a.: Pädagogische Psychologie. Fischer, Frankfurt a.M. 1989.

Klippert, H.: Methoden-Training. Übungsbausteine für den Unterricht. Beltz, Weinheim und Basel ^{11}2000.

Kowalczyk, W./Ottich, K.: Schülern auf die Sprünge helfen. Rowohlt, Reinbek 1995.

LeFevre, D.: das kleine buch der neuen spiele. Verlag an der Ruhr, Mülheim 1991.

Leitner, S.: So lernt man Lernen. Der Weg zum Erfolg. Herder, Freiburg ^{6}1995.

Miller, R.: Lehrer lernen. Beltz, Weinheim und Basel ^{4}1999.

Müller, E.: Auf der Silberlichtstraße des Mondes. Fischer, Frankfurt a.M. 1997.

Ortner, A./Ortner, R.: Verhaltens- und Lernschwierigkeiten. Beltz, Weinheim und Basel ^{5}2000.

Ortner, R.: Lernbehinderungen und Lernstörungen bei Grundschulkindern. Auer, Donauwörth 1977.

Schmitt-Hartmann, R.: Methodik. Neuer Spaß am Lernen für Schüler und Schülerinnen. Beltz, Weinheim und Basel 1995.

Schräder-Naef, R.: Schüler lernen Lernen. Beltz, Weinheim und Basel ^{5}1993.

Schröder, H.: Grundwortschatz Erziehungswissenschaft. Ein Wörterbuch der Fachbegriffe von »Abbilddidaktik« bis »Zielorientierung«. Ehrenwirth, München 1985.

Teml, H.: Entspannt lernen. Streßabbau, Lernförderung und ganzheitliche Erziehung. Veritas, Linz ^{3}1991.

Thieme, A.: Motivation. Trainingsprogramm für Schülerinnen und Schüler. Beltz, Weinheim und Basel 1996.

Thieme, A.: Konzentration. Trainingsprogramm 6.–9. Klasse. Beltz, Weinheim und Basel 1998.

Thieme, A. u.a.: KIKO – Kinder konzentrieren sich. Übungen aus der Schultasche. Schroedel, Hannover 1998.

Thiesen, P.: Mit allen Sinnen spielen. Beltz, Weinheim und Basel ^{2}1997.

Vollmer, G./Hoberg, G.: Top-Training. Lern- und Arbeitsstrategien: Behalten – Verarbeiten – Anwenden. Klett, Stuttgart 1986.

Hier sind SIE gefragt!

Bitte senden an: Alfred Thieme, Siebenbürgenstr. 12, 93073 Neustraubling, Fax: 09401-2451

Wir haben uns viel Mühe gegeben, ein brauchbares Werk für Sie zusammenzustellen. Jetzt wäre es hilfreich, wenn Sie uns Ihre Meinung sagen. Wir können dann bei einer Neuauflage Ihre Kommentare und Anregungen einarbeiten und das Buch somit praxisbezogen verbessern! Wir bitten Sie deshalb, sich ein paar Minuten Zeit zu nehmen und den nachfolgenden Fragebogen in den Bereichen auszufüllen, zu denen Sie uns Ihre Meinung sagen wollen.

Wir freuen uns über jeden Kommentar. Da uns Ihre Meinung wichtig ist, nehmen alle, die uns den Fragebogen zurückschicken, an einer Verlosung von 100 Beltz-Fachbüchern aus dem pädagogischen Buchprogramm teil.

Welche Erwartungen haben Sie mit dem Kauf des Buches verbunden?

____

____

Wurden Ihre Erwartungen erfüllt?

____

Was halten Sie vom Aufbau des Buches?

____

Haben Sie das Buch zur Durchführung einer AG verwendet?

____

Haben Sie Ideen aus dem Buch für Ihren regulären Unterricht verwendet?

____

Welche Ideen waren gut geeignet, bei welchen ergaben sich Probleme?

____

Wie reagierten Ihre Schüler?

____

____

Welche Methodikideen haben Ihre Schüler bei Ihnen entwickelt und erfolgreich ausprobiert?

____

____

Wie hat Ihr Kollegium reagiert?

____

Was fanden Sie besonders gut?

____

____

Was hat Ihnen nicht gefallen?

____

____

Haben Sie etwas vermisst?

____

Welche weiteren Methoden kennen und empfehlen Sie uns für die Grundschule?

____

Weitere wichtige Kommentare, die Ihnen einfallen (etwa eine kurze Kritik oder Empfehlung)!

____

____

Wollen Sie uns eine E-Mail schicken?
Alfred Thieme: athieme@t-online.de

Vielen Dank für Ihre Mühe!

Absender:

____

____

____

____